Azzurro più

von
Renate Merklinghaus
Linda Toffolo

Ernst Klett Sprachen

Barcelona Belgrad Budapest Ljubljana London
Posen Prag Sofia Stuttgart Zagreb

Azzurro più

von
Renate Merklinghaus, Dozentin an der Volkshochschule Vaterstetten
Linda Toffolo, Lektorin an der Universität Regensburg

Beratende Mitarbeit
Alessandra D'Aquino, Referentin für Fort- und Weiterbildung am ZLF
Johann Wolfgang Goethe Universität Frankfurt a. M.
Martina Hirt-Harlass, Programmbereichsleiterin Sprachen an der
Kreisvolkshochschule Northeim
Tiziana Raimondo, Programmbereichsleiterin Italienisch an der
Volkshochschule Frankfurt a. M.
Emilia Sonni-Dolce, Kursleiterin an der Volkshochschule München
und am Italienischen Kulturinstitut München

1. Auflage   1 ⁴ ³ ² ¹ | 2011   2010   2009   2008

Alle Drucke dieser Auflage können im Unterricht nebeneinander benutzt
werden, sie sind untereinander unverändert. Die letzten Zahlen bezeichnen
jeweils die Auflage und das Jahr des Druckes.

© für diese Ausgabe:
Ernst Klett Sprachen GmbH, Stuttgart 2008
Alle Rechte vorbehalten.
Internetadresse: www.klett.de

Redaktion: Giovanna Mungai-Maier
Redaktionelle Mitarbeit: Bettina Aumann (Grammatik),
Valentina Ferullo-Wachter (Übungsteil), Verena Rube (Vokabular)
Layout: Piazza Navona © Cideb, Genova
Illustrationen: Simone Massoni, Emiliano Ponzi
Gestaltung/Satz: Kassler Grafik-Design, Leipzig
Druck: W. Kohlhammer Druckerei GmbH + Co. KG, Stuttgart.

ISBN 978-3-12-525532-6

9 783125 255326

Care studentesse, cari studenti,

avete raggiunto un livello di competenza linguistica A2 del Quadro comune europeo di riferimento per le lingue e volete continuare ad approfondire le conoscenze della lingua e della cultura italiana.

Con **Azzurro più** potete acquisire una competenza a livello linguistico di B1 e oltre (corrispondente ad UNIcert I per coloro che frequentano l'università).

Potrete quindi partecipare a conversazioni su argomenti familiari, di interesse personale o riguardanti la vita quotidiana e sarete in grado di esporre e motivare le vostre opinioni su fatti di attualità e di pubblico interesse. Inoltre potrete parlare delle vostre esperienze professionali o di studio.
Riuscirete a leggere e capire testi narrativi contemporanei, articoli di giornale e recensioni di film. Sarete in grado di seguire discorsi abbastanza lunghi e di comprendere interviste e racconti di esperienze di vita personale.
Saprete scrivere lettere personali ed esporre le vostre esperienze ed impressioni.

Il manuale, creato sia per l'uso in classe che a casa, è composto da:

• 8 unità di 12 pagine l'una di cui le ultime 2 riassumono e sistematizzano la grammatica

• 3 ripassi con giochi, Portfolio per l'autovalutazione delle conoscenze acquisite e attività che invitano a riflettere sulle proprie strategie di apprendimento e di comportamento nell'interazione e nella comunicazione interculturale

• un eserciziario contenente esercizi grammaticali, lessicali e di fonetica, di 8 pagine per ogni unità

• un test di autovalutazione per la certificazione del livello B1

• le soluzioni degli esercizi e del test

• un vocabolario suddiviso per lezione

• un glossario alfabetico

• tabelle riassuntive per la coniugazione dei verbi regolari e irregolari

• un CD con dialoghi stampati, ascolti spontanei, recitazioni e canzoni contenute nelle unità così come esercizi di fonetica, presenti negli esercizi delle prime quattro unità.

Sulle pagine delle unità e della grammatica sono indicati sempre gli esercizi dell'eserciziario integrato che lo studente può eseguire in classe o individualmente a casa. I temi delle unità possono essere approfonditi con l'aiuto di diversi link sul nostro sito Internet: www.klett.de/azzurro.

Buon lavoro e buon divertimento con Azzurro più!

Le autrici e la redazione

INDICE

Dominio professionale
Sottocategorie tematiche:
rapporti di lavoro, mezzi informatici, linguaggio lavorativo, abilità e competenze, reclami.

 Dominio educativo
Sottocategorie tematiche:
autovalutazione, strategie di apprendimento e di comportamento, riflessioni sulle proprie abilità linguistiche.

SOTTOCATEGORIE TEMATICHE	FUNZIONI	GRAMMATICA	LESSICO &TESTI
3 **Sei in partenza?** **Come e perché si viaggia** **pag. 34**	Raccontare un'esperienza di viaggio. Spiegare le ragioni di una scelta. Valutare diverse possibilità di viaggio. Fornire i dati e le proprie generalità dopo un incidente. Descrivere la dinamica di un incidente. Dare dei consigli per il viaggio.	Il passivo con l'ausiliare *andare*. Il trapassato prossimo. I verbi pronominali *farcela, metterci* e *volerci*. *Avere* preceduto da *ce l'/ li/ le*. Il condizionale passato. *Far fare* e *lasciar fare*. Aggettivi o sostantivi in affermazioni generali. Il passato remoto.	**Lessico** Viaggi e mezzi di trasporto. Parti dell'automobile. Incidente stradale. **Ascolto** All'estero con il programma Erasmus. **Testi** Articolo: "Una vita in treno, scelta da premiare". Una vignetta. Brano da: "La fine è il mio inizio" di Tiziano Terzani. *ALLA SCOPERTA DELL'ITALIA* Brano da: "Stranieri" di Sandra Petrignani.
4 **Come ti trovi?** **Modi di vivere e di abitare** **pag. 46**	Descrivere come e dove si vive. Dare e chiedere informazioni su un appartamento. Informarsi su un progetto urbanistico. Parlare delle proprie esperienze di cittadino. Esprimere il proprio parere o la propria convinzione.	Aggettivi con la forma irregolare del comparativo e del superlativo. Il futuro anteriore. Il congiuntivo presente. Il participio passato e il participio presente. Il congiuntivo passato. I numeri collettivi.	**Lessico** L'appartamento, l'agenzia immobiliare. La vita, i diritti e i doveri del cittadino. La raccolta differenziata. Strutture urbane. **Ascolto** Gli animali domestici in città. **Testi** Tre brani da: "Fuori tutti. Una generazione in camera sua". Articolo: "Una nuova città sull'area ex industriale Falck a Sesto". *ALLA SCOPERTA DELL'ITALIA* Brano da: "La famiglia Starnazza" di Pino Roveredo.
Ripasso 2 **Cittadine e borghi d'Italia** **pag. 58**	Gioco. Autovalutazione delle unità 3 e 4. Sbagliando s'impara.		

SOTTOCATEGORIE TEMATICHE	FUNZIONI	GRAMMATICA	LESSICO &TESTI
5 **Che facciamo di bello?** **Cultura e tempo libero** **pag. 60**	Discutere di sport, cultura e tempo libero. Confrontare attività sportive tra di loro. Parlare dell'amicizia. Raccontare la trama di un film. Manifestare un dubbio o una convinzione. Esprimere una possibilità o un'ipotesi.	Il congiuntivo dopo le espressioni impersonali. La particella pronominale *ci*. Alcuni indefiniti. Il comparativo con *di* e *che*. La concordanza dei tempi (I). Il congiuntivo imperfetto. La frase ipotetica (I). Forme particolari e irregolari del plurale dei sostantivi.	**Lessico** Attività culturali e di tempo libero. Gli sport. Il cinema. La musica. **Ascolti** Un breve resoconto ed un giudizio su un film. Canzone: "Fossi figo" di Elio e le Storie Tese. **Testi** Articolo: "Istat: italiani sempre più pigri". Brano da: "La bella estate" di Cesare Pavese. La trama del film "Nuovomondo". *ALLA SCOPERTA DELL'ITALIA* Articolo: "Ho fatto un sogno" di Elio.
6 **Come te la cavi con ...?** **Lavoro, tecnologia, salute** **pag. 72**	Valutare le proprie abilità al computer. Descrivere un oggetto di cui non si sa il nome. Scrivere una lettera commerciale. Telefonare ad una ditta per un reclamo o un'informazione. Ordinare un prodotto. Motivare una scelta. Scusarsi per un disguido. Descrivere un disturbo fisico.	L'uso del congiuntivo dopo i pronomi e gli aggettivi indefiniti. Il complemento diretto o indiretto all'inizio della frase. Desinenze di alcuni sostantivi. Le preposizioni *di, in, da* e *a*. I verbi pronominali *cavarsela* e *andarsene*. Il congiuntivo trapassato. La frase ipotetica (II). Il congiuntivo imperfetto dopo il condizionale. Le congiunzioni *prima* e *dopo*.	**Lessico** Il computer. Oggetti in ufficio. Il percorso formativo. Il servizio civile. La lettera commerciale. Disturbi fisici e rimedi. **Ascolto** Una biologa parla del suo percorso professionale. **Testi** Vignette. Descrizioni di oggetti d'ufficio. Descrizione del percorso scolastico e universitario di un ragazzo disabile. Pubblicità per il servizio civile. *ALLA SCOPERTA DELL'ITALIA* Brano da: "Nessuno lo saprà" di Enrico Brizzi.
Ripasso 3 **Italiano D.O.C.** **pag. 84**	Gioco. Autovalutazione delle unità 5 e 6. Strategie del discorso.		

SOTTOCATEGORIE TEMATICHE	FUNZIONI	GRAMMATICA	LESSICO &TESTI
7 **Come eravamo e come siamo** **Politica, storia e società** **pag. 86**	Collocare un avvenimento storico e politico nel tempo. Riferire cosa ha detto una persona nel passato. Raccontare la propria storia. Capire una poesia dialettale. Parlare della lingua e delle sue varietà.	Il pronome relativo *cui* con l'articolo. L'uso dell'ausiliare *essere* nel passato prossimo di alcuni verbi. Il soggetto indefinito *uno*. Il congiuntivo imperfetto o trapassato dopo *come se*. Il genere delle parole straniere. Il discorso indiretto (II). L'uso del *passato prossimo* e del *passato remoto*. La posizione dell'aggettivo.	**Lessico** Avvenimenti storici e politici. L'uso di parole straniere. L'emigrazione. **Ascolti** Una poesia di Trilussa recitata. Canzone: "Ragazzo fortunato" di Jovanotti. Testimonianze di persone di diverse regioni italiane. **Testi** Poesia: "La politica" di Trilussa. Brano da: "La festa del ritorno" di Carmine Abate. Brano da: "La mia casa è dove sono felice" di Max Mauro. Strofe di diverse canzoni. ALLA SCOPERTA DELL'ITALIA Brano da: "Italiani si diventa" di Beppe Severgnini.
8 **Ma tu ci credi?** **Mondi reali e mondi irreali** **pag. 98**	Raccontare di un viaggio insolito. Parlare di una festa o di una tradizione. Parlare di credenze e di fatti reali e irreali. Interpretare una scena teatrale. Scrivere una storia.	L'uso del passato prossimo e dell'imperfetto (III). Alcuni prefissi. La concordanza dei tempi (II). L'indicativo o il congiuntivo dopo *sapere* ed *essere sicuro/convinto*. Altre congiunzioni e costruzioni che richiedono il congiuntivo. La differenza tra *mentre* e *durante*. La forma impersonale del verbo riflessivo. Il *si* impersonale e il *si* passivante al passato prossimo.	**Lessico** Mondi virtuali. Sagre e feste tradizionali e religiose. Credenze popolari. Teatro. **Ascolti** Un regalo per la festa della Befana. Una scena teatrale recitata da: "Il ciambellone" di Achille Campanile. **Testi** Brano da: "Caos calmo" di Sandro Veronesi. Programma di una festa storica. Brano da: "L'inventore del cavallo e altre quindici commedie" di Achille Campanile. Brano da: "Fare teatro" di Dacia Maraini. ALLA SCOPERTA DELL'ITALIA Brano da: "Tale e quale" di Luciano de Crescenzo.

 Brani presenti sul CD

Abbreviazioni:

E.	*Esercizio*
pag.	*pagina*
pagg.	*pagine*
att.	*attività*

Cosa c'è di nuovo?

In questa unità impariamo a

→ parlare di cambiamenti nella nostra vita

→ motivare delle decisioni

→ scrivere un annuncio

→ esprimere una necessità

Per cominciare

1 **Lavorate in coppia e osservate le foto.**
Queste persone hanno iniziato qualcosa di nuovo, hanno cambiato o cambieranno qualcosa nella loro vita. Che cosa, secondo voi? Fate delle ipotesi.

Ha iniziato/ricominciato a …

Cambierà/ha cambiato …
• stile di vita/abitudini
• casa
• lavoro

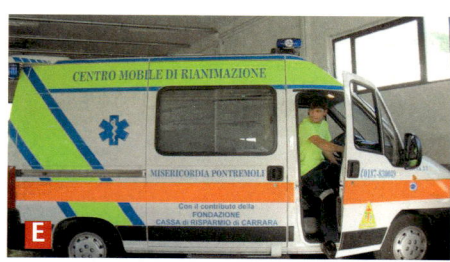

2 Ascoltate le registrazioni e indicate a quale foto si riferiscono.

1. ☐   2. ☐   3. ☐   4. ☐   5. ☐

3 Riascoltate le registrazioni e leggete.

1. Guarda, ero stufa, ma proprio stufa di tutto quel bianco che mi metteva tristezza. Così ho pensato di aggiungere un po' di colore cominciando dalla mia stanza. Che te ne pare?

2. Eh, visto che dopo la laurea a Macerata non riuscivo a trovare niente, ho deciso di cambiare aria e di trasferirmi in un'altra regione. Così sono venuta qui a Ravenna. Per il momento faccio la guida turistica e poi in futuro si vedrà.

3. Ho appena finito il corso di formazione per fare volontariato presso la Croce Verde. All'inizio non è stato per niente facile, ma adesso sono contento di essere d'aiuto agli altri e poi ci sono anche dei miei amici.

4. Non ci crederai ma mi sono rimesso a studiare. E pensare che dopo aver finito l'università di esami non ne volevo più sapere in vita mia. Poi però ti accorgi che non è mai finita e cerchi nuovi stimoli. Insomma, è cominciata una nuova fase … e staremo a vedere.

5. Era da tempo che volevo riprendere a ballare e avevo proprio bisogno di ricominciare a muovermi. Però le prime volte mi sono sentito un po' strano perché non conoscevo nessuno.

4 Abbinate alle intenzioni le espressioni appropriate, poi sceglietene tre e scrivete alcune frasi.

1. Siete stanchi di fare o sopportare qualcosa.
2. Volete dire che una decisione è stata difficile.
3. Esprimete la voglia di andare in un altro luogo.
4. Chiedete il parere di un amico o di un'amica.
5. Volete esprimere una vostra necessità.
6. Spiegate di aver ricominciato un'attività abbandonata.

a Voglio cambiare aria!
b Che te ne pare?
c Ho proprio bisogno di …
d Non è stato per niente facile!
e Sono proprio stufo/a di …
f Mi sono rimesso/a a …

E. 1-3 pagg. 112-113

 OSSERVATE!

Ho appena finito il corso di formazione.	Ho cambiato città.
Il corso è finito una settimana fa.	La mia vita è cambiata.

Che cosa notate nell'uso degli ausiliari?
Cercate nei testi un altro verbo con le stesse caratteristiche di "finire".

E. 4, 6 pagg. 113-114

5 Completate il testo sulla vita di Gabriella, la guida turistica, con il passato prossimo dei verbi tra parentesi. Fate attenzione all'uso degli ausiliari.

Gabriella dopo aver finito l'università era felicissima: "Finalmente .... (finire) per sempre di studiare!" diceva a tutti e .... (iniziare) subito a cercare un lavoro. Ma dopo poco tempo .... (cominciare) i problemi perché aveva assolutamente bisogno di lavorare, ma riceveva solo risposte negative. Così .... (decidere) di trasferirsi a Ravenna da una cugina. .... (cominciare) a fare qualche lavoretto per il comune e .... (sapere) che cercavano delle guide turistiche. .... (frequentare) un corso preparatorio e .... (ricominciare) a studiare. Il corso .... (finire) tre mesi fa e Gabriella .... (avere) un incarico a tempo determinato. La sua vita ora .... (cambiare).

Parlare di cambiamenti nella propria vita

6 Pensate ad un cambiamento che avete fatto negli ultimi anni. Lavorate a coppie e fate il dialogo.

Sì, siccome non trovavo lavoro mi sono trasferito/a . . .
Sì, per me è cominciata una nuova fase . . .
Ho iniziato una nuova attività perché . . .
Sono venuto/a . . . perché . . .
Ho cominciato/ripreso (a) . . .
Ho appena finito (di) . . .
Mi sto occupando di . . .

È cambiato qualcosa nella tua vita?
Hai cambiato lavoro/città?
Hai iniziato qualche attività?
Hai scoperto nuovi interessi?

7 Fate ora un breve profilo scritto di una delle altre persone raffigurate a pagina 8 (vedi attività 5).

 OSSERVATE!

Non ne volevo più sapere.
Non conoscevo nessuno.

Traducete le frasi nella vostra lingua. Notate delle differenze?

E. 7 pag. 114

8 Formate delle frasi usando i seguenti elementi.

> non ... affatto – non ... nessuno – non ... mai – non ... niente – non ... ancora – non ... più – ha risposto – ho avuto – ero – ha fatto – abbiamo imparato – sei cambiato

1. Mi piacerebbe ridipingere la mia stanza, ma .... il tempo di farlo.
2. Per trovare lavoro ho scritto a tante ditte, ma fino ad ora ....
3. Il mio amico .... volontariato, però vorrebbe provare e si è iscritto al corso di formazione.
4. Abbiamo frequentato per un anno un corso di ballo, ma ....
5. .... contento del mio lavoro e mi sono rimesso a studiare.
6. Sono passati tanti anni, ma tu ....

9 Lavorate in piccoli gruppi e discutete. C'è una cosa che non avete mai fatto, ma che vi piacerebbe provare? C'è qualcosa che avete realizzato, anche se altri ve lo sconsigliavano? C'è qualcosa che non fareste mai?

Chiedere informazioni sugli studi

10 Ascoltate la conversazione. In quale fase degli studi si trova, secondo voi, la studentessa?

11 Riascoltate la conversazione e indicate con una x le affermazioni corrette.

1. La conversazione si svolge tra
   - [ ] due studentesse.
   - [ ] una studentessa e un'impiegata.
2. La ragazza vuole cambiare
   - [ ] università.
   - [ ] l'indirizzo di studi.
3. Attualmente è iscritta a
   - [ ] Studi filosofici.
   - [ ] Scienze della Comunicazione.
4. La ragazza deve
   - [ ] certificare gli esami che ha dato e i crediti che ha ricevuto.
   - [ ] fare una lista degli esami che non ha ancora dato.

Il sistema universitario italiano

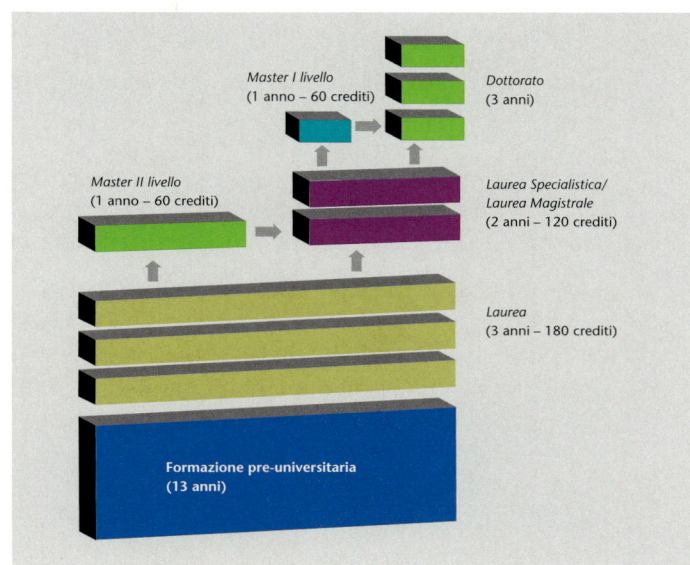

 OSSERVATE!

Per cambiare l'indirizzo basta compilare il modulo o bisogna allegare altri documenti?

Come traducete questa frase nella vostra lingua?

12 Completate i titoli di giornale con "basta", "bisogna", "aver bisogno di" e dite a quali dei temi sottostanti si riferiscono.

> cinema – educazione – calcio – tecnologia – privacy – diritti delle minoranze – televisione – politica – ecologia

1. **A che età** _____ **iniziare a dire** _____ **al figlio?**

2. Mancano due giorni all'incontro tra Italia e Ucraina: _____ con le chiacchiere, ora _____ vincere

3. **Il premier ai partiti della coalizione: "Non** _____ **aiuto dall'opposizione"**

4. Non _____ più cambiare canale, _____ cambiare la tv

5. _____ dire _____ a ogni forma di discriminazione

6. **Perché Internet** _____ **una Carta dei diritti**

E. 8-10 pagg. 114-116

Raccontare di un nuovo lavoro

13 Conoscete delle associazioni di volontariato o di no profit che aiutano le persone ad inserirsi nel mondo del lavoro, nella scuola o nella società? Ne fate parte? Parlatene in gruppo.

> associazione giovanile – centro sociale – associazione no profit

14 Leggete l'intervista. Di che tipo di cooperazione si parla e chi sono le persone che vi partecipano?

In carcere ho imparato un lavoro

Lavoro e cooperazione. Un binomio capace di oltrepassare le barriere del carcere.

Nascono così le imprese cooperative che si avvalgono della collaborazione di uomini e di donne detenuti. Una realtà che consente di avviare ad un reinserimento lavorativo quanti stanno scontando una pena. È il caso della "Abc la sapienza in tavola", impresa sociale di catering, costituita lo scorso settembre presso la casa di reclusione di Milano Bollate. Alla cooperativa partecipano cinque soci detenuti, che svolgono il ruolo di cuochi e camerieri, e cinque socie esterne, che hanno il compito di mantenere il contatto con i clienti e provvedere alle forniture. Alla fiera "Fa la cosa giusta!" c'è anche il loro stand. Ad accogliere i visitatori è un uomo che, con modi gentili, offre dal banco pasticcini di loro produzione. Si chiama Maurizio, ha 44 anni, ed è uno dei cinque soci detenuti di "Abc".

In carcere lavoravo già in cucina. Poi ci è stato proposto di dare vita ad una società cooperativa di catering. Ho aderito con entusiasmo.
Di che cosa si occupa?
Faccio l'aiuto cuoco e all'occorrenza il cameriere.
E prima del carcere?
Ero disoccupato. Cercavo di arrangiarmi come potevo ... nel 2000 mi hanno arrestato per rapina. Sono stato condannato a sette anni, ma grazie alla buona condotta uscirò prima.

Come si svolge il vostro lavoro?
Lavoriamo in una sezione della cucina del carcere. Siamo in grado di preparare diversi piatti, dagli antipasti ai dolci.
Chi sono i vostri clienti?
Il nostro servizio di catering viene spesso richiesto in occasione di battesimi, prime comunioni, matrimoni, ma tra i nostri committenti ci sono anche aziende, pubbliche amministrazioni, associazioni, il mondo del no profit, ecc.
Perché ha deciso di aderire a questa iniziativa?
Perché volevo fare un'esperienza di lavoro e imparare un nuovo mestiere. Grazie a questa attività, inoltre, riesco a mantenere un contatto con la realtà esterna al carcere, il che, per un detenuto, è davvero fondamentale. E poi riesco a guadagnare anche qualcosa. Sa, ho una moglie e due figli.
Come vede il suo futuro?
Appena esco cercherò un posto di lavoro.
Nel campo della ristorazione?
Beh, perché no. Qui in carcere ho imparato un lavoro che mi piace. So che ci sono dei pregiudizi nei confronti di chi è stato detenuto. Devo però riconoscere che la partecipazione a questa cooperativa mi ha aiutato a guardare all'avvenire con più fiducia. Credo che l'esperienza che sto facendo renderà meno difficile il mio reinserimento nella società.

Da: Redattore sociale di Gabriele Arlati, Bollate (Milano)

15 Rileggete l'intervista e indicate con una x se le affermazioni corrispondono al testo.

Maurizio ...

	vero	falso
1. non è sposato.		
2. prima era senza lavoro.		
3. è in carcere per omicidio.		
4. ha imparato un nuovo mestiere.		
5. per il lavoro in carcere riceve dei soldi.		
6. quando sarà libero vuole cercare un lavoro nel campo della ristorazione.		

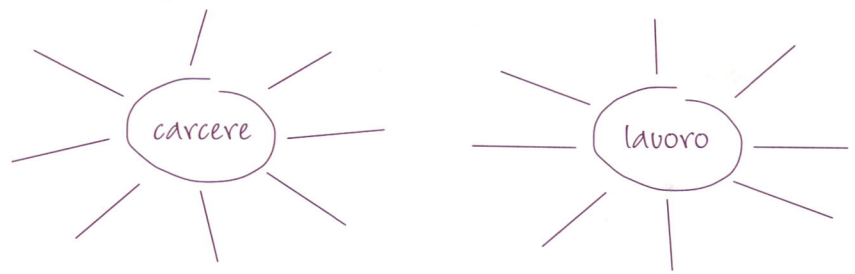

16 Ricercate nel testo le parole da associare ai termini sottostanti e scrivetele accanto.

carcere

lavoro

E. 11-13 pagg. 116-117

 OSSERVATE!

Poi ci è stato proposto di dare vita ad una società cooperativa di catering.
Sono stato condannato a sette anni.
Il nostro servizio di catering viene richiesto in occasione di feste.

Cosa hanno in comune le tre forme verbali?

17 Rileggete il testo e scrivete cosa dice Maurizio al posto di:

Nel 2000 sono stato arrestato per rapina. ....
Come tradurreste queste due frasi nella vostra lingua?
Quale delle due vi sembra più colloquiale?

E. 14-15 pag. 117

18 Completate ciò che racconta Massimo con i verbi al passivo.

Subito dopo aver terminato la scuola ho trovato un impiego presso una ditta di computer, ma purtroppo dopo un anno il mio contratto non .... (rinnovare) perché volevano ridurre il personale. Per alcuni mesi sono stato disoccupato, ma ho fatto tante domande e questa primavera .... (assumere) presso la MAX. Con i nuovi colleghi mi sono trovato subito bene e .... (aiutare) da tutti. Da due mesi mi occupo dei nuovi clienti che devono .... (informare) sui nostri prodotti. Il lavoro mi piace e, se alla scadenza mi .... (rinnovare) il contratto, potrò andare a vivere da solo.

19 Ecco alcune organizzazioni italiane e internazionali.
Le conoscete o ne avete già sentito parlare? Di che cosa si occupano?

tutelare la natura/l'ambiente – soccorrere persone ferite o in pericolo – aiutare persone con problemi familiari, senza casa o lavoro – difendere gli animali – costruire ospedali civili in zone di guerra

E. 16 pag. 118

Raccontare del trasferimento in un'altra città

20 Leggete l'e-mail di Elisa. Di quali cambiamenti parla?
Dove abitavano prima Elisa e i suoi figli?

Caro Aldo,

sì lo so, ormai è da un sacco di tempo che non mi faccio
viva, ma ultimamente ci sono stati dei grandi cambiamenti
che hanno rivoluzionato la nostra vita. Sai da dove ti scrivo?
Da Belluno! Ebbene sì, mi sono trasferita qui con i ragazzi
cinque mesi fa. Dopo lunghe discussioni con Andrea abbiamo
pensato che era la cosa migliore da fare, così abbiamo messo
tutto negli scatoloni e siamo partiti. Qui a Belluno ho ripreso
i contatti con una mia ex-collega che adesso si è messa in proprio e ogni tanto mi passa qualche
traduzione. E poi ho ricominciato ad insegnare italiano la mattina in una scuola privata, non distante
dalla scuola dei ragazzi, così andando al lavoro li posso accompagnare.
I primi mesi abbiamo abitato dai miei genitori, ma da alcune settimane abbiamo traslocato nel nuovo
appartamento. I ragazzi si sono abituati immediatamente alla nuova vita anche perché, venendo
spesso in vacanza qui, avevano già degli amici. Ora Luca frequenta la terza media e Annalisa la prima.
Soprattutto per lei il cambiamento è stato molto positivo. Se ricordi, infatti, in Germania aveva
grandi difficoltà e non sopportava di non poter frequentare il liceo come le sue compagne. Quando
le ho raccontato che qui in Italia i ragazzini della sua età frequentano tutti la scuola media, era felice
come una Pasqua e non si è preoccupata neanche un po' di ciò che l'aspettava, anzi era molto
curiosa e impaziente di cominciare. Così adesso finalmente, dopo anni di problemi, ci sta andando
molto volentieri. Anche Luca si è integrato molto bene nella sua classe ed è come sempre molto
bravo. Continuando così potrà superare brillantemente gli esami. Andrea ci raggiunge almeno ogni
due fine settimana, quindi i ragazzi lo vedono con la stessa frequenza di prima perché anche prima
era sempre in giro per lavoro, comunque tra due anni tornerà alla sede di Belluno. Ed io finalmente
ho ripreso a lavorare, a vedere gli amici, insomma: a vivere! Ma tu, piuttosto, come stai? Fammi
sapere. Quando passi da queste parti sei sempre il benvenuto!
Un forte abbraccio
Elisa

21 Rileggete il testo e indicate con una x se le affermazioni sono giuste o sbagliate.

	vero	falso
1. Elisa scrive regolarmente ad Aldo.	☐	☐
2. Elisa riceve qualche traduzione da fare.	☐	☐
3. I figli vanno a scuola ma Annalisa ha qualche difficoltà.	☐	☐
4. Luca si trova bene nella sua classe e non ha problemi.	☐	☐
5. Anche il marito lavora a Belluno.	☐	☐

👁 OSSERVATE!

Osservate e completate.

.... qui con i ragazzi quattro mesi fa.
I ragazzi .... immediatamente alla
nuova vita.
Luca .... molto bene nella sua classe.

**Quale particolarità notate nell'uso dei verbi riflessivi al
passato prossimo?**

	trasferirsi
io	...
tu	...
lui/lei	...
noi	ci siamo trasferiti
voi	...
loro	...

E. 17-18 pagg. 118-119

22 Guardate le vignette e ricostruite il trasferimento di Elisa e i suoi figli con l'aiuto delle seguenti espressioni.

> partire – trasferirsi – abitare – fare traduzioni – abituarsi alla nuova città – avere degli amici –
> frequentare – integrarsi – insegnare – andare a trovare

In giugno Elisa è partita per l'Italia con i figli …

23 Come ha vissuto Luca il trasferimento in Italia? Assumete il suo ruolo e scrivete un'e-mail a un amico in cui raccontate gli avvenimenti e i cambiamenti dal suo punto di vista.

E. 19 pag. 119

👁 OSSERVATE!

Andando Mentre vado	al lavoro posso accompagnare i ragazzi.
Venendo Siccome venivano	spesso in vacanza qui avevano già degli amici.
Continuando Se continua	così potrà superare brillantemente gli esami.

Che cosa sostituisce il gerundio?

24 Sostituite il gerundio e rendete esplicite le frasi utilizzando "siccome", "se", "mentre".

1. Facendo le valigie pensavo già al nostro arrivo in Italia.
2. La mia ex collega, avendo molto lavoro, mi passa qualche traduzione.
3. Passando da queste parti puoi venire a trovarmi.
4. Non trovando una casa i primi mesi abbiamo abitato dai miei genitori.
5. Essendo molto bravo Luca non avrà problemi.
6. Ottenendo un trasferimento Andrea potrà essere più vicino alla famiglia.

E. 20 pag. 119

Ascolto

25 Ascoltate la conversazione e a coppie rispondete alle seguenti domande.

1. In che Paese è stato Donato?
2. Per quale motivo ci è andato?
3. Quanto tempo ci è rimasto?

26 Riascoltate la conversazione e indicate con una x le affermazioni giuste.

1. Donato è stato in una città ☐ vicino a Belfast. ☐ sull'Atlantico.
2. Ha collaborato ad un progetto ☐ della Comunità Europea. ☐ della sua università.
3. Prima di arrivare parlava un inglese ☐ scolastico. ☐ molto fluente.
4. Secondo lui gli irlandesi sono ☐ estroversi e generosi. ☐ accoglienti e amichevoli.
5. Il periodo iniziale è stato ☐ sempre senza problemi. ☐ a volte difficile.
6. Gli è piaciuto in particolare ☐ ascoltare la loro musica. ☐ vedere il teatro tradizionale.
7. I contatti con gli amici irlandesi ☐ sono ancora frequenti. ☐ sono rari.

Guardiamo da vicino!

27 Leggete i seguenti annunci e indicate quale potreste consigliare ...

☐ ad un collega che prima suonava la tromba,
☐ alla vostra babysitter irlandese,
☐ ad un ragazzo a cui piace cucinare,
☐ ad una ragazza sportiva.

1 Vorrei migliorare il mio inglese. Cerco ragazzo/a per fare conversazione. Offro in cambio lezioni d'italiano. Francoinverighi@libero.it

2 Ciao, sono una ragazza di 21 anni che ha fatto qualche torneo di calcetto. Cerco altre ragazze per formare una squadra per un torneo in primavera. Scrivetemi a Katjuscia@fastweb.net

3 57enne ex bassista (basso elettrico) anni 65/70 ("gloriosi"). Adesso studio contrabbasso acustico 2° anno genere jazz/blues/swing. Cerco coetanei (o non) con i quali ricominciare a suonare formando magari un trio/quartetto/ecc. ecc. ... Risposta a: blues@hotmail.it

4 Sei un appassionato di culinaria? Abiti nella provincia di Macerata? Hai voglia di scambiare le tue ricette e di cucinare una volta al mese insieme ad altri cuochi per diletto? La cucina della nostra casa di campagna è pronta ad accoglierti e a regalarti momenti goderecci da trascorrere con chi condivide la tua stessa passione. Sei interessato? Allora scrivici, ti aspettiamo! Mano@libero.it

28 Scrivete un annuncio.

Avete deciso di praticare un'attività che vi è sempre piaciuta. Scrivete un annuncio per trovare altre persone con gli stessi vostri interessi. Negli annunci riportati troverete alcune espressioni che vi potrebbero servire.

ALLA SCOPERTA DELL'ITALIA

29 Ricordate un vostro primo giorno di scuola? Quali erano le vostre attese o i vostri timori? Parlatene in coppia.

30 Ora leggete il seguente brano. Trovate qualche affinità con le vostre esperienze?

Arrivo un po' in anticipo, perché avevo paura di arrivare in ritardo proprio il primo giorno, che non mi facessero entrare e mi rispedissero a casa dicendomi: non lo vogliamo uno che il primo giorno arriva in ritardo; allora ho preso il tram mezz'ora avanti. Mia madre me lo dice sempre: la prima cosa, Gaspare, è arrivare in orario.

Così adesso aspetto un'ora e venti che aprano il portone. Mi siedo su una panchina del viale e guardo le foglie che cadono e quelle che non cadono. [...]

Comunque, di aspettare così tanto qui davanti non m'importa, perché alla fine quel portone lo dovranno pur aprire. E infatti alle otto meno dieci lo aprono.

Ci mandano tutti in palestra per dividerci in classi. A me tocca la 1ª B e salgo insieme a uno che comincia con la G, ma il cognome tutto intero non mi resta in mente neanche un po'. Mi metto nel banco con lui perché è quello che mi sta più vicino, tanto non

conosco nessuno e quindi fa proprio lo stesso con chi mi metto nel banco.

E allora inizia il mio primo giorno di liceo. Che è una di quelle cose che poi ti dovresti ricordare tutta la vita. Io invece è meglio che me lo dimentichi, perché questo benedetto primo giorno lo passo guardando scarpe.

Dico le scarpe dei miei compagni. Perché loro le guardano a me. Guardano e ridono. E io allora mi metto a fare uguale, solo che io non rido.

Anche perché m'ero messo in mente tutta un'altra cosa, e cioè il primo giorno di liceo si fanno già cose toste. E questo perché me lo aveva detto mio padre: vedrai che fin dal primo giorno te ne accorgi com'è dura. Però mio padre di liceo cosa vuoi che ne sappia, e infatti aveva torto.

Da: Una barca nel bosco di Paola Mastrocola, Ugo Guanda Editore 2004

Vocabolario:
in anticipo *prima dell'ora prevista*
facessero (fare) entrare *lasciare entrare*
rispedissero (rispedire) a casa *rimandare a casa*
il portone *grande porta di legno o di ferro*
la panchina *posto dove sedersi nei parchi*
il viale *strada con alberi*

non m'importa *per me non è importante*
ridere *mostrare spontaneamente allegria*
tosto *qui: difficile*
cosa vuoi che ne sappia
   non può capire molto di questo
aveva torto *non aveva ragione*

31 Mettete in ordine le seguenti frasi in modo da ricostruire il contenuto del testo.

☐ Anche lui guarda le scarpe dei compagni, ma non ride.
☐ Dopo che sono stati divisi in classi vanno nelle aule.
☐ Gaspare parte molto presto da casa per non arrivare in ritardo.
☐ Gaspare si aspettava un primo giorno di scuola diverso da quello che ha vissuto.
☐ Gaspare si siede vicino ad un ragazzo che non conosce.
☐ I compagni di classe guardano le scarpe di Gaspare e ridono.
☐ Il ragazzo attende davanti alla scuola seduto su una panchina.
☐ Tutti gli alunni si ritrovano in palestra.

32 Che ricordi avete dei vostri compagni di scuola e degli insegnanti?
Chi era il vostro insegnante preferito? Avete ancora contatti con qualche compagno di scuola?

GRAMMATICA

1 L'uso delle congiunzioni *perché, dato che, visto che, siccome*

E. 5 pag. 113

Die genannten Konjunktionen bedeuten alle *da (ja)/weil* und leiten einen kausalen Nebensatz ein. Beginnt der Satz mit der Begründung, verwendet man **dato che, visto che, siccome** oder **poiché**. **Perché** steht nicht am Satzanfang, sondern nur, wenn die Begründung dem Hauptsatz folgt.

Visto che/Dato che dopo la laurea non trovavo lavoro,	mi sono trasferita.
Siccome giurisprudenza era molto difficile,	ho cambiato indirizzo di studi.
Ho cominciato a fare volontariato	**perché** volevo essere utile ad altri.

2 Verbi con gli ausiliari *avere* e *essere*

Manche Verben können – je nachdem, ob sie mit direktem Objekt benutzt werden oder ohne – unterschiedliche Bedeutungen annehmen. Diese Verben bilden das **passato prossimo** mit **avere**, wenn ein direktes Objekt oder eine Infinitivkonstruktion folgt, und mit **essere**, wenn kein direktes Objekt möglich ist. Hier einige Beispiele:

cominciare qc cominciare a	+ avere	Enrica **ha cominciato** un corso di ballo. Lisa **ha cominciato** a lavorare.	*(etwas) anfangen*
cominciare	+ essere	Il corso **è cominciato** ieri.	*beginnen, losgehen*
finire qc finire di	+ avere	Gianni **ha finito** gli studi quest'anno. Gianni **ha finito** di studiare.	*(etwas) beenden*
finire	+ essere	Il concerto **è finito** alle dieci.	*enden*
cambiare qc	+ avere	**Ho cambiato** facoltà.	*(etwas) wechseln*
cambiare	+ essere	La situazione **è cambiata.**	*sich verändern*
continuare	+ avere	**Abbiamo continuato** la visita della città.	*(etwas) fortsetzen*
	+ essere	Il concerto **è continuato.**	*weitergehen*
passare	+ avere	**Abbiamo passato** una bella giornata.	*verbringen*
	+ essere	Lisa **è passata** da me un'ora fa.	*vorbei gehen/fahren*

3 La frase negativa

Sie wissen bereits, dass man mit **non** eine Aussage verneinen kann und dass **non** vor dem konjugierten Verb steht. In vielen Fällen folgen dem Verb ein oder mehrere weitere Verneinungselemente.

Non posso venire.	*nicht*
Non dormi **mai**?	*nie(mals)*
Qui **non** conosco **nessuno**.	*niemand(en)*
Non ho fatto **niente/nulla**.	*nichts*
Non ho **ancora** finito.	*noch nicht*
Non frequento **più** la palestra.	*nicht mehr*
Non mi piace **affatto/per niente**.	*überhaupt nicht*
Non è **mica** vero.	*doch (wohl) nicht*
Non mi ha **neanche/nemmeno/** **neppure** salutato.	*nicht einmal*
Non ho visitato **né** Pisa **né** Siena.	*weder … noch*

Manche können kombiniert werden:
Non dico **niente** a **nessuno**.
Wenn **nessuno, niente, neanche/**
nemmeno/neppure oder **né … né …**
am Satzanfang stehen, entfällt non:
Nessuno è venuto.
Niente gli interessa.
Neanche lei mi ha salutato.
Né lui **né** lei amano ballare.
Auch in Sätzen ohne Verb entfällt **non**:
Che cosa hai detto? – **Niente.**

Nessuno kann auch adjektivisch benutzt werden:
Non c'è **nessun** dubbio/**nessuno** sbaglio/**nessuna** difficoltà.

4 Basta e bisogna

Basta compilare il modulo.
Basta una telefonata.
Bastano due mesi di tirocinio.
Sono bastati due mesi.
Bisogna allegare altri documenti.

Auf **basta** (es genügt) kann ein Infinitiv oder ein Substantiv folgen. Steht das Substantiv im Plural, verwendet man auch das Verb im Plural.
Das **passato prossimo** wird mit **essere** gebildet.
Das unpersönliche **bisogna** (es ist nötig) wird nur in der 3. Person gebraucht, meistens folgt ein Infinitiv. **Bisogna** wird nicht im **passato prossimo** verwendet.

5 Il passivo con essere e venire

Un collega **aiuta** Mario.	*aktiv*
Mario **è aiutato da** un collega.	*passiv*
Maurizio **è stato licenziato**.	
Il servizio **era/veniva richiesto** da molti.	
Il contratto **sarà/verrà rinnovato**.	

Das Passiv wird aus einer Form von **essere** und dem Partizip Perfekt gebildet.
Wird der Urheber eines Geschehens erwähnt, geschieht dies mit der Präposition **da**.
Wenn das Passiv einen Vorgang (nicht einen Zustand!) darstellen soll, kann in einfachen Zeiten **venire** als Hilfsverb benutzt werden.

6 L'uso impersonale della 3ª persona plurale

Lì **costruiscono** una nuova strada.
Mi **hanno proposto** di fare i turni.

Die 3. Person Plural wird in der Umgangssprache oft unpersönlich benutzt:
Dicono che ... *Sie sagen/Man sagt, dass ...*

7 Il passato prossimo dei verbi riflessivi

	trasferirsi		
io	mi	**sono**	trasferit**o/a**
tu	ti	**sei**	
lui/lei	si	**è**	
noi	ci	**siamo**	trasferit**i/e**
voi	vi	**siete**	
loro	si	**sono**	

Das **passato prossimo** der reflexiven Verben wird immer mit dem Hilfsverb **essere** gebildet.
Das Reflexivpronomen steht vor dem Hilfsverb, die Endung des Partizips wird dem Subjekt in Zahl und Geschlecht angeglichen.
In verneinten Sätzen steht **non** vor dem Reflexivpronomen: Oggi **non** mi sono annoiato.

8 La frase subordinata implicita con il gerundio

Sie kennen das **gerundio** bereits in Kombination mit dem Verb **stare**. Es kann aber auch allein stehen und einen ganzen Nebensatz ersetzen, wenn Haupt- und Nebensatz das gleiche Subjekt haben.

Accompagno i bambini a scuola **andando** al lavoro.	(= mentre vado)
Venendo spesso qui aveva già degli amici.	(= siccome veniva)
Continuando così passerà gli esami senza problemi.	(= se continua)
Ho passato la giornata **lavorando**.	(= a lavorare)
Avendo insegnato già prima ho subito trovato lavoro.	(= poiché avevo insegnato)

Das **gerundio** beschreibt Gleichzeitigkeit, eine Bedingung, eine Begründung oder die Art und Weise.
Die Vergangenheitsform des **gerundio** (**avendo/essendo** + Partizip) drückt Vorzeitigkeit aus.

Dimmi un po' ...

In questa unità impariamo a

→ parlare di mezzi di comunicazione

→ comunicare in forma scritta

→ concordare un appuntamento per e-mail o al telefono

→ esporre un problema o delle lamentele

→ informarci su fatti di attualità

Per cominciare

1 Leggete le espressioni e scrivetele sotto l'immagine che vi sembra più adatta. Dite poi quello che fanno le persone.

....

....

....

....

....

....

....

....

> flirtare – parlare sottovoce – fare quattro chiacchiere – parlare a quattrocchi – chattare – dare un colpo di telefono – passare delle informazioni – fare un gesto – mettere al corrente – capirsi con uno sguardo – comunicare per iscritto – inviare un'e-mail – lasciare un messaggio – farsi capire – avvisare

....

....

....

....

2 Quali sono i mezzi che preferite per comunicare? Quali usate solo di rado o non usate affatto? Parlatene in piccoli gruppi.

3 Discutete in piccoli gruppi. Quali delle seguenti comunicazioni fareste per iscritto e non a voce?

> una dichiarazione d'amore – un reclamo – un invito – un avvertimento ad un vicino di casa distratto – una richiesta di aumento di stipendio al proprio capo

Comunicare per iscritto

4 **Leggete i seguenti testi e abbinateli alle immagini. Secondo voi di che tipo di testo si tratta?**

1 lettera formale – **2** sms – **3** e-mail – **4** post it – **5** biglietto d'invito

☐ Spett.le Hotel Ariana,
con la presente confermo la prenotazione di una camera doppia
con balcone e trattamento di mezza pensione dal 2 al 12 luglio.
Ho già provveduto ad effettuare, tramite vaglia postale sul vs. c.c.,
il versamento dell'acconto di € 320 pari al 20% dell'importo totale.

Cordiali saluti
Caterina Benvenuto

☐ Ciao a tutti!
Che ne dite di organizzare una serata di saluto, anche per verificare
i programmi per la prossima estate (se si torna in campeggio o meno)?
Potremmo trovarci già il 29 o il 30 se vi va, in Galleria Meravigli,
altrimenti anche altri posti vanno bene.
Spero di sentirvi presto, buona giornata!
Maurizio

☐ Round Table Padova è lieta di invitarVi al vernissage per la personale
del maestro Pietro Mancuso che si terrà presso il Caffè Pedrocchi a Padova
Venerdì 2 febbraio 2007 alle ore 19.30
Presenterà la mostra il dott. Mario Guderzo, storico e critico d'arte,
direttore del Museo Gipsoteca Canoviana di Possagno
Aperta al pubblico tutti i giorni dal 2 al 25 febbraio
info: www.art-for-service.org

☐ T vng a prend + td. T faccio 1 sql qnd arr
➙ sql = squillo

☐ X Gianni:
Del regalo per Anna ne parliamo stasera, ok?
Mara

5 **Rileggete i testi e decidete in quale …**

– si propone qualcosa   – si avverte qualcuno di qualcosa
– si conferma una prenotazione   – si invita ad un evento artistico.

6 **Come si esprime nell'ultimo testo la frase: parliamo del regalo stasera?**

E. 1-5 pagg. 120-121

7 **Scegliete due delle situazioni seguenti e comunicatele nella forma scritta più adatta.**

• Volete incontrare un amico che non vedete da tempo.
• Dovete uscire inaspettatamente di casa e vostro figlio non è ancora rientrato.
• L'albergo in cui volete fare le vacanze ha sollecitato il pagamento dell'acconto che avete già versato.
• Volete invitare amici e parenti alle nozze o alla festa di compleanno.

Darsi appuntamento

4 **8** **Ascoltate il dialogo e mettete una crocetta accanto alle affermazioni corrette.**

1. Lucia ha scritto una mail a Barbara. ☐
2. Barbara in questi giorni ha moltissimo lavoro. ☐
3. Lucia, Barbara e Maurizio vorrebbero incontrarsi con altri amici. ☐
4. Venerdì Barbara non ha tempo perché deve lavorare. ☐
5. La Galleria Meravigli è un locale che piace molto anche alla sorella di Barbara. ☐

9 **Ora leggete il dialogo della telefonata.**

● Pronto?
○ Ciao, Barbara. Sono Lucia.
● Ehi, ciao Lucia! Come va?
○ Tutto bene, grazie. Ti telefono perché non so se hai ricevuto anche tu la mail di Maurizio …
● Sì, ma non gli ho ancora risposto. Sono stata piena di lavoro in questi giorni … ha proposto di incontrarci tutti in Galleria Meravigli, vero?
○ Sì, giovedì o venerdì sera. Tu come sei messa? Ti va di venire o sei già impegnata?
● Mah, guarda, io ci verrei volentieri, mi farebbe davvero piacere rivedervi. Però proprio per venerdì ho già preso un appuntamento con Alex. Gli ho promesso di accompagnarlo al Bhangra.
○ Ah, sì. Lo conosco, è simpatico. Beh, ma allora perché non ci incontriamo giovedì? Magari cerchiamo di non fare troppo tardi, visto che venerdì si lavora …
● Sì, giovedì va bene! Cosa facciamo, vogliamo fissare già l'ora?
○ Direi di sì. Facciamo alle otto?
● D'accordo. Allora rispondo io a Maurizio e gli dico che per noi va bene il 29 alle otto.
○ Perfetto! Allora a giovedì …
● Ah, senti, se per voi non ci sono problemi, lo direi anche a mia sorella. So che quel locale le piace un sacco.
○ Ma certo, figurati! Nessuno avrà niente in contrario, anzi …

E. 7-9 pagg. 121-122

10 **Rileggete il dialogo e trascrivete le espressioni che si usano per …**

chiedere all'altro se è disponibile ....
segnalare interesse alla proposta ....
rifiutare l'invito spiegandone il motivo ....
fare un'altra proposta ....
fissare l'ora e il luogo dell'appuntamento ....

11 **Volete invitare il vostro compagno a fare qualcosa insieme. Fate il dialogo.**

> andare al cinema/a cena fuori/in discoteca … dopodomani/giovedì prossimo/uno di questi giorni

Ti va/Hai voglia di …?
Hai tempo di …?
Allora perché non ci incontriamo …?
Facciamo alle …

Sì, volentieri, quando?
Mi dispiace, ma ho già un impegno.
Sì, va bene.
Perfetto. Allora a …

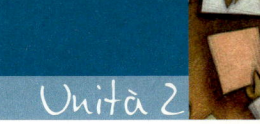

12 Rileggete il dialogo al punto 10, sottolineate tutti i pronomi diretti e indiretti e riscriveteli con i relativi verbi nella tabella sottostante indicando con una x di che pronome si tratta.

verbi ed espressioni	pronome diretto (chi?/che cosa?)	pronome indiretto (a chi?/a che cosa?)
ti telefono		X
. . .		
. . .		
. . .		
. . .		
. . .		
. . .		

Rileggete le espressioni. Notate differenze rispetto alla vostra lingua?

13 Maurizio ha risposto alla mail di Barbara. Completate le lacune con i pronomi diretti e indiretti.

Ciao Barbara,
allora giovedì ci vediamo in Galleria Meravigli alle 20.
Di' a Lucia di portar...... il DVD che ...... ho prestato un mese fa. Mario e Michele vengono in metro, ... puoi accompagnare tu al ritorno? Se senti Piero, di...... di chiamar......, ... ho telefonato almeno dieci volte ma non ...... ho mai trovato e la segreteria è spenta. ...... ho mandato anche due mail, ma non ...... ha risposto.
Sandra e Cinzia tornano domani dalla Sardegna, io sarò fuori fino a mercoledì per lavoro.
...... avverti tu per favore?
Grazie, baci
Maurizio

E. 10-11 pagg. 122-123

14 Lavorate in gruppi. Trascorrete alcuni giorni a Milano e decidete di passare una serata tutti insieme. Quali delle seguenti proposte farebbero per voi? Fate il dialogo.

GIORNO E NOTTE CHAT NOIR
Il trio jazz Chat Noir presenta il suo disco "Découpage". Fnac, via Torino, ore 18.

AVION TRAVEL
Presentano il nuovo album "Danson Metropoli, Canzoni di Paolo Conte": Feltrinelli, piazza Piemonte, ore 18.30.

SIGNORA DELLE ACQUE
Silvia Messa presenta il suo romanzo "La signora delle acque" (Carte Scoperte). Con Pier Angelo Cantù, Elisabetta Raimondi, Vincenzo Zitello. Libreria Archivi del '900, via Montevideo 9, ore 21.

IL SORRISO DELLA GIOCONDA
Il ciclo di incontri "Il genio di Leonardo, al di là dei misteri" a cura di Luca Frigerio si apre con "Il sorriso della Gioconda". Galleria San Fedele, via Hoepli 3, ore 18. Ingresso 7 euro, tutto il ciclo (4 lezioni) 20 euro. Iscrizioni: 0286352233.

MILANO E IL MONDO
Fotografie di un anno. Galleria Bel Vedere, via Santa Maria Valle 5, mar – dom 13 – 20, fino al 4 marzo, 02.45472468.

23

Parlare dell'uso dei mezzi di comunicazione

15 In piccoli gruppi rispondete a turno alle seguenti domande e poi riferite in plenum i risultati dell'inchiesta.

Quante persone nel vostro gruppo ...
– guardano film o ascoltano musica da internet?
– mandano più di 3 SMS al giorno?
– usano scrivere biglietti o lettere per fare gli auguri di Natale?
– non hanno il telefono fisso, ma solo il cellulare?

– ogni tanto fanno qualche videochiamata?
– hanno la TV digitale?
– non hanno la TV?
– leggono le notizie su Internet anziché il giornale?

16 Leggete l'articolo e sottolineate tra i seguenti titoli quello appropriato:

L'Italia del Nord e l'Italia del Sud – Italiani divisi da un confine hi-tech – Internet? Sì, grazie

Pc per il 56%, analfabetismo digitale per gli altri
Una linea che spacca il Paese a metà. Un confine invisibile tra l'Italia digitale e l'Italia dell'analfabetismo tecnologico: da una parte le famiglie e le persone che padroneggiano computer, Internet e banda larga; dall'altra i pensionati, le casalinghe e chi non conosce l'inglese, sempre più esclusi dall'universo della tecnologia quotidiana. [...]

L'utilizzo di Internet
Riguardo alla "mezza Italia" digitale, va registrato un numero a suo modo storico: nel 2006 per la prima volta il numero di famiglie nelle quali vi è almeno un utilizzatore di Internet ha superato la soglia del 50% (11,6 milioni) mentre le persone che usano abitualmente il web ha raggiunto quota 17,7 milioni. Posta elettronica e download di musica e video le ragioni principali per l'utilizzo della rete, ma si fa largo anche una tendenza più recente, l'autoproduzione di contenuti, con gli utenti che non sono più dei semplici destinatari di Internet.

Il regno dei telefonini
Tra le tecnologie, solo la telefonia mobile è riuscita finora a coinvolgere quasi per intero il mercato "domestico": un fenomeno che ci pone ai vertici nelle graduatorie internazionali. Nel 90% delle famiglie c'è almeno un utilizzatore di telefonino e nel 69% più di uno. La spesa annuale della famiglia italiana per servizi di telefonia è in media di quasi 1.000 euro (60% per il mobile). E "a fronte di un reddito medio che tende a non crescere – spiega il rapporto – le famiglie cercano di razionalizzare anche la spesa in telecomunicazioni. La strada maestra è stata spesso quella di abbandonare la linea fissa di casa e tenere solo il cellulare". Così, i nuclei familiari "mobile only" sono arrivati a 4 milioni.

Da: *www.repubblica.it*, 9 marzo 2007

E. 12 pag. 123

17 Rileggete il testo e raccogliete le parole da associare ai termini seguenti.

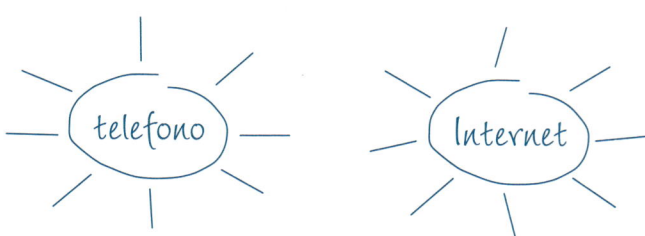

18 Quali sono le ragioni principali per cui gli italiani utilizzano Internet? Quale tendenza si sta sviluppando in Italia nell'uso del telefono? Riscontrate dei comportamenti simili nel vostro paese?

 OSSERVATE!

Osservate e completate.

...... 2006 il numero di famiglie nelle quali vi è almeno un utilizzatore di Internet ha superato la soglia ...... 50%.
...... 90% delle famiglie c'è almeno un utilizzatore di telefonino.
La strada maestra è stata quella di tenere solo ...... cellulare.

Notate delle differenze rispetto alla vostra lingua?

19 **Guardate il grafico e completate il testo sottostante.**

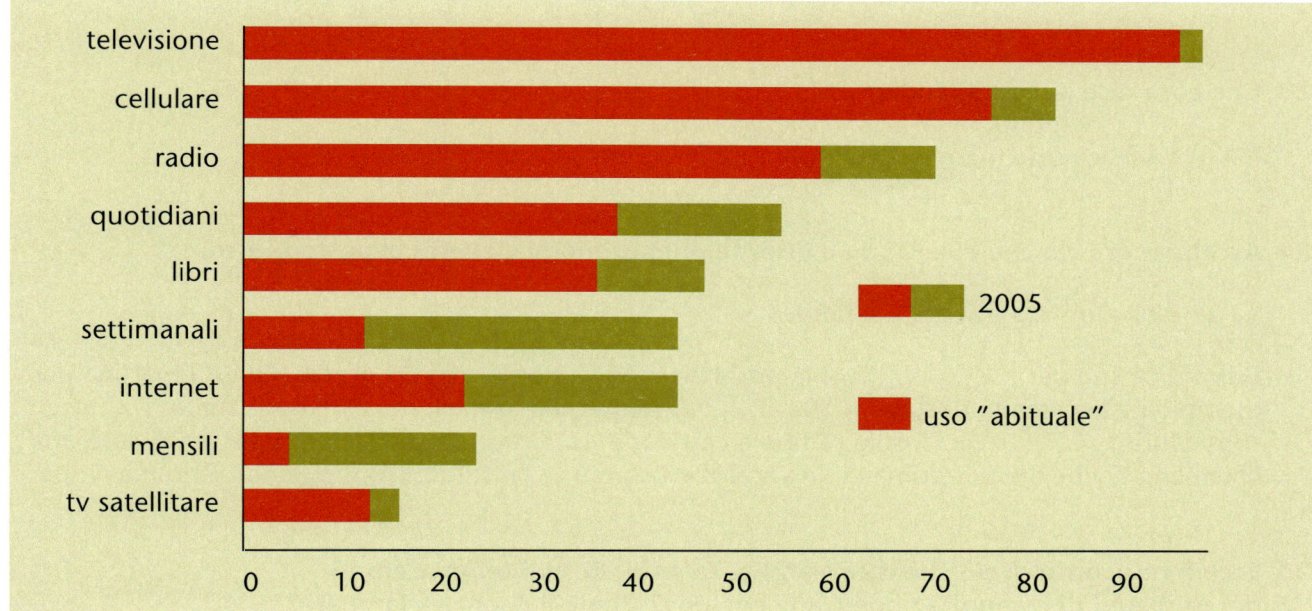

1. Quasi tutti gli italiani guardano regolarmente ....la TV......... .
2. Più di due terzi delle persone ascoltano regolarmente ....
3. Circa la metà degli italiani ama leggere ....
4. Meno di un quarto della popolazione legge ....
5. Circa un quinto degli italiani non usa ....

Ora continuate voi.

E. 14-15 pag. 124

20 **Lavorate in gruppi e discutete.**

1. Cosa leggete regolarmente: il giornale, un mensile, dei libri?
2. Quanto tempo passate al computer o guardando la TV?
3. Preferite vedere un film in TV o al cinema?
4. Vi piace stare a lungo al telefono?

21 **In gruppo formulate delle ipotesi sulla percentuale della popolazione che nel vostro Paese ...**

– guarda la televisione, ...   – ascolta regolarmente la radio, ...
– legge tutti i giorni un quotidiano, ...   – naviga su Internet.   ....

Confrontate poi le vostre ipotesi in plenum.   **Esempio:** Il 20% / un quinto . . .

[5] **22** **Ascoltate l'opinione di Claudia sull'uso della posta elettronica e del cellulare. In quali occasioni li usa?**

"La posta elettronica e la telefonia mobile facilitano la vita. Quando faccio tardi in ufficio o sono in giro per lavoro, mia figlia sa che mi può sempre rintracciare sul cellulare. E io posso fare la stessa cosa con lei. Senza il cellulare a volte non saprei dove rintracciarla e mi preoccuperei. Anche con gli amici, soprattutto quelli che abitano lontano, è molto più facile comunicare. Lo facciamo via e-mail o con le videochiamate, come sto facendo da un po' di tempo con mia sorella che è andata a vivere in Brasile".

 OSSERVATE!

Claudia dice che quando fa tardi in ufficio o è in giro per lavoro, sua figlia sa che la può rintracciare sul cellulare.	**Sottolineate nella frase riportata gli elementi che cambiano rispetto alla frase espressa direttamente da Claudia.**

23 **Che cosa dice ancora Claudia?**

Claudia aggiunge che . . .

[6] **24** **Ascoltate ora ciò che dice Dario e inserite poi i pronomi e i verbi al posto giusto.**

gli – lui – lo – era – aveva – si perde

Dario dice che per .... la posta elettronica non è solo progresso. Questa mattina per esempio nella cassetta postale .... circa trenta e-mail, ma almeno la metà .... spazzatura. .... solo tempo a cestinarle. La ditta .... dà sì il cellulare, ma poi chiamano anche il fine settimana, in vacanza, insomma non .... lasciano mai in pace.

25 **Ecco il resoconto di ciò che dice Natalia, 75 anni. Ai suoi tempi c'erano dei problemi di comunicazione tra le persone? Come li risolveva la gente?**

E. 16-18 pagg. 125-126

Natalia dice che prima il computer non c'era e si viveva bene lo stesso. Racconta che lì in campagna i rapporti con le persone erano diversi, le amicizie erano più sincere, se c'erano dei problemi si risolvevano guardandosi in faccia e parlandosi a quattrocchi. Anche quando non andava d'accordo con suo marito, gli parlava apertamente, non gli mandava una mail o un sms come si usa oggi. Conclude che se finora ha vissuto senza tanta tecnologia, potrà continuare così anche per il resto della sua vita.

26 **Quali sono state le parole di Natalia? Ricostruite la sua testimonianza diretta.**

E. 19-20 pag. 126

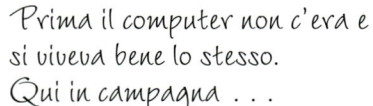
Prima il computer non c'era e si viveva bene lo stesso. Qui in campagna . . .

 OSSERVATE!

Anche quando non andavo d'accordo con mio marito gli parlavo apertamente. Se finora ho vissuto senza tanta tecnologia, potrò continuare così anche per il resto della mia vita.
Riuscite a spiegare la differenza tra le due congiunzioni?

27 **Discutete in gruppi. Riuscite ad immaginare la vostra vita senza cellulare e senza computer? Quali potrebbero essere per voi i vantaggi o gli svantaggi?**

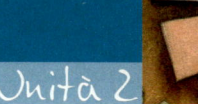

Lamentarsi di qualcosa e scusarsi

28 **Ascoltate il seguente dialogo. Si svolge tra amiche o colleghe?**

● Carla, io adesso vado, ho l'appuntamento dal notaio.
○ Dal notaio? Non lo sapevo! Ma torni dopo?
● Non credo di farcela. Ci vediamo domattina. Ah, guarda che verso le cinque telefonerà la Franzini per chiedere del progetto. Gliene parli tu, va bene?
○ Come, gliene parlo io? Hai seguito tutta la pratica tu. Come faccio adesso? Perché non me l'hai detto prima, scusa?
● Ma Carla, tu eri presente quando ho detto a Lucchini che dovevo uscire prima.
○ Certo che ero presente! Però non mi hai detto niente della Franzini. Le cose tu me le dici sempre all'ultimo momento! Non è questo il modo di fare!

29 **Leggete adesso la seguente mail. Per quale motivo Alessandra scrive a Carla?**

Ciao Carla! Volevo scusarmi per averti lasciato quella bega con la Franzini venerdì pomeriggio, ma sono dovuta correre via perché ero già in ritardo. Mi dispiace, non succederà più, anzi per farmi perdonare, del grafico per Lucchini me ne occupo io, così tu puoi uscire prima ☺.
Se mi inoltri subito il file glielo posso consegnare già questa sera.
Alessandra
Ieri sera non sono potuta andare a vedere il film di Crialese. Ci andiamo insieme una di queste sere?

30 **Rileggete il dialogo e la mail. Sottolineate poi con due colori diversi, tra le espressioni seguenti, quelle che usereste per lamentarvi di qualcosa e quelle per scusarvi.**

a Mi dispiace, non succederà più!
b Perché non me l'hai detto prima, scusa?
c Volevo scusarmi …
d Come, gliene parlo io?

e Non è questo il modo di fare!
f Per farmi perdonare …
g Però non mi hai detto niente di …
h Sono dovuta correre via …

31 **Cosa potrebbe rispondere Carla? Scrivete la mail.**

E. 22 pag. 127

 OSSERVATE!

Perché non me l'hai detto prima? Le cose tu me le dici all'ultimo momento.
Se mi inoltri il file glielo posso consegnare stasera.

● Chi parla alla Franzini del progetto? ○ Gliene parla Carla.
● Chi si occupa del grafico? ○ Me ne occupo io.

Cosa notate nell'uso dei pronomi in queste frasi?

32 **Offrite il vostro aiuto ai nonni che hanno qualche problema con il computer.**

Esempio: ● *Chi ci collega la tastiera al computer?* ○ *Ve la collego io.*

Chi …
– ci può installare questi programmi?
– ci spiega come funziona il mouse?
– mi insegna a fare l'home banking?

– ci scarica le foto sul computer?
– mi salva questo file?
– mostra alla nonna come si scarica la musica?

 **OSSERVATE!**

Non sono potuta andare a vedere il film perché ho dovuto accompagnare mia madre a casa.	**Che cosa notate nell'uso degli ausiliari con i verbi modali?**

33 **In coppia scegliete una delle seguenti situazioni e fate il dialogo.**

E. 23-25 pag. 127

- L'amico con cui avevate un appuntamento non si è presentato, non ha risposto al cellulare e dopo non si è nemmeno scusato.
- Un vostro collega da un po' di tempo va via spesso senza concludere il lavoro che poi tocca a voi finire.
- Avete prestato ad un amico un DVD per qualche giorno. Adesso è passato quasi un mese e non ve lo ha ancora restituito.

Ascolto

34 **Ascoltate ora l'intervista all'ideatore e insegnante di un corso di comunicazione e prendete appunti.**

35 **Riascoltate e sottolineate le affermazioni corrette.**

1. Il workshop dura dal lunedì al venerdì.
2. In genere vi partecipano persone piuttosto giovani.
3. Vi s'iscrivono imprenditori, impiegati, commerciali, notai, avvocati, ma anche studenti universitari, o casalinghe.
4. I partecipanti vogliono imparare a comunicare in modo piacevole e senza timidezza.
5. Il workshop si chiama "La comunicazione piacevole", il corso nelle aziende invece "Comunicare entusiasmo".
6. I corsi di La voce.net non sono solo sulla comunicazione verbale.

Guardiamo da vicino!

36 **Abbinate le seguenti espressioni alle immagini.**

> articolo di fondo
> pagina sportiva
> programma
> canale
> titolo
> sottotitolo
> telegiornale
> trasmissione
> quotidiano
> settimanale
> rivista

37 **Se volete leggere un commento al tema del giorno dove lo cercate? E se volete sapere il risultato delle partite di calcio?**

ALLA SCOPERTA DELL'ITALIA

38 Ascoltate. Chi sono Giovanna, Paola e Giacomo?

39 Leggete ora il brano e raccogliete tutte le informazioni che caratterizzano le tre persone.

Lungo bip di una segreteria telefonica.
Uno scatto, poi la voce di una ragazzina.

Giovanna Non siamo in casa. Se volete essere richiamati lasciate il vostro nome e il numero di telefono. E tenete presente che questi aggeggi sono utili ma capricciosi. Non fidatevi! Quando sono affamati s'ingoiano interi messaggi. Vi ho avvertito. Perciò, se non ci facciamo vive, richiamate voi. Adesso non fatevi pregare: parlate, parlate, parlate! Grazie.

Giacomo Paola (*un sospiro rassegnato*), sono Giacomo. La tua segreteria è troppo lunga. Dovresti dirlo a Giovanna, che ci vada piano. Pensa alle bollette. E a quei poveri disgraziati che ti devono telefonare. Comunque … senti un po', Giovanna non è ancora arrivata. Che succede? Lo sai che dobbiamo andare a pranzo fuori, non posso mica aspettarla tutto il pomeriggio. Mi faresti la cortesia di dirmi a che ora è uscita?

Il nastro s'interrompe e la linea per qualche secondo dà il segnale di occupato. Subito dopo, uno squillo. Stessa voce maschile.

Giacomo Pronto, sono sempre io. Per chiudere il messaggio di prima …

Paola Giacomo?

Giacomo Ci avrei giurato. Lo sapevo. Te ne stai lì acquattata … Ma che fai, hai cominciato a barricarti di nuovo dietro la segreteria?

Paola Smettila di lamentarti. Ti ho risposto, sì o no? O dobbiamo litigare anche per questo?

Giacomo Figurati. Se vuoi giocare a nascondino, liberissima. Ormai … Però Giovanna me la dovevi mandare all'ora stabilita, non quando pare a te.

Paola Sta' tranquillo. È uscita da almeno un'ora, sarà lì a momenti.

Giacomo Sicura?

Paola Ma sì. È venuto a prenderla Marco, quel compagno di banco, o di classe, insom-

ma il suo amichetto. Te lo ricordi? L'hai conosciuto anche tu, quel biondino …

Giacomo Marco? Mica posso portarmi dietro anche lui.

Paola Eh, ma oggi hai proprio intenzione di piantare polemiche! Perché devi essere sempre così … così … Inutilmente, poi. Nessuno ti darà fastidio, se è questo che ti preoccupa. Marco l'accompagna e basta. (*Assume un tono più discorsivo*) Ma te lo ricordi quant'è dolce quel ragazzino? È capace perfino di arrossire. Fa tenerezza, così innamorato di Giovanna. Lei invece, impassibile, con quell'aria da menefreghista. Falsa. Come te.

Giacomo Paola!

Lei ride, improvvisamente allegra.

Paola Su, non te la prendere. E non farti trovare col solito muso. È già così piena di problemi, nostra figlia.

Giacomo Non per colpa mia.

Paola E chi parla di colpe? Lasciamo perdere, dai. Piuttosto … sarete soli, voi due soli tutto il fine settimana?

Giacomo Veramente … no. Ti dispiace?

Paola ride di nuovo.

Paola Non sono gelosa. Mi è passata, non temere. Con la bella cura di chiacchiere che mi hai somministrato! Dovevi fare l'imbonitore, altro che l'insegnante!

Giacomo Ma quali chiacchiere. Io ho sempre cercato di comunicare, di non nascondere, mai … Falso a me proprio non lo puoi dire. O mi avresti preferito bigamo e bugiardo?

Paola Ma sentitelo quest'uomo meraviglioso, eccezionale! Non vuole dire bugie, lui! Vuole comunicare, lui. Con certi argomenti … Originali, sai, proprio originali. Non ti offendere, ma avresti dovuto sentirti: (*gli fa il verso*) "Io ti amerò sempre, ma la vita è desiderio, è cambiamento, non posso chiudermi alla vita". Ma lascia stare! […]

Da: Lontano da casa, Radiodramma di Maria Rosa Cutrufelli, RAI ERI, 1997

Vocabolario:

aggeggio *attrezzo, oggetto*
sono capricciosi
  qui: fanno quello che vogliono
s'ingoiano *qui: fanno sparire*
bollette *fatture per il telefono o l'elettricità*
ci avrei giurato *qui: ne ero sicurissimo*
acquattata *nascosta in attesa*
smettere *finire*
arrossire *diventare rosso*
tenerezza *dolcezza*

impassibile *che non mostra emozioni*
menefreghista *indifferente*
muso *viso dall'espressione offesa*
gelosa *qui: possessiva*
temere *avere paura, timore*
somministrare *dare*
imbonitore *chi convince una persona*
  a fare una determinata azione
bugiardo *chi non dice la verità*
non ti offendere *non restarci male*

40 Secondo voi per quale motivo è in ritardo Giovanna?

41 Lavorate in piccoli gruppi e descrivete il rapporto tra Paola e Giacomo.

GRAMMATICA

1 Le particelle *ne, ci* e *vi*

> Quando parliamo **del progetto**? – **Ne** parliamo dopo.
> Chi si occupa **di questo lavoro**? – Me **ne** occupo io.
> Che **ne** dite **di andare a mangiare una pizza**?
>
> Chi pensa **a scrivere il verbale**? – **Ci** penso io.
> **Ci** sono molti che abbandonano la linea fissa.
> Non **vi** sono dati attuali, ma sembra una tendenza.

Ne kann nicht nur unbestimmte Mengen ersetzen, sondern einen ganzen Satzteil, der durch **di** eingeleitet wird. Man übersetzt etwa mit *darüber/davon/darum/dazu*. **Ci** kann neben Ortsangaben mit **a** oder **in** einen Satzteil ersetzen, der durch **a** eingeleitet wird. **Vi** kann **ci** ersetzen, wird aber seltener gebraucht.

E. 6 pag. 121

2 L'uso dell'infinito

> **Hai voglia/tempo di** accompagnarmi?
> Non **mi va di** andare al cinema.
> **Comincia a** piovere.
> **Continuo a** camminare.
> Ci **farebbe piacere** rivedervi.
> Mi **piace** viaggiare in treno.

Auf viele Verben und unpersönliche Ausdrücke kann ein Infinitiv oder eine Infinitivkonstruktion folgen. Ob der Infinitiv durch eine Präposition angeschlossen wird und durch welche, hängt von dem vorausgehenden Verb ab.

E. 13 pag. 124

3 Il pronome relativo *il quale*

maschile	femminile
il quale	la quale
i quali	le quali

Das Relativpronomen **il quale** richtet sich – anders als **che** – in Zahl und Geschlecht nach dem Bezugswort. Es wird vor allem im Schriftlichen gebraucht und wenn der Bezug mit **che** bzw. **cui** nicht eindeutig wäre.

> **Il padre** di Anna, **il quale** lavora alla FIAT, andrà in pensione tra poco.
> Il padre di **Anna, la quale** lavora alla FIAT, va spesso a sciare con mio padre.
> Sono poche le famiglie **nelle quali** non si usa Internet.

Der Artikel verschmilzt wie gewohnt mit den Präpositionen **a, di, da, in, su.**

4 L'uso dell'articolo determinativo

> **Il** 70% degli intervistati si interessa di politica.
> **Nel** 50% delle famiglie c'è un utente di Internet.
> **Nel** 2006 ho cambiato lavoro.
> **Il** cinema mi piace molto.
> Non mangio **la** carne. Sono vegetariano.
> Non ho **la** macchina.

Vor Prozentangaben steht **il** – das Verb steht entsprechend im Singular.
Außerdem steht der bestimmte Artikel bei Jahresangaben, bei Gattungsbezeichnungen und bei Dingen, die man im Allgemeinen nicht in vielfacher Anzahl besitzt.

5 Le frazioni

¹/₂ la metà	¹/₄ un quarto	¹/₅ un quinto
¹/₃ un terzo	³/₄ tre quarti	¹/₂₀ un ventesimo

Die Bruchzahlen entsprechen ab ¹/₃ den Ordnungszahlen.

 Beachten Sie den Plural: **Due terzi** delle persone ascoltano la radio.

6 Il discorso indiretto I

Zwischen direkter und indirekter Rede gibt es keinen Unterschied in Zeit und Modus, wenn die indirekte Rede durch ein Verb im Präsens oder **passato prossimo** eingeleitet wird und etwas wiedergegeben wird, was erst kurz zuvor gesagt wurde. Personalpronomen, Possessivpronomen und die Personalform des Verbs müssen dagegen angepasst werden:

discorso diretto	Linda dice/ha detto: Poi spiega:	"Per **me** e **mia** figlia il cellulare è utile." "**Ci telefoniamo** spesso durante la giornata."
discorso indiretto	Linda dice/ha detto che Spiega che	per **lei** e **sua** figlia il cellulare è utile. **si telefonano** spesso durante la giornata.

7 Il gerundio con il pronome

E. 21 pag. 126

Si sta **chiedendo** cosa fare.
Sta **chiedendosi** cosa fare.
Parlandogli a voce l'ha convinto.

Auf das Gerundium bezogene Pronomen *können* angehängt werden, wenn es sich um die Verlaufsform handelt, sie *müssen* angehängt werden, wenn das Gerundium einen Nebensatz ersetzt.

8 Le congiunzioni *se* e *quando*

Quando arrivo in ufficio accendo subito il computer.
Quando arrivo ti avviso.
Se domani fanno sciopero prendo la macchina.

Quando beschreibt einen Zeitpunkt und bedeutet *jedes Mal, wenn* oder *dann, wenn*.
Se nennt eine Bedingung und heißt *wenn/falls*.

9 Il passato prossimo dei verbi modali

Rita **ha dovuto studiare**.
Rita **è dovuta andare** via.
Gina **ha voluto parlare** con te.
Gina **è voluta uscire** con te.
Mario non **ha potuto finire** il lavoro.
Mario non **è potuto venire**.

Bei Modalverben richtet sich die Wahl des Hilfsverbs danach, ob der nachfolgende Infinitiv das **passato prossimo** mit **avere** oder **essere** bildet.

10 Pronomi combinati

	lo	**la**	**li**	**le**	**ne**
mi	me lo	me la	me li	me le	me ne
ti	te lo	te la	te li	te le	te ne
gli/le	glielo	gliela	glieli	gliele	gliene
ci	ce lo	ce la	ce li	ce le	ce ne
vi	ve lo	ve la	ve li	ve le	ve ne
gli	glielo	gliela	glieli	gliele	gliene
si	se lo	se la	se li	se le	se ne

Treffen zwei der nebenstehenden Pronomen (unbetonte Objektpronomen, Reflexivpronomen, das Pronominaladverb **ne**) zusammen, ergeben sich die dargestellten Formen. Die Abfolge der Pronomen ist dabei unveränderlich. Sie stehen – wie gehabt – vor dem konjugierten Verb, gegebenenfalls nach dem Verneinungspartikel: Non **gliel'ho detto**.

Werden die Pronomen an ein Verb angehängt (vgl. Azzurro, S. 109), werden diese zusammen geschrieben: **Dimmelo! Puoi dirmelo.**

In compagnia di grandi scienziati ed inventori

Giocate in coppia. Chi inizia sceglie una casella a piacere, legge le informazioni e svolge il compito oralmente. Dopo aver risposto in modo esauriente, può "occupare" la casella come "sua", dopo di che il gioco passa al compagno. Vince chi per primo riesce ad occupare tre campi su una linea verticale, orizzontale o diagonale.

Alessandro Volta (1745–1827) in una lettera del 1800 dà per la prima volta notizia "dell'apparecchio a pila" da lui inventato: un predecessore dell'attuale batteria elettrica. Nominate un'invenzione del secolo scorso che, secondo voi, è stata importante e spiegate il motivo della vostra scelta.	*L'astrofisica Margherita Hack (*1922) ha diretto l'Osservatorio Astronomico di Trieste dal 1964 al 1987 rendendolo famoso in tutto il mondo.* Stasera volete andare ad una conferenza sull'evoluzione dell'universo, ma la vostra capufficio vi dice di finire una relazione. Spiegatele che avete già i biglietti e cercate una soluzione.	*Nel 1871 Antonio Meucci (1808–1889) chiede di brevettare una sua invenzione, il primo prototipo di telefono, nato da una necessità: comunicare con la moglie inferma in un'altra stanza della casa.* Quali sono i mezzi di comunicazione che preferite? Perché?
Il fisico Carlo Rubbia (*1934) riceve nel 1984 il premio Nobel per la fisica, insieme all'olandese Simon van der Meer. Insegna fisica presso l'Harvard University per molti anni dopodiché dirige il Centro Europeo per la Ricerca Nucleare di Ginevra. Vi siete mai trasferiti per lavoro o studio in un'altra città? Raccontate.	*Il premio Nobel Enrico Fermi (1901–1954), progetta e dirige la costruzione del reattore che produce la prima reazione nucleare a catena controllata. A Fermi è dedicato anche un cratere sulla luna.* C'è uno scienziato, un artista o un personaggio storico che ammirate? Quali informazioni potete dare di lui/lei?	*Dopo la maturità classica il premio Nobel Rita Levi Montalcini (*1909) studia medicina. Nel 1938, in seguito alle leggi razziali, è costretta a lasciare il suo lavoro in ospedale. Mette su un laboratorio in casa e scopre così la sua vera vocazione: la ricerca pura.* Raccontate quali sono state le vostre scelte dopo la scuola dell'obbligo.
Il premio Nobel Guglielmo Marconi (1874–1937) nel 1898 riesce a trasmettere oltre oceano il primo segnale radio senza fili. Un amico vi ha prestato un libro illustrato sulle grandi invenzioni pregandovi di trattarlo con cura, ma voi l'avete macchiato con il caffè. Scusatevi con lui e cercate di rimediare.	*Leonardo da Vinci (1452–1519) dopo aver vissuto a Firenze per molti anni, si trasferisce a Milano dove dipinge uno dei suoi capolavori: "L'Ultima Cena".* Fra una settimana ci sarà una mostra sulla vita e l'opera di Leonardo. Spiegate a un compagno di cosa si tratta e cercate di convincerlo a venire.	*A 69 anni Galileo Galilei (1564–1642) viene processato dall'Inquisizione per aver seguito la teoria copernicana e viene condannato agli "arresti domiciliari" a vita. Continuerà comunque a scrivere e a fare osservazioni astronomiche.* Raccontate un cambiamento importante della vostra vita.

Portfolio Che cosa so fare — *Ripasso 1*

Unità 1		
So	**So farlo bene**	**Voglio migliorare**
parlare di cambiamenti della vita privata o professionale (3, 6, 14, 20)		
motivare le mie decisioni (3, 6, 20)		
chiedere informazioni specifiche (11)		
esprimere un bisogno o una necessità (3, 11, 12)		
collocare azioni o avvenimenti nel tempo (3, 20)		
spiegare di cosa si occupa un'associazione di volontariato (13,19)		
scrivere un annuncio (27)		

Unità 2		
So	**So farlo bene**	**Voglio migliorare**
scrivere un invito o una lettera formale (4)		
proporre qualcosa da fare e fissare un appuntamento (4, 9, 11)		
individuare le informazioni principali di un articolo di giornale (16)		
interpretare una statistica (19)		
parlare di abitudini telematiche e informatiche (19, 22)		
riferire quello che dice un'altra persona (22, 25)		
esporre una lamentela e scusarmi (28, 29)		

Usi e costumi

Paese che vai usanza che trovi.
Di seguito alcuni comportamenti che in Italia potrebbero suscitare un po' di stupore e perplessità.
Perché, secondo voi? Discutetene in gruppi.

1. Andate al bar con degli amici italiani e dopo la consumazione chiedete al cameriere il conto per la vostra consumazione.

2. Dopo cena a casa di amici italiani vi chiedono se desiderate un caffè e voi rispondete che preferite un cappuccino o un latte macchiato.

3. A casa di una famiglia italiana vi vengono servite diverse pietanze che mangiate in silenzio di buon gusto. Prima di andar via ringraziate e dite che avete mangiato bene.

4. Sono le 18 e avete già una fame da lupi. Proponete ai vostri amici italiani di andare al ristorante per cenare.

5. Al ristorante con alcuni amici specificate al cameriere cosa avete mangiato per pagare la vostra parte.

6. Siete invitati a casa di amici italiani. Quando entrate vi togliete le scarpe per stare più comodi e per non sporcare il pavimento.

7. Dopo una bella spaghettata a casa di amici aiutate a lavare le stoviglie e le asciugate senza averle risciacquate con l'acqua corrente.

33

Sei in partenza?

In questa unità impariamo a

→ raccontare un'esperienza di viaggio

→ spiegare le ragioni di una scelta

→ valutare diverse possibilità di viaggio

→ fornire i dati e le nostre generalità dopo un incidente

Per cominciare

1 Guardate le foto e, in coppia, fate delle ipotesi sui motivi del viaggio con l'aiuto delle espressioni sottostanti.

> viaggio di affari – gita scolastica – scambio universitario – gita turistica – viaggio culturale –
> vacanza rilassante – spostamento quotidiano

2 Leggete il seguente titolo.
A quale delle foto lo abbinereste?
Leggete poi l'articolo e cercate
di spiegare il titolo.

Una vita in treno, scelta da premiare

**Sos al terminal del Malpensa Express: non penalizzate i
pendolari, salvano l'ambiente**

MILANO – Ieri il pendolare Alessandro, che viaggia sulla Brescia-Milano, è
arrivato al lavoro con 65 minuti di ritardo: il suo post ci fa sapere che il giorno
prima, martedì, era arrivato con 50 minuti di ritardo. Lunedì gli era andata
meglio, ma il treno delle 18.10 da Milano a Desenzano, in cambio della
puntualità, offriva carrozze fredde e buie. Mentre un po' su tutte le linee la
giornata di ieri registrava ritardi oltre i dieci minuti, al terminal del Malpensa
Express i viaggiatori di Busto Arsizio hanno presentato la loro analisi bilancio
della situazione e le loro proposte. "Anzitutto i pendolari vanno considerati
persone che fanno una scelta di rilievo ambientale: meritano dunque di
essere premiati piuttosto che puniti" ha detto il loro portavoce Alessandro
Berteotti [...]
Da: Corriere della Sera, 26 gennaio 2006

3 Qual è il problema del pendolare Alessandro? Anche i pendolari del vostro paese hanno dei problemi?

4 Lavorate in coppia. Sottolineate nel testo le parole che assomigliano a parole della vostra o di un'altra lingua e fate delle ipotesi sul loro significato.

E. 1-4 pagg. 128-129

5 Abbinate le spiegazioni alle espressioni contenute nel testo.

1. salvare l'ambiente   a un'azione per il bene delle risorse naturali
2. penalizzare i pendolari   b difendere la natura
3. una scelta di rilievo ambientale c al posto della precisione oraria
4. in cambio della puntualità d (qui) danneggiare
5. meritare   e guadagnarsi
6. punire   f svantaggiare le persone che viaggiano tutti i giorni in treno

6 Come viene espressa la seguente frase nel testo?

I pendolari devono essere considerati come persone che fanno una scelta di rilievo ambientale.

....

Che significato ha il passivo formato dall'ausiliare "andare" e il participio?

E. 5 pag. 129

 OSSERVATE!

Osservate e completate.

Ieri Alessandro è arrivato con 65 minuti di ritardo. Il giorno prima .... con 50 minuti di ritardo. Lunedì gli .... meglio.	**Come si forma il trapassato prossimo? Quando si usa?**

7 Anche voi avete avuto problemi nei vostri spostamenti regolari, per andare a scuola, all'università o al lavoro? Scrivete delle frasi con le seguenti espressioni.

tre giorni fa
il giorno prima

la settimana scorsa
la settimana precedente

il mese scorso
il mese prima

Esempio: Tre giorni fa sono andato al lavoro in tram perché il giorno prima avevo avuto un incidente con la macchina.

OSSERVATE!

farcela		Riesci ad arrivare in orario?	Forse ci riesco.
ce la faccio	ce la facciamo	Ce la fai a prendere il treno?	Non lo so.
ce la fai	ce la fate		Sì, ce la faccio.
ce la fa	ce la fanno		Penso di sì/no.

E. 6-8 pag. 130

8 **Lavorate in piccoli gruppi. Fatevi delle domande e rispondete come nello specchietto.**

> venire a lezione puntualmente – arrivare al lavoro/a scuola in meno di 20 minuti – stare una settimana senza leggere il giornale o guardare la TV – nuotare per tre quarti d'ora senza pausa – cominciare la giornata senza fare colazione – leggere un libro di 200 pagine in un giorno

Valutare diverse possibilità di viaggio

🔊 10 9 **Ascoltate il dialogo.**
Perché la dottoressa Golina non parte in aereo?

🔊 10 10 Riascoltate il dialogo.

- È permesso?
- ○ Si accomodi, Sabrina. Mi dica.
- Dottoressa Golina, Le volevo dire che per giovedì Le ho prenotato un posto sull'Eurostar delle sette.
- ○ In treno? Non capisco, perché non ha prenotato come sempre un volo? Come mai questa novità?
- Lo so, mi dispiace, è che sul volo che avrebbe desiderato Lei non c'era più posto, avremmo dovuto prenotare prima. Tra l'altro è stato annunciato uno sciopero dei controllori di volo, forse è meglio non rischiare.
- Sì, in effetti ... E quanto ci mette l'Eurostar?
- ○ Dunque, ci mette ... vediamo un po': più di 4 ore e mezza, arriva a Roma Termini intorno alle 12.20.
- Mi sembra un po' tardi. Ha considerato che la riunione del Consiglio di amministrazione è alle 13? Da Termini con il traffico che c'è, ci metto almeno tre quarti d'ora ad arrivare in sede. E se poi il treno arriva in ritardo? ... Non ce n'è uno prima?
- ○ Beh, sì. Ci sarebbe il TrenOk ...
- E con quello quanto tempo ci vuole?
- ○ Ci vogliono più o meno 5 ore, però parte da Bari Centrale già alle 5.15. Pensavo che per Lei ...
- No, non è troppo presto. Va benissimo, prenoti un posto su quello. E cancelli la prenotazione dell'hotel, devo rientrare già in serata. Se ne occupi subito, mi raccomando, e tenga presente che la riunione durerà fino alle cinque.
- ○ Sì, certo. Non si preoccupi.

11 Indicate con una x le affermazioni corrette.

1. ☐ La dottoressa Golina generalmente viaggia in treno.
2. ☐ Ormai è troppo tardi per trovare un posto in aereo.
3. ☐ Venerdì c'è uno sciopero dei controllori sui treni.
4. ☐ La dottoressa preferisce prendere il treno prima.
5. ☐ La dottoressa vuole pernottare a Roma.

19 Scegliete una delle situazioni raffigurate dai disegni al punto 16 e fate il dialogo con l'aiuto delle espressioni sottostanti.

> fare retromarcia – frenare – mettere la freccia – bloccare – essere distratti – rispettare i limiti di velocità – dare la precedenza – guidare contromano

E. 15-17 pag. 133

20 Lavorate in coppia. Avete mai avuto un incidente o ne siete stati testimoni? Raccontate.

Dare dei consigli per il viaggio

21 Leggete i seguenti suggerimenti e indicate con una x quelli che generalmente osservate quando andate in vacanza. Poi a coppie confrontate le vostre scelte e motivatele.

Suggerimenti per un viaggio "perfetto"

- ☐ partire soli, dimenticare il cellulare e vedere quello che capita, senza programmare itinerari
- ☐ non viaggiare troppo di fretta
- ☐ parlare la lingua del paese
- ☐ documentarsi prima per non perdersi il "meglio" magari dietro l'angolo
- ☐ provare curiosità e rispetto
- ☐ essere il meno possibile turisti
- ☐ avere spirito d'adattamento e cordialità
- ☐ non avere pregiudizi ed essere aperti e disponibili
- ☐ avere una buona compagnia
- ☐ visitare gran parte di un Paese ed evitare viaggi lampo solo dedicati alle capitali

C'è un suggerimento tra quelli indicati che voi non seguireste mai?
Avreste ancora qualche consiglio da aggiungere?

22 Rileggete i consigli e associate le seguenti espressioni nel modo opportuno.

1. essere disponibili	a informarsi sul luogo, il paese, le usanze ecc.
2. avere pregiudizi	b non vedere le cose più belle
3. un viaggio lampo	c nelle vicinanze
4. dietro l'angolo	d prestare attenzione ai bisogni degli altri
5. documentarsi	e un soggiorno molto breve
6. perdersi il meglio	f giudicare qualcuno senza conoscerlo

23 In gruppi fate delle ipotesi sul significato dei seguenti termini e cercateli poi nel dizionario.

avere spirito d'adattamento   provare curiosità   vedere quello che capita

 OSSERVATE!

E. 19-21 pag. 134

Osservate e completate.

> Un viaggio perfetto vuole dire partire .... ,
> non avere pregiudizi ed essere .... e .... ,
> essere il meno possibile ....

24 Lavorate in coppia, assumete i ruoli di A e B e fate il dialogo.

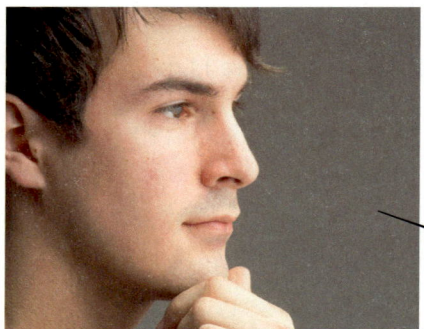

Ti consiglio di . . .
Dipende da quello che . . .
Forse conviene . . .
Perché non fai . . . ?

Da tanto vorrei
andare in . . .
Non so se andare da solo o con . . .
Odio viaggiare in aereo . . .
E per la lingua?

A Vuoi finalmente realizzare il tuo sogno e partire per la meta tanto desiderata. Parlane alla tua compagna e spiegale anche quali sono i tuoi dubbi e le domande aperte.

B Il tuo compagno ti racconta del viaggio che sogna. Dagli dei consigli su come organizzarsi e a cosa pensare prima di partire.

Ascolto

25 Ascoltate la conversazione. Di cosa parla Vanessa?

☐ della sua carriera scolastica   ☐ dei suoi progetti per il futuro   ☐ del suo soggiorno all'estero

26 Riascoltate e raccogliete le informazioni. Cosa racconta Vanessa ...

1. sui suoi studi universitari?
2. sulla sua attuale abitazione?
3. sui contatti con gli altri studenti?
4. sui problemi iniziali?
5. sui motivi per cui è andata in Erasmus?
6. sugli aspetti positivi della sua esperienza?

Raccontare un'esperienza all'estero

27 Discutete in gruppi e fate delle ipotesi.
Quali motivi potevano spingere un ragazzo
a fare un viaggio all'estero negli anni '50?

28 Guardate ora la copertina del libro del noto giornalista
Tiziano Terzani. Di che cosa parla, secondo voi, il libro?
Che cosa vi suggerisce il titolo?

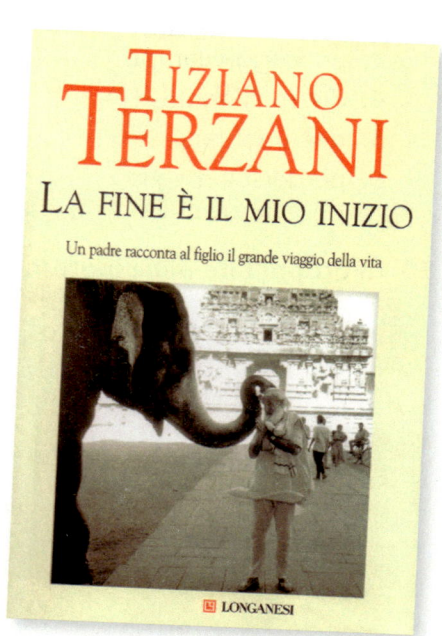

TIZIANO
TERZANI
LA FINE È IL MIO INIZIO

Un padre racconta al figlio il grande viaggio della vita

LONGANESI

29 Leggete le seguenti affermazioni e poi il brano in cui Terzani racconta al figlio il suo primo viaggio all'estero. Indicate quindi con una x le frasi che corrispondono al testo.

Tiziano Terzani …

☐ aveva ottime conoscenze di francese.
☐ voleva lasciare la scuola e mettersi a lavorare.
☐ voleva conoscere altri paesi stranieri.
☐ desiderava emigrare in Francia.
☐ credeva di aver trovato un lavoro estivo nell'ufficio di un albergo.

☐ era disposto a lavorare per pagarsi la vacanza.
☐ non amava il lavoro in cucina.
☐ era entusiasta delle montagne.
☐ faceva di tutto per realizzare i suoi progetti.
☐ non amava viaggiare.

In prima liceo, quando avevo sedici anni, sognavo di andare all'estero. Allora, insieme a un amico, Cleto Menzella, andammo alla stazione per cercare nel *Journal de Genève* un lavoro in Svizzera durante le vacanze. E lì c'è una storia molto divertente. Io studiavo il francese, fingevo di capirlo e lessi: *Cercasi garçon d'office* in un grande albergo di Bey sur Vevey. Con pianti di mia madre saltai le vacanze estive all'Orsigna per andare con Menzella a lavorare in Svizzera. Ci facemmo il libretto di lavoro, passaporto, contratto con questo grande albergo. Arrivammo e c'era un signore che gestiva il personale e che ci disse «Be', sistematevi in questa stanza insieme a tutti gli altri camerieri, poi vi porto a vedere l'*office*».

«Office» in francese, scoprii, non era l'ufficio dove io, studente fighetto, potevo battere a macchina, ma era dove si rigovernavano i piatti! Per cui mi ritrovai in questo puzzo di rigovernatura a lavare i piatti dalla mattina alla sera, cosa che non durò molto perché mi giravano i coglioni. Mi feci amico di uno e fui promosso alle pulizie. Allora imparai un'altra parola che fu *encostiquer*, che voleva dire dare la cera ai pavimenti di legno, cosa che io facevo.

Dopo, sarà passato un mese e mezzo, ci facemmo pagare e scappammo perché non se ne poteva più di stare lassù in mezzo a quelle montagne. Partimmo e cominciò un'altra bellissima avventura. Ci mettemmo a fare l'autostop attraverso l'Europa e arrivammo a Parigi. Place Pigalle, la prima visione del Moulin Rouge – poh! Andavamo a giro, stavamo negli alberghi della gioventù, conoscemmo delle ragazze, ci invitarono. Poi andammo in Belgio e tornammo attraverso la Germania. Quella fu la mia prima uscita nel mondo. Era la prima volta che avevo passato la frontiera e capii che la mia strada era di andare a guardare. Da allora questa aspirazione mi rimase sempre, tutte le scuse erano buone per partire. La diversità mi piaceva moltissimo. Sento ancora l'odore di quell'*office*, l'odore della cera su quei grandi corridoi di legno. Sai, tutto era diverso: l'odore del mangiare, l'odore nelle strade. Era il 1955, venendo da Firenze la Svizzera era un'altra cosa. E Parigi!

A scuola, quando tornammo, eravamo invidiatissimi, eravamo una sorta di eroi. Sai, eravamo stati a Parigi, ci eravamo fatti il libretto di lavoratori stagionali. Eravamo stati anche abbastanza creativi.

Da: *La fine è il mio inizio* di Tiziano Terzani, Longanesi 2006

30 Quando avete fatto il vostro primo viaggio da soli? Dove? Cosa ricordate di quell'esperienza?

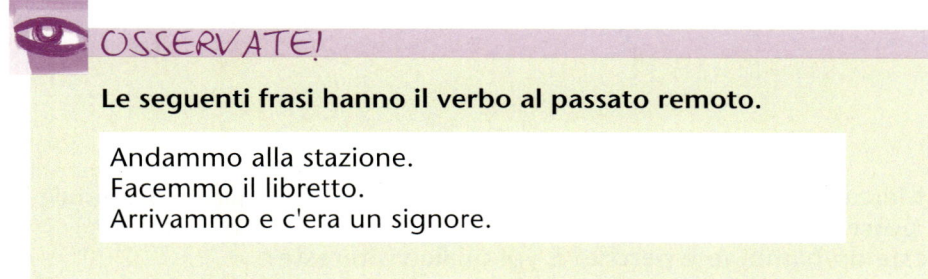

OSSERVATE!

Le seguenti frasi hanno il verbo al passato remoto.

Andammo alla stazione.
Facemmo il libretto.
Arrivammo e c'era un signore.

31 A coppie cercate nel testo altri esempi di questo tempo e fate una lista. Con l'aiuto del contesto cercate di capire anche da quale infinito deriva la forma coniugata del verbo.

pronome personale	passato remoto	infinito
noi	andammo	andare
io	lessi	leggere

E. 22-23 pag. 135

32 Il passato remoto si usa in contrapposizione all'imperfetto, soprattutto nella lingua scritta. Quale tempo avete trovato finora nel parlato al posto del passato remoto?

33 Parlare una lingua straniera non è sempre facile e a volte ci sono dei malintesi. Vi è mai capitata una cosa simile all'estero o parlando con una persona in una lingua straniera?

Guardiamo da vicino!

Cinque giorni di libri, personaggi da sfogliare e incontrare, eventi e pagine per tutti i gusti.

Presso la Stazione Marittima di Venezia e l'Arsenale, è un vero e proprio Festival del Mare, esposizione di splendide imbarcazioni a vela e a motore, accessori, abbigliamento sportivo, attrezzature subacquee, servizi broker e charter e un ricco programma di eventi sportivi.

Numerosi eventi e importanti occasioni d'incontro per conoscere in anticipo gli scenari mondiali del Sistema Turismo, con i massimi esperti del settore turistico.

34 A chi si rivolge la Mostra Mercato dell'Orologio di Cesena? A chi la BIT (Borsa Internazionale del Turismo)? Quale fiera potrebbe essere interessante per persone che amano lo sport? A quale delle fiere portereste un bambino e perché? E voi quale visitereste?

ALLA SCOPERTA DELL'ITALIA

35 Leggete il seguente brano. Perché a Lars piace viaggiare in bicicletta?

Stranieri di Sandra Petrignani

Lars viaggiava in bicicletta, da solo. In bicicletta puoi osservare i dettagli di un paesaggio, guardi la gente negli occhi. E la gente è bendisposta, protettiva. Ti chiede da dove vieni. A volte ti invita a pranzo a casa sua. «Bergen», diceva Lars, «una città molto carina, molto lontana. Vengo da Bergen.» In realtà non era vero, perché, sì, a Bergen era nato, ma per essere precisi veniva da una qualsiasi parte del mondo, quella dell'ultimo aeroporto da cui era partito, dall'ultimo treno dove aveva issato la bicicletta.

Firenze gli aveva fatto una grande impressione, ma era dovuto fuggire dopo due giorni. Salì su un treno diretto verso la costa, via dalla pazza folla, via dai musei annegati nel suk. Dal finestrino vide una campagna che gli sarebbe piaciuto percorrere lentamente, una campagna che arrivava fino al mare. Era sceso alla prima stazione.

Pedalava da due ore. Chissà perché aveva negli occhi il paesaggio dell'infanzia, la campagna bianca di neve, mentre era cieco ai prati verdi e rossi, grano e papaveri, che stava attraversando. Quando se ne rese conto, si fermò. [...] Dunque il tratto di strada percorso da quando aveva abbandonato il treno non esisteva, non l'aveva visto, lo aveva portato indietro, ai boschi dell'infanzia. Udì suo nonno che lo chiamava tra gli alberi. Si rivide all'età di otto anni perso nella foresta, visse di nuovo una grande paura di desolazione e assideramento. [...]

Quando si rimise in marcia era tranquillo e presente a se stesso come gli piaceva essere. Faceva ondeggiare lo sguardo al ritmo dei pedali, annotava mentalmente ogni particolare che, alla sera, prima di addormentarsi, avrebbe trascritto nel diario.

Tutto procedeva liscio. Trovò una locanda, di quelle che piacevano a lui, poche stanze, fuori mano. Cenò stupendamente, ottimo cibo, buon vino. Cinghiale e melanzane, sughi densi, invernali, ma con il buio se n'era andato anche il caldo. Panna cotta. Dopo, davanti a un bicchiere di vin santo con i tozzetti, certi biscotti duri alle mandorle che la padrona gli aveva imposto forzandolo affettuosamente, fu naturale scambiare due parole con Pietro e Claudia. Li aveva notati subito, entrando nella veranda. Fra i divanetti di vimini, quasi tutti liberi, ne aveva scelto uno accanto a loro che leggevano sprofondati su due poltroncine separate da un tavolino di vetro. Erano amici della padrona, come sono sempre gli *habitués*. Dovevano avere una casa nei dintorni e venivano la sera per non sentirsi troppo soli. Conoscevano la maggior parte della gente che entrava e usciva dal bar, ma si limitavano a un saluto e qualche battuta. Volevano essere soli fra la gente, come Lars.

Non restò alla locanda. Il giorno dopo si trasferiva da Pietro e Claudia. Lo sistemarono in una mansarda al piano superiore con un piccolo terrazzo quadrato da cui vedeva il mare. La mattina si svegliò felice della piega che aveva preso quel viaggio. La neve era distante gli anni che lo separavano dall'infanzia, quindici, sedici. Poteva restare lì tutta l'estate o ripartire il giorno dopo. [...]

Da: *I racconti delle fate sapienti*, a cura di Francesca Pansa, Frassinelli, 2005

Vocabolario:
issare *qui: mettere su*   annegati nel suk *sovraffollati*   cieco *chi non può vedere*   rendersi conto *accorgersi*   la desolazione *infelicità, tristezza* l'assideramento *insieme dei danni fisici, provocati da una lunga esposizione al freddo*   faceva ondeggiare *muoveva*   procedere liscio *continuare senza problemi*   affettuosamente *dolcemente, amichevolmente*   vimini *legno flessibile usato per produrre mobili artigianali* sprofondare *qui: sedersi comodamente*   felice della piega che aveva preso *felice di come stava andando*

36 Lavorate in gruppi e date dei titoli ai singoli paragrafi di cui è indicato sempre l'inizio:

1. Lars viaggiava … ....
2. Firenze gli aveva … ....
3. Pedalava da … ....
4. Quando si rimise … ....
5. Tutto procedeva … ....
6. Non restò … ....

37 Che cosa colpisce Lars durante il suo viaggio?

E. 24-25 pag. 135

38 Conoscere persone, visitare luoghi, fare esperienze indimenticabili: cos'è più importante per voi durante un viaggio?

GRAMMATICA

1 Il passivo con l'ausiliare *andare*

Das Verb **andare** kann in einfachen Zeiten als Hilfsverb für das Passiv gebraucht werden, wenn man ausdrücken will, dass etwas geschehen *soll*. **Andare** + Partizip Perfekt drückt das gleiche aus wie **dover essere** + Partizip Perfekt.

Questa regola **va rispettata** (= deve essere rispettata).	… muss eingehalten werden.
Questi lavori **vanno rifatti** (= devono essere rifatti).	… müssen noch einmal gemacht werden.
La lettera **andava scritta** subito (= doveva essere scritta).	… hätte sofort geschrieben werden müssen.

2 Il trapassato prossimo

	con **avere**		con **essere**	
io	avevo	fatto	ero	stato/-a
tu	avevi		eri	
lui/lei	aveva		era	
noi	avevamo		eravamo	stati/-e
voi	avevate		eravate	
loro	avevano		erano	

Das **trapassato prossimo** drückt aus, dass ein vergangenes Geschehen sich noch vor einem anderen Ereignis in der Vergangenheit abgespielt hat: Ieri il treno **è partito** puntualmente, ma l'altro ieri **era arrivato** con venti minuti di ritardo. Es wird mit dem Imperfekt von **essere** bzw. **avere** und dem Partizip Perfekt gebildet.

3 I verbi pronominali *farcela, metterci* e *volerci*

Eine Reihe von Verben können in festem Verbund mit einem oder zwei unbetonten Pronomen auftreten und eine neue Bedeutung annehmen, z.B. **fare** *machen* – **farcela** *es schaffen*. Bei den konjugierten Formen werden die Pronomen vorangestellt. **Volerci** wird nur in der 3. Person Singular oder Plural gebraucht. **Volerci** wird nur unpersönlich gebraucht, **metterci** dagegen auch personenbezogen.

farcela	ce la faccio ce la fai …	Non **ce la fa** a venire prima.	Er/Sie schafft es nicht, …
metterci	ci metto ci metti ci mette …	In treno **ci metto** un'ora. Il treno **ci mette** tre ore.	Mit dem Zug brauche ich … Der Zug braucht …
volerci	ci vuole ci vogliono	**Ci vuole** pazienza. **Ci vogliono** due etti di burro. **Ci sono volute** due ore. **Ci vorrà** un'ora.	Dafür braucht man … Es hat … gebraucht … Das wird … dauern/brauchen.

 Die Partizipendung bei **farcela** ist immer **-a**: Ce l'abbiamo fatt**a**.
Volerci bildet die zusammengesetzten Zeitformen mit **essere**: C'è **voluta** molta pazienza.

4 *Avere* preceduto da *ce l'/li/le*

E. 14 pag. 132

Ce l'hai la macchina? – Sì, **ce l'ho**. **Ce le hai** le chiavi? – No, non **ce le ho**. Hai visto i miei occhiali? Ieri **ce li** avevo ancora, adesso non li trovo più.

In Verbindung mit den Pronomen **ce l'/li/le** bedeutet **avere** *besitzen* oder *bei sich haben*.

5 Il condizionale passato

	con **avere**		con **essere**	
io	avrei	fatto	sarei	stat**o**/-**a**
tu	avresti		saresti	
lui/lei	avrebbe		sarebbe	
noi	avremmo		saremmo	stat**i**/-**e**
voi	avreste		sareste	
loro	avrẹbbero		sarẹbbero	

Das **condizionale passato** wird – genau wie im Deutschen – benutzt, um zu sagen, was hätte geschehen oder sein können. Es wird aus dem Konditional von **avere** bzw. **essere** und dem Partizip Perfekt gebildet.

6 *Far fare e lasciar fare*

E. 18 pag. 133

Mi **fai vedere** le foto delle vacanze?
Lorenzo mi **ha fatto arrabbiare**!
Devo **far riparare** la macchina.
Ti prego, **lasciami stare** tranquilla un attimo.
Hai lasciato uscire sola tua figlia?

Mi **lascia passare**, per favore?   *Bitte*
Mi **fa passare**, per favore?   *Aufforderung*

Zum Ausdruck von *jemanden etwas tun lassen* verwendet man
- **fare** + Infinitiv, wenn etwas *veranlasst* wird
- **lasciare** + Infinitiv, wenn etwas *zugelassen* wird.

In manchen Fällen werden **far fare** und **lasciar fare** gleichermaßen gebraucht, allerdings mit unterschiedlicher Bedeutung bzw. Intention.

7 Aggettivi o sostantivi in affermazioni generali

È importante **rimanere flessibili.**
È meglio **essere** il meno possibile **turisti.**
Quando **si è giovani**, non si pensa alla salute.
Viaggiando soli si è più **aperti.**

In allgemeingültigen Aussagen stehen Adjektive oder Substantive, die den Infinitiv, das Gerundium oder das unpersönliche **si** ergänzen, im Plural.

8 Il passato remoto

Mit dem **passato remoto** werden Ereignisse oder Handlungen in der Vergangenheit dargestellt. Es wird vor allem in literarischen Texten verwendet. Dort übernimmt es die Funktion des **passato prossimo**. In Süd- und Mittelitalien verwendet man es auch beim Sprechen.

	verbi in -**are**	verbi in -**ere**	verbi in -**ire**	essere	avere
io	pensai	credei/credetti	capii	fui	ebbi
tu	pensasti	credesti	capisti	fosti	avesti
lui/lei	pensò	credé/credette	capì	fu	ebbe
noi	pensammo	credemmo	capimmo	fummo	avemmo
voi	pensaste	credeste	capiste	foste	aveste
loro	pensạrono	credẹrono/credẹttero	capịrono	fụrono	ẹbbero

Für die Verben auf -**ere** gibt es Lang- und Kurzformen. Endet der Verbstamm auf -t, werden nur letztere verwendet: **potere – potei, ripetere – ripetei** usw. Allerdings sind die meisten Verben dieser Konjugation unregelmäßig.
Viele Verben haben unregelmäßige Formen (vgl. S. 222), z.B. **fare – feci, dare – detti/diedi, dire – dissi, stare – stetti** usw.

45

Modi di vivere e di abitare

Come ti trovi?

In questa unità impariamo a

→ descrivere come e dove si vive

→ dare e chiedere informazioni su un appartamento

→ informarci su un progetto urbanistico

→ parlare delle nostre esperienze di cittadini

→ esprimere un parere o una convinzione

Per cominciare

1 Leggete le testimonianze di tre ragazzi e osservate le foto sulla pagina accanto. Quali raffigurano Anita, Annalisa e Gianni nelle loro camere?

1

I miei abitano in campagna: da sempre la mattina la prima cosa che vedo quando esco di casa sono campi e uccellini. È bello, ma per un lungo periodo mi ha tagliato fuori dalla vita sociale. In quel periodo l'unica cosa con cui mi sfogavo era il telefono. Poi finalmente ho preso la patente, e la mia vita è cambiata. Anche adesso che sono libera di andare e venire, però, durante il giorno tendo a stare più fuori possibile, all'università o comunque in città, in mezzo al traffico. In questa camera non ci sono quasi mai, se non per dormire; per questo è così spoglia, non ho mai avuto il tempo di renderla mia del tutto. È un po' una camera "di transito" [...]

Annalisa, 21 anni

2

Ho vissuto in questa casa e in questa cameretta per diciannove anni, fino a un paio di mesi fa, quando i miei genitori si sono dovuti trasferire fuori città per lavoro e io con loro. All'inizio pensavo che andare e venire da scuola non sarebbe stato un problema, poi però mi sono resa conto che la distanza era troppa per farla ogni giorno, così ho chiesto ai miei genitori se almeno per questi mesi, finché non finivo la scuola, potevo continuare a vivere qui. A quel punto, trovandomi con l'intera casa vuota a disposizione, ho spostato tutte le cose che stavano in camera mia in quello che era il soggiorno, e qui è diventato una specie di magazzino. Da quando sono da sola, poi, devo dire che mi sono molto responsabilizzata. [...] È una bella cosa, avere uno spazio tutto mio [...]

Anita, quasi 20 anni

3

Da quella che era la cameretta di quando ero bambino ho ricavato queste due stanze, una zona notte e uno studio; in più di là ho una specie di magazzino/laboratorio. Volevo tirare su anche il bagno, ma poi avrei impedito l'accesso al terrazzo ai miei genitori. Quindi, a malincuore, ho rinunciato. Perché non andare a vivere da solo visto che comunque lavoro? E perché dovrei? I miei sono spesso via e io rimango padrone del campo. Questa la percepisco assolutamente come casa mia. Non è questione di comodo, è una scelta vera e propria. [...]

Gianni, 28 anni

Da: *Fuori tutti. Una generazione in camera sua*, Einaudi 1996

2 Cercate le espressioni corrispondenti nei testi e trascrivetele.

Annalisa:
1. mi ha escluso da ....
2. preferisco passare pochissimo tempo a casa ....
3. farla diventare completamente mia ....

Anita:
4. ho capito ....
5. tutta la casa per me ....

Gianni:
6. costruire ....
7. sono libero di fare quello che voglio ....
8. non è per averne un vantaggio ....

3 Con quali aggettivi definireste i modi di vivere e di abitare di Anita, Annalisa e Gianni?

> comodo – indipendente – libero – pratico – provvisorio – tradizionale – originale – precario

4 Fate una lista dei vantaggi e degli svantaggi che i ragazzi vedono nel loro modo di vivere.

5 Lavorate in coppia. Immaginate cosa potrebbero raccontare i ragazzi delle altre due foto sul loro modo di vivere e scrivete.

E. 1-3 pagg. 136-137

6 Come era la vostra camera a 18/20 anni? Come e con chi vivevate? Parlatene in coppia.

7 Secondo voi i giovani del vostro paese vivono in maniera simile o differente da quella dei tre ragazzi? Discutete in gruppi e motivate le vostre affermazioni.

Dare e chiedere informazioni su un appartamento

AFFITTASI

Via della Libertà: arredato - camera - cameretta - cucina - bagno - balcone - ripostiglio
Immobiliare tel. 0585/348793

VENDESI

vicinanze Via Nomentana mq 130 ingresso, salone doppio, 2 camere, cucina, bagno; 2 balconi e giardino. cod: – ac69

8 Volete prendere in affitto una casa in una città italiana dove dovrete trasferirvi per motivi di lavoro. In che modo preferite cercarla? Mettete una crocetta e poi a coppie confrontate.

☐ metto un annuncio/leggo gli annunci sul quotidiano della città/su Internet
☐ incarico un'agenzia immobiliare
☐ chiedo un aiuto ai futuri colleghi
☐ mi reco nella città e leggo i cartelli affissi ai portoni degli stabili
☐ vado nella città e riempio di biglietti con "cerco casa" la zona in cui vorrei abitare
☐ altro: ....

Quali sono le vostre priorità? Scegliete i quattro requisiti per voi più importanti e confrontate in gruppo motivando le vostre scelte.

L'abitazione dev'essere:

☐ dotata di balcone/giardino
☐ senza obbligo di cauzione o provvigione
☐ in una zona con tutti i servizi nelle vicinanze
☐ in un condominio dove sono ammessi gli animali

☐ arredata
☐ in una zona ben servita dai mezzi pubblici
☐ una villetta indipendente/a schiera
☐ in una zona centrale/periferica e verde

13 **9** Ascoltate il dialogo. Cosa non piace alla signora Meneghelli?

13 **10** Riascoltate il dialogo, guardate lo schizzo e inserite le seguenti parole. Poi confrontate a coppie.

armadio
divano letto
fornelli
tavolo
angolo cottura
bagno
terrazzo
microonde

11 **Ora leggete il dialogo.**

- ● La signora Meneghelli?
- ○ Sì, e Lei è il signor Carosio?
- ● In persona. Molto lieto.
- ○ Piacere.
- ● Deve scusare il ritardo, ma a quest'ora c'è un traffico ... ma venga, venga! Eccoci qua!
  Qui a destra c'è l'angolo cottura con i mobiletti, i due fornelli e ...
- ○ Ah, non c'è la cucina a gas?
- ● No, ci sono i due fornelli elettrici e un microonde. Ecco, qui a sinistra c'è il bagno.
  Un attimo che accendo la luce ... mannaggia, non si accende. Si sarà fulminata la lampadina.
- ○ Ah, il bagno è senza finestra ...
- ● Sì, però c'è l'aspiratore. Dunque, come Le avevo detto, signora, l'appartamento è in parte ammobiliato.
  C'è il divano letto ... e le assicuro che ci si dorme molto bene, anzi non si potrebbe dormire meglio!
  E qui c'è l'armadio a muro con un paio di cassetti ...
- ○ Il riscaldamento è autonomo o centralizzato?
- ● È centralizzato. Allora, che gliene pare?
- ○ Mah, veramente m'aspettavo qualcosa di più grande. Lei mi aveva parlato di 30 metri quadri e
  questi saranno a malapena una ventina.
- ● Eh sì, perché non le ho fatto vedere ancora la parte migliore! Venga, venga ... il terrazzo!
- ○ Hm, però questo non fa parte della superficie abitabile! E quant'è l'affitto al mese?
- ● 700 Euro comprese le spese condominiali.
- ○ 700?! Per me è troppo alto.
- ● Ma signora, non avrà mica creduto di trovare un appartamento ad un prezzo inferiore in questa
  zona? E poi non è in cattive condizioni, Le assicuro che con la stessa metratura ce ne sono a
  prezzi superiori e in condizioni decisamente peggiori.
- ○ Guardi, non posso decidere su due piedi, ci devo riflettere un po' ...
- ● Ma certo signora. Mi farà sapere quando avrà deciso ... però non aspetti troppo, abbiamo altre
  persone interessate.

12 **Rileggete il dialogo e sottolineate la parola giusta.**

1. Secondo la signora Meneghelli le dimensioni sono *inferiori/superiori* ai 30 mq.
2. Dice che l'affitto dovrebbe essere *superiore/inferiore* ai 700 € mensili richiesti.
3. Secondo l'agente immobiliare ci sono appartamenti molto cari in condizioni
   peggiori/migliori di quello.

E. 4-9 pagg. 137-139

13 **A coppie fate il dialogo.**

Costa ... più le spese condominiali. È al secondo piano.

Quanto costa l'affitto al mese? A che piano è l'appartamento?

A Avete letto gli annunci di pag. 48. Sceglietene uno e preparate una lista con le informazioni che vorreste ancora ricevere (riscaldamento, servizi in zona, collegamenti ecc.) e poi telefonate all'agenzia.

B Una persona telefona alla vostra agenzia per avere informazioni su un immobile da affittare. Date le informazioni richieste e ulteriori dettagli (dimensioni, piano, collegamenti, zona, riscaldamento).

49

14 Volete acquistare una casa in Italia. Scrivete un annuncio indicando luogo, tipo di abitazione, numero e tipo di camere, quanto vorreste spendere e altre informazioni che vi sembrano importanti.

 **OSSERVATE!**

> Forse si sarà fulminata la lampadina.

Qual è il significato di questa frase?
a) Probabilmente tra poco si fulmina la lampadina.
b) Probabilmente si è fulminata la lampadina.

Cercate nel dialogo le altre due frasi con il futuro anteriore e spiegatene il significato.

15 Che cosa hanno pensato il signor Carosio e la signora Meneghelli tornando a casa dopo la visita del monolocale? Completate le frasi con i seguenti verbi.

> meravigliarsi – andare – sperare – credere

> . . . .
> sicuramente di ottenere una riduzione dell'affitto.
> . . . .
> in un'altra agenzia.

> . . . . perché
> non ho deciso immediatamente.
> . . . . di
> affittarmelo subito.

16 Guardate queste cose sul tavolo della signora Meneghelli.
Secondo voi, cosa avrà fatto questo pomeriggio?
Lavorate in gruppi e fate delle ipotesi.

Esempio: *La signora Meneghelli avrà letto ancora degli annunci e . . .*

Salaroli IMMOBILIARE

Via Giovanni Antonelli, 10
00197 ROMA
Tel. 06/31893425
info@salaroli.com

Sig. Solaini
06-23416042

E. 11-13 pagg. 139-140

Ascolto

17 Ascoltate il dialogo tra Francesca e Cesare e raccogliete tutte le informazioni relative alla loro vita e ai loro animali.

Parlare delle proprie esperienze di cittadino

18 Ascoltate l'intervista e indicate con una x le affermazioni corrette scegliendo sempre fra le due proposte.

Francesco ...

1. ☐ abita e studia a Bologna.   ☐ lavora a Bologna nelle telecomunicazioni.
2. ☐ partecipa alla vita della città a vari livelli.   ☐ frequenta solo l'ambiente universitario.
3. ☐ realizza interviste con dei ragazzi immigrati.   ☐ fa indagini telefoniche per la Provincia.
4. ☐ resterà ancora qualche anno a Bologna.   ☐ pensa di tornare presto nella sua città.
5. ☐ si sente cittadino bolognese a tutti gli effetti.   ☐ intende integrarsi di più in futuro.

19 Riascoltate l'intervista e prendete appunti. Cosa racconta Francesco sui seguenti aspetti?

università   **tempo libero**   **volontariato**   **lavoro**

20 Leggete l'intervista e verificate i vostri appunti.

● **Francesco, ti senti cittadino di Bologna?**
○ Sinceramente non tanto. Il mio mi sembra più un soggiorno temporaneo.
● **È cambiato il tuo modo di vivere da quando sei venuto ad abitare a Bologna?**
○ Sì, molto. Il primo anno l'università riempiva tutta la mia giornata. La sera andavo con gli amici nei locali o nelle discoteche. Tutto finiva per essere veramente un mondo a parte. Invece da quest'anno faccio anche cose diverse, come il volontariato in un doposcuola con ragazzi, soprattutto immigrati, delle scuole medie e superiori.

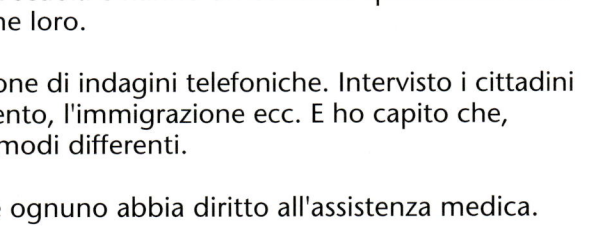

● **E invece con i cittadini bolognesi hai contatti?**
○ Può sembrare buffo, ma il contatto con "i bolognesi" è proprio quello che ho con i ragazzi immigrati. Nonostante loro non siano originari di Bologna, vanno a scuola e hanno un contatto quotidiano con i bolognesi e, in un qualche modo, lo sono diventati anche loro.
● **Ti occupi anche di altro?**
○ Sì, collaboro con la Provincia di Bologna per la realizzazione di indagini telefoniche. Intervisto i cittadini sui problemi della città: il traffico, la viabilità, l'inquinamento, l'immigrazione ecc. E ho capito che, malgrado si abiti nella stessa città, si può vivere in tanti modi differenti.
● **Quali pensi che siano i tuoi diritti in questa città?**
○ A dire il vero non ci ho mai riflettuto. Tuttavia credo che ognuno abbia diritto all'assistenza medica.
● **E quali pensi che siano invece i tuoi doveri?**
○ Beh, l'unico dovere che mi viene in mente è la raccolta differenziata. Trovo che sia un dovere di tutti. Il fatto di sentire la mia presenza qui come provvisoria, non mi ha fatto riflettere sui doveri che eventualmente ho in questa città. Ma visto che probabilmente vivrò qui almeno altri due anni penso e spero di poter continuare nel mio cammino per arrivare a sentirmi, almeno in parte, cittadino bolognese.

 OSSERVATE!

Osservate e completate con le forme del congiuntivo.

● Quali pensi che .... i tuoi diritti?   ○ Credo che ognuno .... diritto all'assistenza medica.

● Quali pensi che .... i tuoi doveri?   ○ Trovo che .... un dovere di tutti fare la raccolta differenziata.

Cosa esprimono i verbi nelle frasi principali? Nel dialogo ci sono ancora due forme del congiuntivo. Da cosa sono precedute?

21 Completate con le forme mancanti del congiuntivo.

abitare	essere	avere
io/tu/lui, lei, Lei .... noi abitiamo voi abitiate loro abitino	io/tu/lui, lei, Lei .... noi siamo voi siate loro	io/tu/lui, lei, Lei .... noi abbiamo voi abbiate loro abbiano

22 Guardate queste foto. Cosa pensate che raffigurino? Lavorate in piccoli gruppi e fate delle ipotesi.

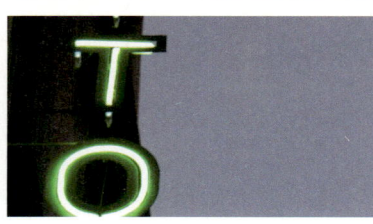

Esempio: *Penso che sia/si trovi . . .*
Credo/Mi sembra che
raffiguri/rappresenti . . .

E. 14-19 pagg. 140-142

 OSSERVATE!

Penso che la raccolta differenziata sia un dovere di tutti.
Penso e spero di poter continuare nel mio cammino.

Quali sono i soggetti della frase principale e di quella secondaria nel primo caso? E nel secondo?

23 Francesco pensa che tutti i cittadini abbiano il diritto di assistenza medica. Voi quali pensate siano i vostri diritti di cittadino? E i vostri doveri?

trasporto pubblico efficiente – sicurezza nel quartiere – offerta adeguata per il tempo libero – rete di piste ciclabili – tenere l'ambiente pulito – affitti accessibili – rispettare il codice stradale – pagare le tasse

Esempio: *Penso/trovo/credo che . . .*   *sia un diritto di tutti richiedere . . .*
ci debba/debbano essere . . .
Penso di . . .   *avere il diritto di . . .*
fare il mio dovere di . . .

24 Lavorate in piccoli gruppi. Voi partecipate alla vita pubblica della città o del paese in cui vivete? In che modo?

fare volontariato – essere iscritto ad un movimento/partito – andare a votare – seguire la politica comunale – frequentare un circolo/un'associazione – partecipare a delle manifestazioni

Guardiamo da vicino!

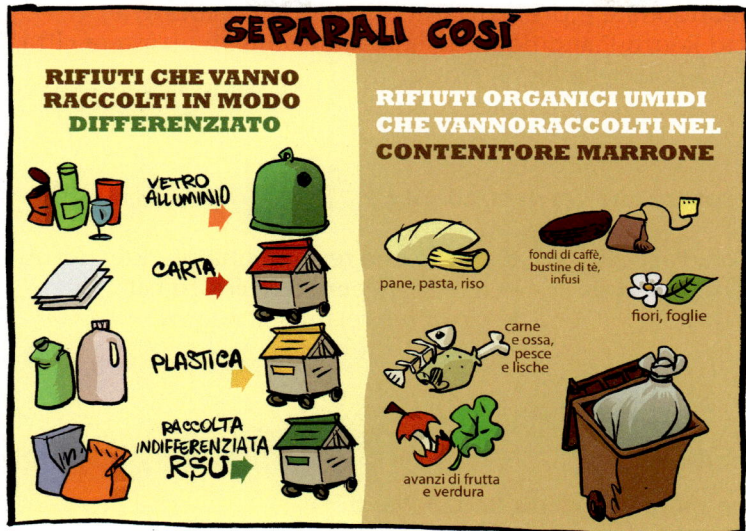

25 Osservate l'illustrazione per la raccolta differenziata dei rifiuti. Secondo le indicazioni, in quali contenitori dovreste gettare i seguenti rifiuti?

[lattine – piatto di porcellana rotto – spaghetti avanzati – imballi di polistirolo]

Da voi la raccolta dei rifiuti è organizzata in maniera simile o differente?

Esprimere il proprio parere su un progetto urbanistico

26 Leggete l'articolo e ricercate nel testo che tipo di edifici, servizi e strutture faranno parte della nuova città.

Una nuova città sull'area ex industriale Falck a Sesto

«Non dovremmo più avere periferie ma città. È la cosa più nobile che esista, ma ha bisogno di uomini decisi». Queste sono le parole pronunciate dal noto architetto Renzo Piano in merito al suo nuovo progetto riguardante l'area Falck a Sesto San Giovanni. La suddetta zona è un'ex area industriale di un milione e 300 mila metri quadri dove sorgevano le acciaierie Falck. Diventerà una città con un parco di oltre un milione di metri quadri che si estenderà tra le rovine industriali.

La nuova struttura urbana è dominata da due assi fondamentali su cui si concentrano le attività. Uno [...] sarà prevalentemente residenziale e commerciale. L'altro [...] sarà destinato a funzioni pubbliche di eccellenza e terziario direzionale (università, laboratori di ricerca, ecc.). Fortunatamente, la nuova città non è fatta solo di strade e cemento, ma ci saranno dei filari verdi che rendono la città più sostenibile consentendo al parco di penetrare nel tessuto urbano. Oltre a ciò, le reti di trasporto sono concepite con mezzi ad idrogeno a basso inquinamento atmosferico. [...] La cosa positiva di questo nuovo progetto è che la vegetazione, molto spesso negata nelle città moderne, qui viene valorizzata.

Da: *www.buonenotizie.it*, 31 ottobre 2006

27 Rileggete il testo e verificate le seguenti affermazioni.

	vero	falso

1. La Falck era un complesso industriale dove si lavorava l'acciaio.
2. Sull'area industriale abbandonata è prevista la ricostruzione di fabbriche.
3. Il progetto dell'architetto Renzo Piano riguarda la realizzazione di un'intera città.
4. Il parco "entra" nella città con delle file di alberi.

28 Sottolineate nel testo l'espressione corrispondente a:

a una fabbrica dove si lavora l'acciaio
b settore del lavoro dedicato ai servizi
c ciò che è relativo alle abitazioni

d quello che resta di una grande industria
e materiale per costruire edifici
f ciò che è relativo ai negozi

E. 20-21 pag. 142

 OSSERVATE!

Osservate e riformulate.

Sono le parole che ha pronunciato Renzo Piano. → ....
È il nuovo progetto che riguarda l'area Falck.   → ....

Cosa sostituiscono il participio passato e il participio presente nella frase implicita?

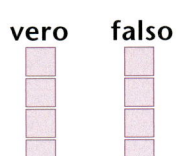 **29** Ascoltate tre opinioni sul progetto riguardante l'area Falck. Sono tutte favorevoli al progetto?

30 Ora leggete. Quale delle opinioni potreste condividere?

"Sono contento che finalmente abbiano trovato una soluzione per quest'area abbandonata."

"Temo che sia stata una decisione errata. Magari avrebbero potuto utilizzare l'area per costruire alloggi per le famiglie meno abbienti e un centro sociale per noi giovani."

"Sono dell'avviso che la scelta di un architetto come Renzo Piano abbia sciolto ogni riserva che si poteva avere sul progetto."

 OSSERVATE!

Temo che sia stata una decisione errata.
Sono dell'avviso che la scelta di Renzo Piano abbia sciolto ogni riserva.
Perché si usa il congiuntivo passato nella frase secondaria?

31 Lavorate in piccoli gruppi. Su un'area abbandonata nel vostro quartiere, è stato costruito un centro sociale/un centro raccolta profughi/un centro di chirurgia estetica. Siete soddisfatti o avreste preferito qualcos'altro?

Io penso che sia stata una buona idea . . .
Sono dell'opinione che . . .

Io invece non sono d'accordo perché . . .
Magari avrebbero potuto costruire . . .

E. 22-24 pag. 143

ALLA SCOPERTA DELL'ITALIA

32 Leggete la prima frase del brano. Quali sono, secondo voi, le caratteristiche di una "coppia normale"?

33 Ora leggete tutto il brano e indicate con una x le affermazioni esatte.

1. I coniugi Starnazza non facevano chiacchierare di sé. ☐
2. La giornata della signora Starnazza trascorreva sempre uguale. ☐
3. I coniugi Starnazza erano molto innamorati l'uno dell'altro. ☐
4. Non volevano avere figli ma solo la compagnia di un cane. ☐
5. Improvvisamente nessuno li vide più. ☐

La famiglia Starnazza

La famiglia Starnazza era una coppia normale. Nessuno degli inquilini del palazzo aveva mai trovato qualcosa su cui sparlare, per uno screzio o un'azione fuori posto, niente. Non un tappeto sbattuto fuori orario, né un rumore che provocasse il disturbo: erano educati fino all'eccesso, con sorriso, saluti sulle scale e precedenza agli ascensori compresa. Insomma, anche a volerci ricamare sopra, neanche uno straccio d'indizio per accedere al diritto di un pettegolezzo.

Per tutti, lui era Clemente, di nome e di fatto, e lei Maria Pia: idem, come il congiunto.

Clemente faceva il macellaio […]. Maria Pia faceva la casalinga a tempo pieno, perché sin da piccola quello le avevano insegnato. Era un tipo metodico: sabato, pollo e patatine al forno, martedì lavatrice, giovedì stiratura, domenica Santa Messa e fiore al Camposanto. Anche durante le giornate praticava l'uso degli appuntamenti fissi: ore sette, sveglia e preghiera del "buongiorno"; ore dieci e trenta, pane, prosciutto e lettura di fotoromanzi: ore quattordici e venti, telenovela: ore diciannove, cena silenziosa con il consorte; ore ventuno e trenta, ulteriore preghiera e buonanotte al giorno.

Avevano entrambi cinquant'anni e nessun figlio: tutto per una questione di rimandi. Anno sposta anno e quando decisero per il sì ormai era troppo tardi, così per riempirsi l'affetto mancante ripiegarono su un cane. Era un bastardino nero, lo chiamarono Birillo. Il bastardino riuscì a mangiare gli ossi del pollo per due sole domeniche, poiché alla terza con la vivacità del cucciolo scappò, per finire sotto le ruote di un'auto. Da quella volta, niente più animali, e niente più affetti supplementari in casa.

Era una coppia normale e anche molto innamorata. Lui amava lei e lei amava lui: solo che *lei* non era Maria

Pia, e *lui* non si chiamava Clemente. Gli intrecci sentimentali erano diversi: infatti erano innamorati per conto loro. Lui da anni si era infatti giurato a Margherita Sponza, un'amica d'infanzia, fioraia ambulante con esercizio fuori dal cimitero. Maria Pia invece, aveva dedicato il suo cuore a Nando Sciortino, lo spazzino che da oltre quattro lustri scopava la strada sotto casa. Erano grandi amori, però, abbastanza improbabili, visto che i destinatari ne erano completamente all'oscuro.

Una coppia normale, così almeno sembrava, perché dentro casa era tutta un'altra storia. Nell'intimità del loro appartamento covava un continuo e incessante disturbo. Disturbi sciocchi e senza riposo, con l'attenzione scrupolosa di costruirli senza scalpore, rumore, insomma: farsi del male e poi sorridersi.

Un esempio? Mettiamo che Maria Pia, per uscire dalla solita vita, una sera gli dicesse "Mi porti fuori a cena?" Lui, con gentilezza estrema, prendeva sedie e tavolo e apparecchiava sul balcone.

Se Clemente si comprava un vestito nuovo e tornato a casa chiedeva alla consorte "Mi accorci i pantaloni?" lei con meticolosa cura, li tagliava fino a farli corti come calzoncini da spiaggia. Erano dispetti che scartavano i lamenti, vissuti nel tacito accordo dell'"Oggi a me, domani a te".

Sì, senz'altro i coniugi Starnazza formavano quella che si chiama: una coppia normale, almeno, era così fino a un mese fa, quando …

Da qualche giorno i signori Clemente e Maria Pia non frequentavano più il sorriso e il saluto sulle scale, tanto meno li si vedeva davanti agli ascensori a dare la precedenza. Da qualche giorno erano completamente spariti dal viavai inquilino, e quest'assenza diede il via alle prime fantasie tra i piani. […]

Da: *Mandami a dire* di Pino Roveredo, Bompiani 2005

Vocabolario:
per uno screzio *per aver litigato*   uno straccio d'indizio *un piccolo segno*   Clemente *benevolo e tollerante*   tutto per una questione di rimandi *perché pensavano sempre di farlo in futuro*   ripiegare *accettare un'altra soluzione*   cucciolo *cane non adulto*
si era giurato *amava*   ne erano all'oscuro *non lo sapevano*

E. 25 pag. 143

34 Trovate nel testo i sinonimi delle seguenti espressioni.

abitanti di un appartamento – parlare male – esagerazione – chiacchiera su altre persone – marito – unioni – bottega o chiosco – chi pulisce le strade – movimento continuo – non detto apertamente – dare inizio

35 Come descrive l'autore la "coppia normale" Starnazza?

36 Lavorate a coppie. Secondo voi cosa è successo ai coniugi Starnazza? Scrivete la fine di questa storia.

GRAMMATICA

1 Aggettivi con la forma irregolare del comparativo e del superlativo

Bei folgenden Adjektiven gibt es neben den regelmäßigen auch unregelmäßige Steigerungsformen:

	buono	cattivo	grande	piccolo	basso	alto
comparativo	migliore	peggiore	maggiore	minore	inferiore	superiore
superlativo relativo	il migliore	il peggiore	il maggiore	il minore	–	–
superlativo assoluto	ottimo	pessimo	massimo	minimo	infimo	supremo/sommo

Alle Formen werden dem Bezugswort angepasst: Questa è un'**ottima** idea.
Più buono bedeutet meistens *wohlschmeckender* oder *gutherziger*: Gina è **più buona** di sua sorella.
Più cattivo bedeutet *schlechter schmeckend* oder *bösartiger*.
Statt **più grande/più piccolo** werden in übertragener Bedeutung oft **maggiore** (*älter, bedeutender*) und **minore** (*jünger, geringer*) verwendet: Aldo è il fratello **maggiore** (*älter*), ma è più **piccolo** (*kleiner*) di Carlo. Dante è **il maggiore** (*der bedeutendste*) poeta del Trecento.
Im Vergleich folgt auf **superiore/inferiore** die Präposition **a**: L'affitto è **inferiore a** quel che pensavo.

2 Il futuro anteriore

	con **avere**	con **essere**
io	avrò fatto	sarò stato/a
tu	avrai	sarai
lui/lei	avrà	sarà
noi	avremo	saremo stati/e
voi	avrete	sarete
loro	avranno	saranno

Man verwendet das **futuro anteriore**, um zu sagen, dass sich ein künftiges Geschehen vor einem anderem Ereignis in der Zukunft abspielt: Quando **avrò finito** qui, ti **darò** una mano.
Das **futuro anteriore** wird aus dem Futur der Hilfsverben **avere** oder **essere** und dem Partizip Perfekt des jeweiligen Verbs gebildet.

Man kann mit dem **futuro anteriore** auch Vermutungen formulieren:
Avrà perso il treno. *Er wird den Zug verpasst haben.*
Verrò verso le tre, a quell'ora **sarai tornato**, no? *…, um die Uhrzeit bist du sicher wieder zurück, oder?*

3 L'uso del congiuntivo

Der italienische **congiuntivo** unterliegt vollkommen anderen Regeln als der Konjunktiv im Deutschen. Er steht vor allem in Nebensätzen, meist nach **che**, und verleiht einer Aussage eine subjektive Färbung. Bestimmte Verben, Ausdrücke und Konjunktionen verlangen den Gebrauch des **congiuntivo**:

Auslöser	Beispielsatz	ebenso nach
Meinung/Eindruck	**Penso** che sia giusto. **Credo** che sia così.	trovare – immaginare – sembrare – avere l'impressione – essere dell'opinione
Wunsch/Hoffnung	**Voglio che** tu mi ascolti un attimo.	desiderare – sperare
Gefühl	**Sono contenta che** lui venga.	essere felice – dispiacere
Sorge/Zweifel	**Temo che** Giulio abbia ragione.	dubitare – avere paura – non capire come
Konjunktion	Lo fa **benché** non gli sembri giusto.	nonostante – malgrado – sebbene

Nach **anche se** und **secondo me/per me** wird der Indikativ verwendet.

 Haben Haupt- und Nebensatz dasselbe Subjekt, wird eine Infinitivkonstruktion gebildet:
Penso di poter venire. *Ich denke, dass ich kommen kann.*

4 Le forme del congiuntivo presente

Die Singularformen des **congiuntivo presente** kennen Sie bereits als Höflichkeitsform des Imperativs. Da es für den gesamten Singular nur eine Form gibt, wird das Personalpronomen oft mitgenannt, wenn sonst der Bezug nicht eindeutig wäre: Voglio che **tu** lo **sappia**. ↔ Voglio che **lui** lo **sappia**.

	parlare	mettere	sentire	capire	essere	avere
io/tu/lui/lei	parli	metta	senta	capisca	sia	abbia
noi	parliamo	mettiamo	sentiamo	capiamo	siamo	abbiamo
voi	parliate	mettiate	sentiate	capiate	siate	abbiate
loro	parlino	mettano	sentano	capiscano	siano	abbiano

Die 1. Person Plural ist mit dem Indikativ identisch.
Die 2. Person Plural bildet man mit dem Stamm der 1. Person Plural und der Endung **-iate**.
Zur Bildung der 3. Person Plural hängt man an die Singularform die Endung **-no** an.
Diese drei Regeln gelten auch für Verben mit unregelmäßigen Formen wie **essere** oder **avere** (s. o.)
und für folgende Verben, z. B.: io/tu/lui/lei **vada**, noi and**iamo**, voi and**iate**, loro **vadano**.

andare – **vada**	dovere – **debba**	sapere – **sappia**	uscire – **esca**
dare – **dia**	fare – **faccia**	stare – **stia**	venire – **venga**
dire – **dica**	potere – **possa**	tenere – **tenga**	volere – **voglia**

Weitere unregelmäßige Verben finden Sie in der Liste der unregelmäßigen Verben auf Seite 222.

5 Il participio passato e il participio presente

Das Partizip Präsens ersetzt im gehobenen Sprachstil einen Relativsatz, das Partizip Perfekt kann an die Stelle ganz verschiedener Nebensätze treten. In Geschlecht und Zahl richtet sich jedes Partizip nach seinem Bezugswort.

Il progetto **riguardante** (= che riguarda) la nuova area è stato accettato con entusiasmo.
I nove mesi **passati** (= che ho passato) in Belgio sono stati molto interessanti.
Arrivato (= Quando è arrivato) a casa, Paolo ha cominciato subito a cucinare.
Pagato (= Quando avremo pagato) il conto, possiamo andare via.

Zur Bildung des Partizip Präsens ersetzt man die Infinitivendung **-are** durch **-ante**, **-ere** durch **-ente** und **-ire** durch **-ente** oder **-iente**: z. B. riguard**are** – riguard**ante**; conten**ere** – conten**ente**. Viele Partizipien sind zu Adjektiven (z. B. segu**ente**, nutr**iente**) oder Substantiven (il pass**ante**) geworden.

6 Il congiuntivo passato

Der Gebrauch des **congiuntivo passato** folgt denselben Regeln wie der des **congiuntivo presente**. Er stellt vergangene Geschehnisse aus persönlicher Sicht dar.

Penso che **sia stata** la scelta giusta.
Temo che non **abbiano fatto** bene.

Er wird aus dem **congiuntivo presente** von **essere** bzw. **avere** und dem Partizip Perfekt gebildet.

7 I numeri collettivi

E. 10 pag. 139

Conosco Gabriele da **una decina di** anni.	*ca. 10*
La camera è di **una ventina di** metri quadri.	*ca. 20*
Invito **una dozzina di** vecchi amici.	*ca. 12*
C'erano **centinaia di** persone.	*hunderte*

Um eine ungefähre Zahlenangabe zu machen, hängt man an Zehnerzahlen die Endung **-ina** an. Der Plural von **un centinaio** (*ca. 100*) und **un migliaio** (*ca. 1000*) endet auf **-a**.

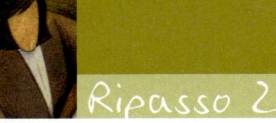

Cittadine e borghi d'Italia

Giocate in coppia. Lanciate una moneta per stabilire chi dei due comincia e svolgete un compito a scelta. Sta al compagno decidere se la risposta è stata esauriente o se sono necessarie ulteriori informazioni, che possono essere richieste facendo delle domande. Dopodiché si scambiano i ruoli. Il gioco termina quando sono stati svolti tutti i compiti.

Il nucleo abitato più alto d'Italia si trova nella provincia di Sondrio, ed è una frazione di Livigno. Si chiama **Trepalle** (m. 2100). *Immaginatevi di abitare in questo villaggio. Quali potrebbero essere i vantaggi? Quali gli svantaggi?*

Pienza fu fatta edificare nel 1558 dal Papa Pio II e sorse in poco più di tre anni. Il Papa la volle per avere un luogo di riposo per sé e per la sua corte. Oggi la cittadina con il Duomo, il Palazzo Piccolomini, il Palazzo Borgia e il Palazzo dei Priori è uno dei maggiori esempi di architettura rinascimentale italiana. *Dopo aver visitato la città telefonate a casa e raccontate cosa avete fatto.*

Alghero, città sul mare fortificata da mura e torri cinquecentesche con un centro storico caratterizzato da suggestivi vicoli, fu fondata nel XII secolo dalla famiglia genovese dei Doria. In seguito fu conquistata dai Catalano-Aragonesi di cui oggi si conservano ancora la lingua e le tradizioni. *Volete andare con un amico in vacanza ad Alghero. Voi vorreste prendere l'aereo e poi noleggiare una macchina in Sardegna. Il vostro amico invece preferirebbe partire con la propria macchina e prendere la nave. Cercate una soluzione che possa accontentare entrambi.*

Civita di Bagnoregio, in Provincia di Viterbo, fu fondata nel 2500 dagli Etruschi. Oggi è un borgo arroccato sulla cima di roccia di un colle di tufo e argilla che si assottiglia per l'erosione ed è raggiungibile solo a piedi attraverso un ponte.

Una stella a nove punte con vie concentriche e a raggio che terminano nella piazza centrale a forma di esagono. Questa è **Palmanova**, città-fortezza voluta dalla Repubblica di Venezia con una precisa data di nascita, il 7 ottobre 1593, e oggi Monumento Nazionale.

Volete andare a Viterbo in treno per poi raggiungere Bagnoregio. Il treno che dovrebbe partire alle 10.30 è in ritardo. Chiedetene il motivo all'ufficio informazioni e fatevi spiegare se c'è un'alternativa.

Matera è famosa per i suoi Sassi, quartieri con le abitazioni scavate direttamente nella roccia e nel tufo che assomigliano ad un presepe. Non a caso Matera è detta anche la seconda Betlemme ed è stata set naturale di tanti film ambientati nell'antichità. I Sassi di Matera sono nella lista del Patrimonio Mondiale dell'UNESCO dal 1993.

Vicino a Palmanova avete avuto un incidente d'auto ed avete causato un leggero danno alla macchina di una signora italiana. Fornite i vostri dati e richiedete quelli della signora.

Ascoli Piceno ha un gioiello che si chiama Piazza del Popolo, una piazza con un colonnato rinascimentale. Gli edifici più importanti rappresentano i tre poteri: politico (Palazzo dei Capitani del Popolo), religioso (chiesa di S. Francesco) e commerciale (Loggia dei Mercanti). *Vi dovete trasferire ad Ascoli Piceno per un anno e cercate casa. Telefonate ad un agente immobiliare del luogo e spiegate che tipo di alloggio desiderate.*

Volete visitare i Sassi di Matera, ma preferite non partire in macchina. Informatevi in agenzia sulle possibilità per raggiungere la città partendo da dove vivete.

I trulli sono dei tipici edifici presenti in varie province della Puglia, costruiti in pietra e immediatamente riconoscibili per la loro forma esterna: un cilindro sormontato da un cono. Ad **Alberobello** i trulli oggi sono un migliaio e fanno parte del Patrimonio Mondiale dell'UNESCO. *Un amico vi ha dato il nominativo di una persona che affitta il suo trullo in estate. Telefonategli ed informatevi sulle dimensioni, il prezzo e altre cose che per voi sono importanti.*

Unità 3		
So	**So farlo bene**	**Voglio migliorare**
valutare diverse possibilità di viaggio (7, 10)		
motivare una scelta (10, 13)		
raccontare di qualcosa che non si è potuto realizzare (10, 14)		
fornire o richiedere dati dopo un incidente (17)		
descrivere come è avvenuto un incidente (19, 20)		
dare o chiedere consigli per un viaggio (21, 24)		
raccontare esperienze di viaggio (27)		

Unità 4		
So	**So farlo bene**	**Voglio migliorare**
descrivere il mio modo di vivere in privato e in società (1, 23)		
dare o chiedere informazioni su un'abitazione (11)		
scrivere un annuncio per un appartamento (14)		
esprimere delusione o disappunto (11)		
fare supposizioni o esprimere un'opinione (15, 16, 21, 22, 29)		
parlare delle mie esperienze di cittadino (23)		
descrivere un quartiere e le sue strutture (25)		

Sbagliando s'impara

1 **Lavorate in gruppi e discutete. Qual è il vostro atteggiamento di fronte agli errori?**

Chi non ha paura di fare errori alzi la mano! Eppure gli errori fanno parte dell'apprendimento, è normale ed inevitabile farli. Leggete le seguenti affermazioni e indicate con una crocetta quali rispecchiano il vostro atteggiamento.

1. ☐ La paura di fare errori mi limita nella conversazione.
2. ☐ Per me è importante essere capito, non importa se faccio qualche piccolo errore.
3. ☐ Vorrei dire quello che ho in mente senza essere interrotto, preferisco essere corretto dopo aver finito di parlare.
4. ☐ Preferisco poter parlare liberamente senza essere corretto, perché molti errori nascono dalla spontaneità e so anche da solo qual era l'errore.
5. ☐ Se l'insegnante non corregge mi rende insicuro: non so se quello che ho detto io o un compagno era corretto o sbagliato.

2 **Fate una classifica. Secondo voi, quali errori sono meno gravi, quali sono più gravi? Lavorate in coppia e poi discutetene in plenum.**

È più/meno grave l'errore … ☐ di pronuncia ☐ di grammatica o sintassi ☐ d'ortografia
☐ di vocabolario ☐ che ostacola la comprensione ☐ "culturale"

3 **Scrivete.**

Come, quando e da chi ritenete opportuno essere o non essere corretti? Scrivete in coppia o in piccoli gruppi alcuni punti che vi sembrano importanti. Poi discutete tutti insieme le varie proposte.

Che facciamo di bello?

In questa unità impariamo a

→ discutere di sport, cultura e tempo libero

→ confrontare attività sportive tra di loro

→ parlare dell'amicizia

→ manifestare un dubbio o una convinzione

→ esprimere una possibilità o un'ipotesi

Per cominciare

1 Segnate con una crocetta le affermazioni che rispecchiano i vostri gusti e le vostre abitudini e confrontate poi le vostre riposte in piccoli gruppi. Che cosa avete in comune? Qual è il genere di musica e di lettura più amato in classe?

Nel tempo libero

☐ faccio sport o sto fuori all'aria aperta

☐ mi dedico ad attività culturali

☐ mi rilasso senza fare niente di particolare

☐ esco con gli amici

Preferisco gli sport

☐ di squadra come il calcio, la palla-volo o la pallaca-nestro

☐ acquatici come il nuoto, le immer-sioni, la vela o il canottaggio

☐ montani come l'arrampicata, il trekking o lo sci

☐ di palestra come la ginnastica o il body building

Preferisco la musica

☐ classica

☐ pop/rock

☐ jazz

☐ dance

Ascolto la musica preferibilmente

☐ da solo con le cuffie

☐ ad un concerto dal vivo

☐ alla radio mentre faccio altre attività

☐ guardando i videoclip

In genere leggo un libro

☐ a letto prima di addormentarmi

☐ in ogni momento libero

☐ in vacanza o il fine settimana

☐ quando viaggio con i mezzi pubblici

Mi piacciono soprattutto

☐ i fumetti/le riviste

☐ i gialli/i libri di fantascienza

☐ i libri di narrativa/di poesia

☐ le autobiografie/i ro-manzi storici/i saggi

Se ho una serata libera preferisco trascorrerla

☐ al cinema o a teatro

☐ guardando la TV

☐ ad un concerto

☐ in un pub o in una discoteca

Manifestare un dubbio o una convinzione

2 Leggete l'annuncio. Chi si occuperà dei bambini durante il Campus Estivo?

CAMPUS ESTIVO 2007 ◀

Si comunica che sono aperte le iscrizioni per bambini e bambine al Campus Estivo che si terrà nei pressi del Centro Sportivo "LA TETTOIA" di Via Besanto a Lecce. Il Campus partirà il giorno 11 giugno e terminerà il giorno 28 luglio, i partecipanti saranno seguiti da istruttori e animatori qualificati e svolgeranno le seguenti attività: calcetto, volley, scherma, tennistavolo e attività ludiche in genere.
Per informazioni e iscrizioni rivolgersi alla nostra sede o telefonare ai seguenti numeri telefonici: **0832/387134 – 333/6560580 – 340/6905052**

**LE ISCRIZIONI TERMINERANNO
VENERDÌ 8 GIUGNO**
http://www.polisportivasantarosa.it

Come si chiamano le persone che organizzano giochi e altri divertimenti? ....
E quelle che insegnano una disciplina sportiva? ....
Che espressione si usa nel testo al posto di "giochi"? ....

E. 1-2 pag. 144

17 3 Ascoltate il dialogo. Perché i genitori hanno intenzione di iscrivere la figlia al Campus Estivo?

● Ciao!
○ Ah, sei già tornato?
● Sì, ho smesso un po' prima stasera. Serena dov'è?
○ Credo che sia ancora al parco con Alice, dovrebbe tornare tra poco. Ah, a proposito, Gabriella mi ha detto che vuole iscrivere Alice al Campus Estivo. Ha chiesto se mandiamo anche Serena. Si potrebbe fare, no?
● Mah … credi che le possa piacere?
○ Certo, perché no? Giocano, fanno attività sportive e qualche volta vanno anche in piscina. Alice c'è già stata l'anno scorso, credo che le sia piaciuto davvero, per questo vuole tornarci.
● Beh sì, in effetti potrebbe essere una buona soluzione anche per noi, altrimenti cosa fa quando finiscono le scuole?
○ Appunto, dovrebbe andare ogni giorno da mia madre. Lì non ci sono bambini e poi si annoia.
● Hai ragione. Però poi chi l'accompagna al Campus Estivo?
○ Mah, basta che tu la vada a riprendere il martedì e il giovedì. Poi a portarla la mattina ci penso io prima di andare al negozio. Se qualche giorno non possiamo, troveremo sicuramente qualcuno che ci darà una mano.
● Ma hai già chiesto a Serena se ci vuole andare?
○ Sì, certo. È felicissima. Tra l'altro ho sentito che giocheranno anche a pallacanestro e tu sai che le piace un sacco. E poi è importante che la bambina faccia qualcosa. Guarda, credo proprio che si divertirà. Anzi ne sono sicura.
● Vabbe', mi hai convinto.

4 Indicate con una x le affermazioni giuste.

1. L'amichetta di Serena si chiama Alice. ☐
2. La mamma di Serena pensa che a sua figlia il Campus Estivo potrebbe piacere. ☐
3. Il Campus è aperto il pomeriggio dopo la scuola. ☐
4. Se Serena non va al Campus, dovrebbe stare con la nonna. ☐
5. Dalla nonna potrebbe giocare con altri bambini. ☐

5 Rileggete il dialogo e abbinate le espressioni della prima riga ai sinonimi della seconda riga.

☐ altrimenti   ☐ appunto   ☐ hai ragione   ☐ ci penso io   ☐ ne sono sicura
a è vero   **b** sono certa di ciò   **c** in caso contrario   **d** me ne occupo io   **e** esattamente

6 Cercate nel dialogo dell'attività 3 le espressioni corrispondenti ai seguenti termini.

tutti i giorni   ....
alcune volte   ....

E. 3-6 pag. 145

Cosa notate di particolare?

 OSSERVATE!

> Credo che Serena sia ancora al parco con Alice.
> Credo che ad Alice sia piaciuto davvero.
> Penso che si divertirà.

In quale delle frasi si esprime una supposizione
– **sul futuro?**
– **sul presente?**
– **sul passato?**

7 Ecco quello che pensa Serena del Campus Estivo. Sottolineate i tempi appropriati.

"Spero proprio che i miei genitori mi *abbiano lasciata/lascino* andare al Campus con Alice. Credo che la mamma non *parlerà/abbia parlato* ancora con papà, ma spero che lo *faccia/abbia fatto* presto e che *sia riuscita/riuscirà* a convincerlo. Penso che solo la nonna *sarà/sia stata* un po' dispiaciuta di non vedermi ogni giorno a casa sua e spero che non si *arrabbierà/sia arrabbiata* con mamma e papà."

8 Lavorate in coppia e fate delle ipotesi sui vostri compagni di classe. Cosa pensate che abbiano fatto in passato, facciano al momento o faranno in futuro? Aiutatevi con le seguenti espressioni.

> suonare il violino – comprare la moto – studiare il giapponese – fare una vacanza in Norvegia – fare parte di una squadra di calcio – trascorrere un lungo periodo all'estero – laurearsi in giuri-sprudenza – fare l'animatore d'estate – andare a sciare d'inverno – frequentare un corso di ...

Esempio: *Penso che Maria da bambina abbia suonato il violino.*

E. 7-8 pag. 146

Confrontare attività sportive tra di loro

9 Lavorate in coppia e discutete. Secondo voi qual è la percentuale degli italiani che pratica uno sport? Qual è l'attività sportiva preferita dagli italiani?

10 Ecco gli sport praticati dagli "sportivi" italiani. Abbinate le percentuali agli sport secondo le vostre supposizioni e confrontate in plenum.

> 25% 24% 20,8% 11,7% 11,3% 11,3%

– palestra .... – calcio .... – sport invernali e di montagna ....
– sport ciclistici .... – nuoto .... – atletica leggera e jogging ....

11 Leggete il seguente testo e verificate le vostre ipotesi.

Istat: italiani sempre più pigri. Il fitness lo sport più praticato, battuto il calcio

Indossano più volentieri pantofole e pigiama piuttosto che scarpe sportive e pantaloncini.
Il popolo dei pigri cresce a dismisura: il 41% del campione intervistato (54 mila persone, circa 24 mila famiglie) non pratica attività fisiche.
Se pur di misura, il calcio è stato raggiunto e superato dal gruppo di attività costituito da ginnastica, aerobica, fitness e cultura fisica. Al terzo posto della graduatoria Istat si colloca il nuoto, seguito, ma a distanza, dagli sport ciclistici, dal gruppo dell'atletica leggera e jogging e dagli sport invernali, su ghiaccio e gli altri sport di montagna.

adattato da: www.rainews24.rai.it, 20 giugno 2007

Avete provato o praticate uno degli sport nominati dal testo?
C'è uno sport che non fa proprio per voi?

yoga

calcio

immersioni

equitazione

judo

vela

corsa

beach volley

tennis

sci

canottaggio

 OSSERVATE!

Oggi gli italiani sono più pigri di 10 anni fa.
Indossano più volentieri pantofole e pigiama piuttosto che scarpe sportive e pantaloncini.
Lo sport si pratica più in palestra che all'aria aperta.

In quale frase si usa "di", in quali "che" per fare un paragone?

12 In piccoli gruppi fate una lista degli sport più praticati nel vostro paese. Confrontate poi i risultati in plenum e discutete.

> Gli sport più praticati sono . . .
> Il nuoto è più diffuso del . . .
> I giovani vanno più volentieri in palestra che . . .
> Secondo me gli sport estremi sono più pericolosi che eccitanti.

E. 11-13 pag. 147

13 Lavorate in coppia e scegliete una delle situazioni sottostanti. Raccogliete alcuni argomenti per il vostro ruolo e fate il dialogo.

Il vostro compagno ha qualche problema perché …

– sta seduto tutto il giorno
– negli ultimi tempi è aumentato di peso
– sta in piedi tutto il giorno
– ultimamente è molto stressato.

Cercate di convincerlo con dei buoni motivi a praticare uno sport o un'altra attività.

> *Ho spesso mal di schiena/dolori al collo e alle spalle. Sono ingrassato. La sera sono stanco.*

> *È importante/È necessario che tu . . . Ti farebbe bene fare . . . Prova a . . . Basta/È sufficiente che tu . . .*

E. 14-16 pag. 148

Raccontare del tempo libero e dell'amicizia

14 Leggete come inizia il romanzo "La bella estate" di Cesare Pavese. Secondo voi chi sono le persone di cui si parla nel brano? Che età pensate che abbiano?

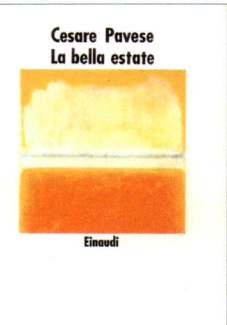

Cesare Pavese
La bella estate

Einaudi

A quei tempi era sempre festa. Bastava uscire di casa e traversare la strada, per diventare come matte, e tutto era così bello, specialmente di notte, che tornando stanche morte speravano ancora che qualcosa succedesse, che scoppiasse un incendio, che in casa nascesse un bambino, o magari venisse giorno all'improvviso e tutta la gente uscisse in strada e si potesse continuare a camminare camminare fino ai prati e fin dietro le colline.

15 Ora leggete come continua. Erano giuste le vostre ipotesi?

– Siete sane, siete giovani, – dicevano, – siete ragazze, non avete pensieri, si capisce –. Eppure una di loro, quella Tina ch'era uscita zoppa dall'ospedale e in casa non aveva da mangiare, anche lei rideva per niente, e una sera, trottando dietro gli altri, si era fermata e si era messa a piangere perché dormire era una stupidaggine e rubava tempo all'allegria.

Ginia, se queste crisi la prendevano, non si faceva accorgere ma accompagnava a casa qualche altra e parlava parlava, finché non sapevano più cosa dire. Veni- va così il momento di lasciarsi, che già da un pezzo erano come sole, e Ginia torna- va a casa tranquilla, senza rimpiangere la compagnia. Le notti più belle, si capisce, erano al sabato, quando andavano a balla- re e l'indomani si poteva dormire. Ma bastava anche meno, e certe mattine Gi- nia usciva, per andare a lavorare, felice di quel pezzo di strada che l'aspettava. Le altre dicevano: – Se torno tardi, poi ho sonno; se torno tardi, me le suonano –. Ma Ginia non era mai stanca […].

Da: *La bella estate* di Cesare Pavese, Einaudi 1949

16 Rileggete tutto il brano e sottolineate con tre colori diversi le parole che …

– descrivono l'ambiente e il paesaggio – esprimono stati d'animo ed emozioni – indicano un'attività.

17 In piccoli gruppi cercate di chiarire il significato di tutte le parole che avete sottolineato, altrimenti aiutatevi con il vocabolario o chiedete all'insegnante.

18 Leggete ora le domande e rispondete.

1. Com'erano le ragazze, com'era l'ambiente in cui vivevano?
2. Tra i comportamenti descritti quali vi sembrano tipici delle ragazze adolescenti?
3. Come viene descritta l'amicizia tra le ragazze?
4. In quale periodo potrebbe essere ambientato il romanzo, secondo voi?

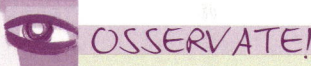

OSSERVATE!

Speravano che	qualcosa succedesse.		io uscissi	noi uscissimo
	nascesse un bambino.		tu uscissi	voi usciste
	tutta la gente uscisse in strada.		lui/lei uscisse	loro uscissero

In queste frasi secondarie trovate tre forme del congiuntivo imperfetto.
Quale tempo viene usato nella principale?
Cercate altre forme del congiuntivo imperfetto nel brano dell'attività 14.

19 Nel romanzo di Pavese compaiono molti amici di Ginia, la protagonista. Completate le frasi con i verbi tra parentesi per saperne di più.

1. Ginia *pensava* (pensare) che la sua amica Rosa *fosse* (essere) una stupida a lavorare in fabbrica.
2. Ginia non .... (capire) cosa .... (trovare) Rosa in Pino: aveva il naso storto, era piccolo e non era per niente bello.
3. .... (parere) impossibile che le mani grosse di Ferruccio .... (essere) così brave a suonare la chitarra.
4. Ginia .... (dubitare) che Amelia .... (volere) fare amicizia con una ragazza più giovane di lei.
5. Amelia lavorava come modella di un pittore. L'amica Clara .... (ritenere) una fortuna che lui le .... (fare) il ritratto e la .... (pagare).
6. Ginia .... (avere) l'impressione che Amelia .... (piacere) molto a suo fratello Severino.
7. Ginia con Amelia si divertiva e .... (sembrare) che con lei .... (succedere) le cose più varie.

20 Discutete in piccoli gruppi. Cosa era bello, importante, impossibile quando eravate adolescenti?

> avere un ragazzo/un'amica del cuore – uscire la sera – scrivere un diario – stare fuori fino a tardi –
> piacere a qualcuno – tingersi i capelli – truccarsi – andare in vacanza da soli – prendere la patente
> non appena possibile – avere il motorino – avere una compagnia

Esempio: *Era bello stare fuori fino a tardi.*

21 Leggete i seguenti proverbi e detti sull'amicizia. Ce n'è uno che potrebbe essere il vostro motto? Su quale invece non siete d'accordo? Avete un episodio da raccontare in proposito?

Dall'amico o parente, non comprare e non vendere niente.

Il vero amico si riconosce nel momento del bisogno.

Patti chiari e amicizia lunga.

Chi trova un amico, trova un tesoro.

22 Avete o avete avuto un amico importante? Parlatene in coppia.

E. 17-21 pagg. 149-150

Guardiamo da vicino!

23 Osservate la locandina. Conoscete questo film?

Secondo voi si tratta di un film drammatico, una storia d'amore, una commedia o un film d'azione? Parlatene in piccoli gruppi. Quale tra i suddetti generi preferite?

24 Ecco la trama del film. Se non lo conoscete, vi piacerebbe vederlo? Per quale motivo? Parlatene in coppia.

Nuovomondo

Primi del Novecento. Salvatore Mancuso sceglie di abbandonare la propria terra per cominciare una nuova esistenza in America. Nel suo paese d'origine, in Sicilia, vende quel poco che possiede per partire con la madre ed i figli alla ricerca di un lavoro e di una casa nel Nuovo Mondo. Il viaggio attraverso l'Oceano per raggiungere New York non è senza pericoli, tuttavia tutti insieme trovano la forza di superare le difficoltà, aiutati dalla speranza di una vita più dignitosa. Ma una volta raggiunta la terra promessa, Salvatore e la sua famiglia dovranno confrontarsi con una realtà diversa da quella che si aspettavano di trovare.

18 **25** Ascoltate ora Mario che parla di uno dei tre film che vedete qui accanto. Di quale?

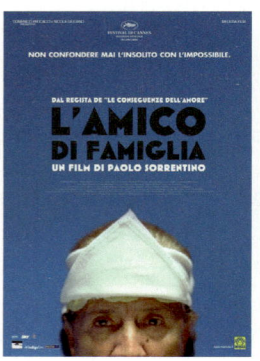

18 **26** Ora leggete il sunto della trama, poi riascoltate e sottolineate le espressioni corrette.

Geremia ha una sartoria, ma è anche un usuraio, cioè *presta i soldi a/si fa prestare i soldi da* chi ne ha bisogno con degli interessi molto alti. È un uomo piuttosto *interessante/brutto* che sembra sempre aver fretta e vive con la madre malata, in una zona a sud di Roma. Nella sua casa *accogliente/triste* Geremia porta sempre una fascia bianca sulla fronte. Le persone chiedono il suo aiuto per diversi motivi: una coppia desidera un matrimonio lussuoso per la figlia, un uomo vuole curare la figlia malata, un altro vuole *acquistare/vendere* un titolo nobiliare per fare affari con il Vaticano, un altro ancora vuole dei soldi per poter fare dei giochi *di società/di fortuna*. Il film è piuttosto *amaro/comico* ma l'attore è *discreto/eccezionale*.

27 C'è un film che avete visto ultimamente o che vi è piaciuto particolarmente e consigliereste ai vostri compagni? Raccontatene la trama e dite cosa vi è piaciuto.

la regia è di/il regista è – la trama – gli attori sono – è ambientato – è avvincente – comico – la colonna sonora è …

E. 22 pag. 150

Esprimere una possibilità o un'ipotesi

28 **Osservate le immagini e leggete i testi dei fumetti. A quale evento andreste voi?**

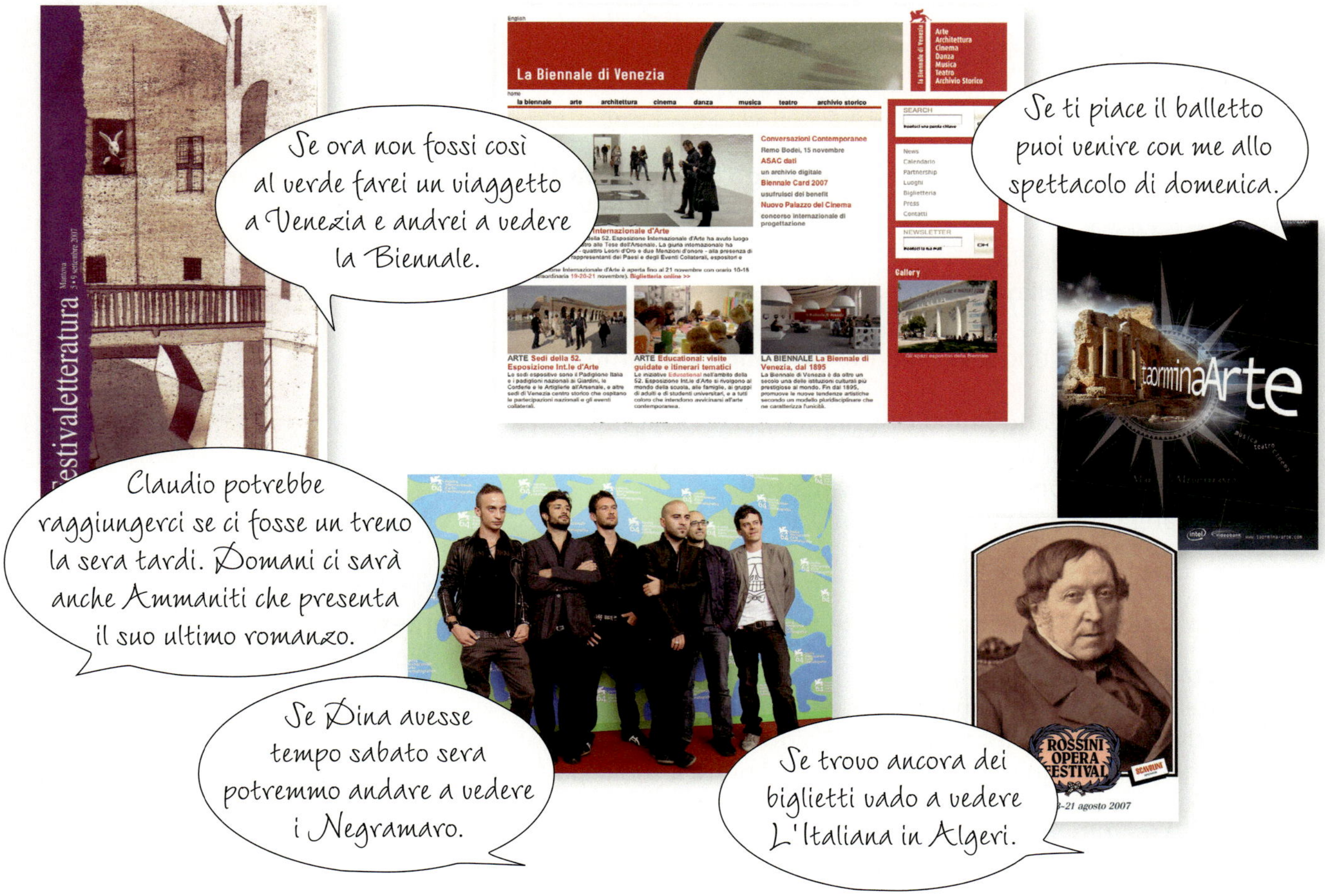
Festivaletteratura
La Biennale di Venezia
Se ora non fossi così al verde farei un viaggetto a Venezia e andrei a vedere la Biennale.
Se ti piace il balletto puoi venire con me allo spettacolo di domenica.
taorminArte
Claudio potrebbe raggiungerci se ci fosse un treno la sera tardi. Domani ci sarà anche Ammaniti che presenta il suo ultimo romanzo.
Se Dina avesse tempo sabato sera potremmo andare a vedere i Negramaro.
Se trovo ancora dei biglietti vado a vedere L'Italiana in Algeri.
ROSSINI OPERA FESTIVAL

29 **Rileggete i fumetti. Quale di questi avvenimenti è più probabile che si realizzi? Quale è il meno probabile? Quale potrebbe essere eventualmente possibile?**

OSSERVATE!

Osservate e completate.

Se trovo ancora dei biglietti .... a vedere L'Italiana in Algeri.
Se trovassi ancora dei biglietti .... a vedere L'Italiana in Algeri.

Quali tempi e modi si usano nella frase ipotetica della realtà e quali in quella della possibilità?

30 **Abbinate le frasi ipotetiche e decidete quali sono reali, quali eventualmente possibili.**

1. Se domani non dovessimo lavorare
2. Se riuscissimo ad avere dei biglietti
3. Se fa bel tempo
4. Se sapesse con chi andarci
5. Se stasera finisco prima
6. Se non ti sbrighi

a Claudio andrebbe a vedere l'Aida.
b andremmo volentieri a vedere la partita.
c non ci saranno più biglietti.
d andremmo al concerto di Vasco Rossi.
e andiamo al cinema all'aperto stasera.
f posso raggiungervi per l'aperitivo.

31 E voi cosa fareste se adesso foste in Italia? Scegliete tra le possibilità. Lavorate in coppia, confrontate le vostre scelte e motivatele.

Esempio: Se fossi in Italia adesso andrei . . ./farei un viaggetto a . . ./farei tutt'altra cosa . . .

E. 23-24 pag. 151

Ascolto

32 Ascoltate la canzone intitolata "Fossi Figo" cantata da Elio e le Storie Tese e Gianni Morandi. Decidete poi quale dei seguenti significati, secondo voi, è quello corretto.

1. "Fossi figo" significa:
   - [ ] se fossi intelligente
   - [ ] se fossi ricco
   - [ ] se fossi un tipo affascinante, simpatico e alla moda

2. "Sarei il re dell'addominale" significa:
   - [ ] sarei il re di tutti gli animali
   - [ ] sarei un tipo muscoloso e ben fatto
   - [ ] sarei un personaggio di rispetto in tutto il paese

33 Riascoltate e indicate con una x le frasi che vengono espresse nel testo.

Il protagonista …
1. sarebbe tutti i giorni in palestra. [ ]
2. uscirebbe ogni sera con una donna diversa. [ ]
3. si metterebbe un parrucchino per migliorare il suo aspetto. [ ]
4. indosserebbe vestiti alla moda. [ ]
5. si metterebbe alla finestra senza niente indosso. [ ]
6. andrebbe al cinema a vedere film surreali. [ ]
7. passerebbe la notte in piazza a ballare. [ ]
8. andrebbe con la jeep in discoteca. [ ]

34 A chi si rivolge l'uomo nell'ultima strofa?

Ad un'acrobata del circo. [ ]
Ad una ragazza che balla sul cubo in discoteca. [ ]
Ad un'artista che balla per strada. [ ]

35 Chi è Elio? Guardate l'immagine e leggete la didascalia.

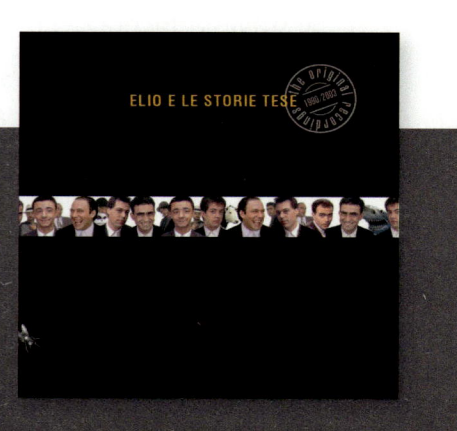

ELIO, il cui vero nome è Stefano Belisari, è nato a Milano nel 1961: laureato in Ingegneria elettronica, si è anche diplomato al Conservatorio in flauto traverso. Nel 1980 ha fondato la band Elio e le Storie Tese. Nel 1989 esce il loro primo album. Da allora tutti gli album di Elio e le Storie Tese sono diventati Disco D'Oro in Italia.

ALLA SCOPERTA DELL'ITALIA

36 Leggete lo stralcio di un articolo-testimonianza di Elio.

Da piccolo sognavo che, una volta cresciuto, sarei diventato forse calciatore, sicuramente non cantante. È un mestiere in cui è necessario mettersi in mostra, e io mi
sono sempre vergognato un po'; anzi, a dire il vero mi vergogno tuttora, anche se
ho imparato a mascherarlo. Poi, le cose sono andate diversamente. Verso i vent'anni
ho sentito che la mia vita stava prendendo una direzione definitiva, per cui mi sono
detto: perché non provare a giocare le mie carte nei campi in cui sono bravo?
Ovvero: la musica (ero già diplomato al Conservatorio) e far ridere gli altri, che mi
è sempre venuto molto naturale. Così è nato il progetto Elio e le Storie Tese.
La nostra carriera è all'insegna della realizzazione dei sogni inutili, a partire dal
nome della band, che è nato per sfida: volevamo vedere se qualche casa disco-
grafica l'avrebbe accettato, lungo e brutto com'è, al punto che tutt'ora la gente lo
storpia in mille modi. I più curiosi che ho sentito sono Elio e le Mani Tese ed Elio e
le Cose Veloci: soprattutto il secondo, ci vuole una certa fantasia, no. [...] Il prossimo sogno è che il cd cui stiamo lavorando esca a giugno, come programmato. E
che si realizzi il progetto di collaborazione con Freak Antoni: un concerto di beneficenza a favore degli industriali, che in questo periodo ci sembrano molto in crisi.
[...] Un sogno per l'Italia? Che chi viene eletto si consideri un dipendente del
popolo, delegato a svolgere determinati compiti e vincolato a rendere conto alla
collettività. [...] Ripeto, però, che non voglio fare discorsi di destra o di sinistra:
quando si scontravano nelle piazze io c'ero, e già allora mi sembrava che la distinzione avesse poco senso. Per la mia città, Milano, sogno invece un rilancio della
cultura e dello sport, in particolare per i giovani, che sono sempre meno e sempre
più demotivati. E che sia arrestato il "colpevole" del restauro della Scala.

Da: *Ho fatto un sogno: Com'era bella la tv censurata*, La Repubblica delle Donne, 23/12/2006

Vocabolario:
mettersi in mostra
 farsi notare
all'insegna di
 secondo il principio di
sfida *qui: provocazione*
storpiare *deformare, dire*
 in modo sbagliato
eleggere (eletto) *nominare,*
 scegliere come capo
considerarsi *vedersi come*
vincolare *obbligare*
scontrarsi *andare contro altri,*
 combattere
il rilancio della cultura *un piano*
 per migliorare la situazione
 culturale

37 Qual è il tema principale della testimonianza: la carriera di Elio, i suoi sogni o la sua vita?

38 Rileggete l'articolo e indicate con una x le affermazioni giuste.

1. Quando Elio era bambino sperava di diventare
☐ un cantante. ☐ uno sportivo professionista.

2. Più tardi ha capito che voleva
☐ far divertire le persone. ☐ lavorare al conservatorio.

3. Il nome del suo gruppo è molto originale e la gente per questo motivo
☐ lo ricorda bene. ☐ lo sbaglia spesso.

4. Elio sogna che i rappresentanti del governo
☐ deleghino molti compiti alla collettività. ☐ lavorino per gli interessi della collettività.

39 A coppie scegliete tre delle seguenti parole e scrivetene il significato. Poi in plenum leggete
una spiegazione senza nominare la parola. La coppia che la dice per prima continua.

calciatore – vergognarsi – mascherare – campo – ridere – carriera – sogno – beneficenza –
dipendente – vincolare – scontrarsi – distinzione – demotivato – arrestare – colpevole

40 Dalla canzone e dall'intervista che idea vi siete fatti di Elio? Vi piace o no?
Parlatene in piccoli gruppi.

GRAMMATICA

1 Il congiuntivo dopo le espressioni impersonali

E. 9 pag. 146

Unpersönliche Ausdrücke bringen eine Wertung zum Ausdruck und verlangen somit den **congiuntivo**.

> **È importante/necessario che** tu faccia un po' di sport.
> (**È un) peccato che** Matteo non sia potuto venire.
> **È una fortuna che** loro si siano messi d'accordo.
> **È una vergogna che** lui abbia deciso così.
> **Basta/Bisogna che** Gianni me lo dica domani.
> **È bene/meglio/bello/giusto che** tu glielo dica.

Folgt auf unpersönliche Ausdrücke der Infinitiv, ist die Aussage eher allgemein:
È necessario andarci.
Es ist notwendig hinzugehen.
Aber: **È necessario che io ci vada.**
Es ist notwendig, dass ich hingehe.

E. 10 pag. 147

2 La particella pronominale *ci*

Das Pronominaladverb **ci** ersetzt neben Orts- und Richtungsangaben (vgl. Azzurro, S. 97) auch präpositionale Ergänzungen mit **a**, seltener mit **su** oder **con**.

Chi pensa **a comprare un regalo per la mamma**?	– **Ci** penso io.
Posso contare **sul tuo aiuto**?	– Certo, **ci** puoi contare.

Con questo programma ci lavoro proprio bene.
A portare i bambini a scuola ci penso io.

3 Alcuni indefiniti

altro/a/i/e	Metto l'**altra** giacca e le **altre** scarpe.	*andere/r*
diverso/a	È una cosa **diversa**.	*andere/r*
diversi/e	In vacanza ho letto **diversi** libri.	*mehrere, einige, verschiedene*
alcuni/e	**Alcuni** anni fa ho cominciato a fare jogging.	*einige*
qualche	Vado in piscina con **qualche** amica.	*einige; irgendein*
ognuno/a	**Ognuno** deve fare la sua parte.	*jede/r*
ogni	**Ogni** domenica faccio una passeggiata.	*jede/r*
tutto/a	È piovuto **tutto il** giorno.	*ganze/r*
tutti/e	Faccio un po' di ginnastica **tutti i** giorni.	*alle, jede/r*
qualsiasi	**Qualsiasi** attività sportiva fa bene.	*jede/r beliebige/r*

Diverso/a und **tutto/a** nehmen im Plural eine andere Bedeutung an.
Qualsiasi, ogni und **qualche** sind unveränderlich. **Ogni** und **qualche** werden nur mit dem Singular benutzt, auch wenn **qualche** in Verbindung mit einem Substantiv eine Mehrzahl ausdrückt.

Alcuni/e, diverso/a und **tutti/e** können auch als Pronomen verwendet werden:
Conosci i libri di Tabucchi? – **Alcuni** sì, **altri** no.
Sono venuti i tuoi amici? Sì, sono venuti **tutti**.

4 Il paragone con *di* e *che*

> Il nuoto è **più** diffuso **del** canottaggio.
> Tuo fratello è **meno** sportivo **di** te.
> Questo lavoro è **più** stressante **che** interessante.
> È **più** importante andare oggi **che** domani.
> È **meglio** fare le scale **che** prendere l'ascensore.
> **Più** fitness **che** jogging nelle abitudini italiane.

Ist da zweite Vergleichselement ein Nomen oder Pronomen, gebraucht man **di**.
Ist das zweite Vergleichselement ein Adjektiv, ein Adverb, ein Infinitiv oder werden zwei Substantive mengenmäßig miteinander verglichen, gebraucht man **che**.

5 La concordanza dei tempi

Zwischen Haupt- und Nebensatz kann ein Verhältnis der Gleichzeitigkeit, Vorzeitigkeit oder Nachzeitigkeit bestehen. Verlangt das Verb des Hauptsatzes den congiuntivo, ergibt sich für den Nebensatz:

Credo che Aldo	ieri **sia stato** al mare. adesso **sia** a casa. non **si sposerà** mai.	**congiuntivo passato** **congiuntivo presente** **futuro semplice**	*bei Vorzeitigkeit* *bei Gleichzeitigkeit* *bei Nachzeitigkeit*

6 Il congiuntivo imperfetto

	parlare	**mettere**	**sentire**	**essere**	**avere**
io	parl**assi**	mett**essi**	sent**issi**	**fossi**	av**essi**
tu	parl**assi**	mett**essi**	sent**issi**	**fossi**	av**essi**
lui/lei	parl**asse**	mett**esse**	sent**isse**	**fosse**	av**esse**
noi	parl**assimo**	mett**essimo**	sent**issimo**	**fossimo**	av**essimo**
voi	parl**aste**	mett**este**	sent**iste**	**foste**	av**este**
loro	parl**assero**	mett**essero**	sent**issero**	**fossero**	av**essero**

Außer bei **essere – fossi, dare – dessi, stare – stessi** lässt sich der **congiuntivo imperfetto** vom **imperfetto indicativo** ableiten: dicevo → **dicessi,** bevevo → **bevessi** etc.

Pensavo che	**andassi** a teatro. **prendeste** il tram.

Steht im Hauptsatz ein den **congiuntivo** auslösendes Verb der Vergangenheit, steht im Nebensatz der **congiuntivo imperfetto.**

7 La frase ipotetica I

In einem Bedingungssatz (*wenn ..., dann*) steht in Haupt- und Nebensatz der **indicativo presente,** wenn eine Verwirklichung gut möglich ist. Wird die Realisierung für unsicher oder unwahrscheinlich gehalten, steht im Hauptsatz das **condizionale,** im Nebensatz der **congiuntivo imperfetto.**

Se domani **piove**	**salta** il concerto.	**Se facessi** sport	ti **sentiresti** meglio.

E. 25 pag. 151

8 Forme particolari e irregolari del plurale dei sostantivi

singolare	plurale	Attenzione alle seguenti desinenze!
il/la tur**ista**	i tur**isti**/le tur**iste**	*-isti bzw. -iste bei Substantiven auf -ista*
l'inc**endio**	gli incend**i**	*kein doppeltes -i bei unbetontem -i im Singular*
lo z**io**	gli z**ii**	*doppeltes -i bei betontem -i im Singular*
il par**co**	i par**chi**	*-hi bei auf der vorletzten Silbe betonten maskulinen Substantiven auf -co*
il mé**dico**	i med**ici**	*-i bei auf der drittletzten Silbe betonten maskulinen Substantiven auf -co*
il proble**ma**	i problem**i**	*-i bei maskulinen Substantiven auf -a*
lo sci	gli sci	*das Substantiv bleibt unverändert bei einsilbigen Wörtern*
il braccio	le braccia i bracci del fiume	*wenige Substantive sind im Singular männlich und im Plural weiblich manchmal gibt es auch eine männliche Pluralform, die dann aber eine andere Bedeutung hat*
la fàbbri**ca**	le fàbbri**che**	*-che bei weiblichen Substantven auf -ca*
l'aran**cia**	le aran**ce**	*-ce bei -cia, wenn vor dem c ein Konsonant steht*
la cami**cia**	le cami**cie**	*-cie bei -cia, wenn vor dem c ein Vokal steht*
la crisi	le crisi	*Substantive auf -i sind unveränderlich*
la mano	le mani	*-i bei weiblichen Wörtern mit Endung auf -o im Singular*
la foto	le foto	*das Substantiv bleibt unverändert, wenn es eine Abkürzung ist*

Lavoro, tecnologia, salute

Come te la cavi con ...?

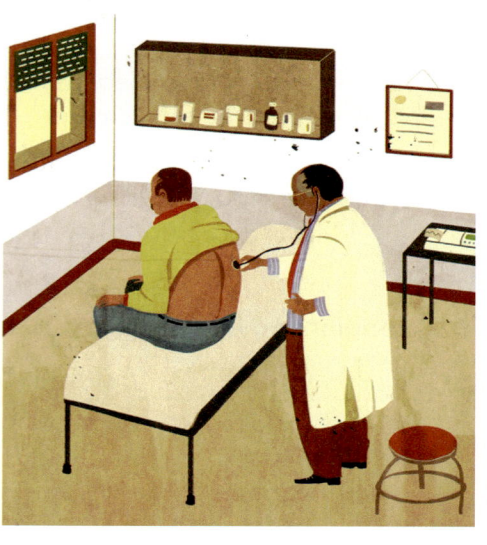

In questa unità impariamo a

➜ valutare le nostre abilità al computer

➜ descrivere un oggetto di cui non sappiamo il nome

➜ scrivere una lettera commerciale

➜ telefonare ad una ditta per un reclamo o un'informazione

➜ descrivere un disturbo fisico

Per cominciare

1 Guardate queste vignette. Lavorate in coppia e descrivete con parole vostre le situazioni che vedete illustrate.

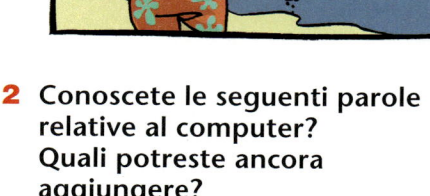

2 Conoscete le seguenti parole relative al computer? Quali potreste ancora aggiungere?

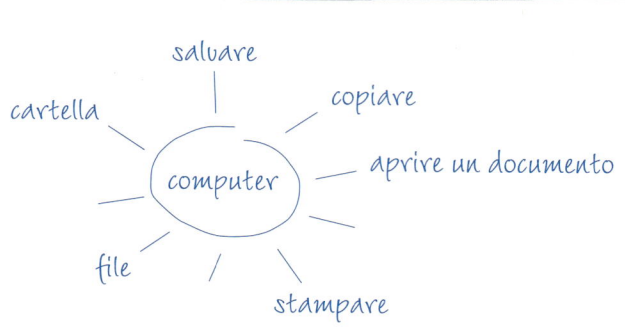

salvare
cartella
copiare
computer
aprire un documento
file
stampare

3 Per cosa, come e quando usate il computer? Leggete le seguenti affermazioni e indicate con una x le vostre abitudini.

1. Uso il computer

☐ a casa o all'Internet Point

☐ a scuola/ all'università

☐ sul posto di lavoro

☐ ovunque mi trovi, perché ho sempre con me il portatile

2. Ne faccio uso

☐ raramente

☐ ogni due o tre giorni

☐ una volta al giorno

☐ in qualsiasi momento della giornata

3. So usarlo perché

☐ ho frequentato un corso

☐ ho imparato da un amico

☐ l'informatica era una materia scolastica

☐ ho imparato da solo consultando dei libri

4. Lo adopero per

☐ comunicare con amici e familiari via e-mail, con la webcam o per chattare

☐ sbrigare alcune incombenze come informarmi su orari, programmi culturali o per acquistare biglietti, prenotare una vacanza ecc.

☐ motivi di lavoro: scrivere lettere commerciali, relazioni e e-mail ai clienti, tenere la contabilità; motivi di studio: fare ricerche, scrivere la tesi

☐ ascoltare musica, giocare, guardare film, sistemare le mie foto

5. Se ho un problema

☐ cerco qualcuno che si intenda di computer

☐ chiamo il numero verde dell'assistenza tecnica

☐ cerco di risolverlo da solo

☐ mi rivolgo ad un amico

4 Ora confrontate i vostri risultati in piccoli gruppi e discutete. Chi è l'esperto di computer? Chi ne farebbe volentieri a meno?

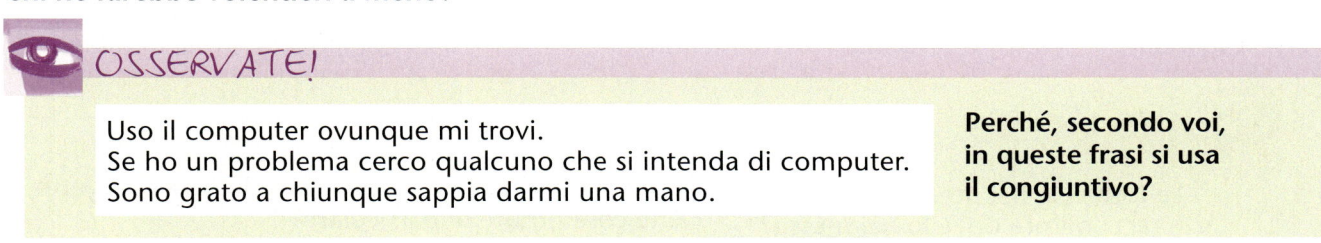

OSSERVATE!

Uso il computer ovunque mi trovi.
Se ho un problema cerco qualcuno che si intenda di computer.
Sono grato a chiunque sappia darmi una mano.

Perché, secondo voi, in queste frasi si usa il congiuntivo?

5 Completate le frasi con i seguenti indefiniti.

qualsiasi – comunque – qualunque – ovunque – chiunque

E. 1-3 pag. 152

1. Fulvio è molto bravo al computer, ... problema si presenti, lo sa risolvere.
2. .... abbia installato questo programma, non l'ha fatto correttamente.
3. .... facciate domanda, vi chiederanno delle conoscenze informatiche.
4. .... vada l'esame, invierò a delle imprese il mio curriculum online per fare uno stage.
5. .... cosa succeda, chiamami subito.

Descrivere un oggetto di cui non sappiamo il nome

20 **6** Guardate la foto e ascoltate i brevi dialoghi. Quali oggetti presenti sulla scrivania vengono nominati? Scrivete i numeri relativi nelle caselle.

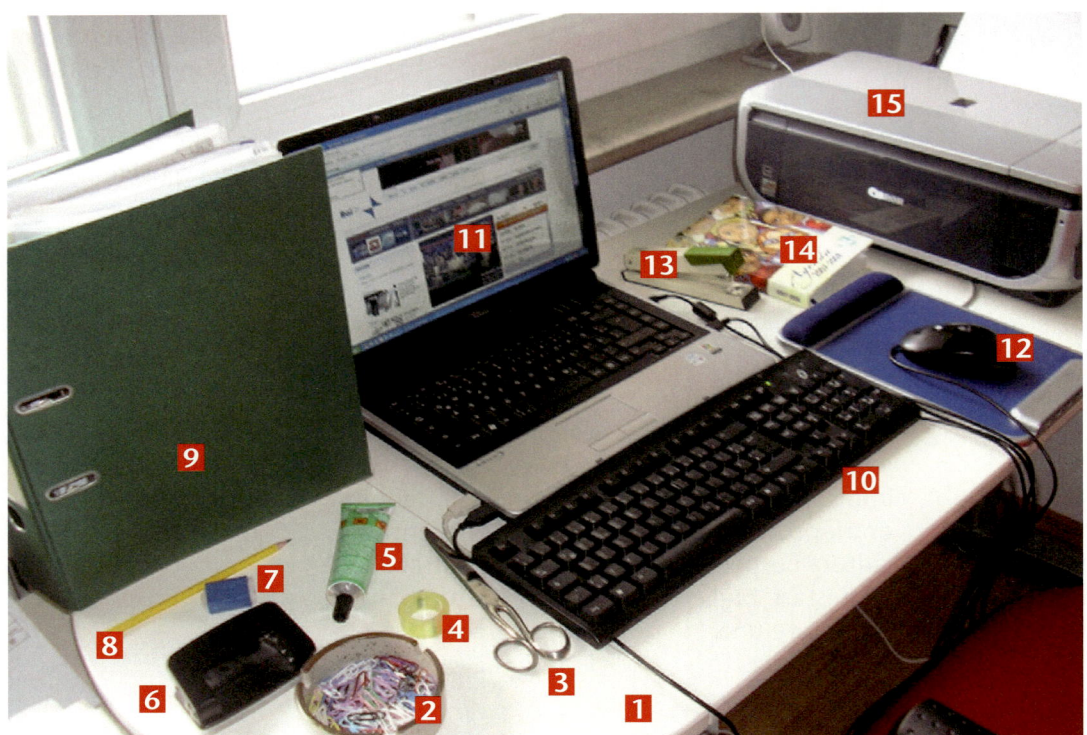

1. ☐
2. ☐
3. ☐

7 Ora scrivete accanto alle altre parole il numero dell'oggetto corrispondente.

☐ la tastiera	☐ la matita	☐ la gomma	☐ lo scotch	☐ la stampante
☐ lo schermo	☐ la spillatrice	☐ la perforatrice	☐ la colla	☐ il mouse
☐ l'agenda	☐ la scrivania	☐ le forbici	☐ il raccoglitore	☐ le graffette

👁 OSSERVATE!

Le forbici le hai prese tu?
Il raccoglitore dove lo hai messo?

Queste frasi iniziano con un complemento oggetto. Che cosa notate di particolare?

E. 4-5 pag. 153

8 Lavorate in piccoli gruppi. Ognuno pensa a un oggetto che in genere si trova in un ufficio e lo descrive ai compagni. Chi riesce ad indovinare di quale oggetto si tratta, continua.

è di ...	è ...	si usa per ...
metallo	rotondo	unire
plastica	rettangolare	raccogliere
carta	piatto	cancellare
legno	ovale	scrivere

Esempio: ● *Può essere di legno, rettango-lare, è grande e sopra ci sono tanti oggetti utili per il lavoro.*

○ *È la scrivania!*

9 Lavorate a coppie e decidete a quali dei seguenti oggetti si riferiscono le descrizioni e le indicazioni per l'uso.

> la fotocopiatrice – l'agenda – la cartuccia per stampante – la calcolatrice tascabile – lo scanner

A ....
digitale laser, 35 copie al minuto. Formato originali e copie: fino all'A3 – 2 cassetti da 250 fogli (1per A4 e uno per A3) + Bypass da 50 fogli – Zoom da 50% a 200%

B ....
a 12 cifre con elegante rivestimento superiore metallizzato. Tasti percentuale, radice quadrata, cancellazione ultima cifra. Alimentazione solare e a batteria. Dimensioni: 70x117x8 mm.

C ....
da tavolo, con copertina rigida e le pagine, senza uso di cloro, rilegate a punto refe. Ogni giorno una pagina, 13x21 cm, 380 pagine a righe, con una rubrica estraibile nella tasca a soffietto interna. È dotata di chiusura a elastico e segnalibro.

10 Leggete la seguente chat. Voi usate questa forma di comunicazione? Con quale frequenza? Come fareste altrimenti questo tipo di comunicazione?

11 Lavorate in gruppi di tre e simulate una comunicazione come quella dell'att. 10 con carta e penna. Ognuno scrive una frase su un foglio, poi passa il foglio al compagno di destra che continua allo stesso modo. Dopo 2–3 giri, leggete il risultato. Ricordatevi di assumere un nomignolo!

Chat — Conversazione

Vanilla scrive:	Ciao Lorenzo!
bandabarsotti.it scrive:	Ciao!
Vanilla scrive:	Come stai?
bandabarsotti.it scrive:	Tutto bene, mi godo gli ultimi giorni di vacanza prima di cominciare il servizio civile. Te invece?
Vanilla scrive:	Io sono a Londra da 2 mesi, con l'inglese me la cavo già abbastanza bene!
bandabarsotti.it scrive:	Sono contento per te. Complimenti! Ma quanto stai ancora a Londra?
Vanilla scrive:	Fino al termine del corso intensivo, ancora 2 settimane.
bandabarsotti.it scrive:	Allora tra poco te ne vai?
Vanilla scrive:	Eh sì, proprio così! Mi dispiacerà andare via, ma devo anche preparare un esame ...
bandabarsotti.it scrive:	Beh io per il momento degli esami me ne frego, se ne riparla tra un anno. ☺

Video — Cancella tutto — Chiudi

12 Come vengono espresse le seguenti frasi?

Riesco a parlare abbastanza bene l'inglese. ....
Tra poco vai via? ....
Non mi preoccupo/non mi interesso. ....

13 Completate.

cavarsela	andarsene	fregarsene
....	me ne vado	....
te la cavi	....	....
se la cava	se	....
ce	ce ne	....
....	....	ve ne fregate
....	se ne vanno	....

14 **Lavorate in coppia e a turno fatevi delle domande sulle vostre abilità. Riferite poi in plenum.**

Esempio: *Come te la cavi a stirare? Me la cavo bene. / Mah, mi arrangio. / Sono proprio negato.*

	Il mio compagno			io		
	☺	😐	☹	☺	😐	☹
riparare la bici						
stirare						
cantare						
suonare						
fare delle riparazioni in casa						
montare una tenda						
cucire						

E. 7-9 pagg. 154-155

15 **Leggete la seguente testimonianza. Perché il computer è stato così determinante nella vita di Simone?**

Mi chiamo Simone e vivo a Modena con la mia famiglia. Sono un ragazzo disabile che non può né usare le mani correttamente, né camminare. Non ricordo molto del mio passato senza Personal Computer, poiché fortunatamente mi è stata data la possibilità di utilizzarlo fin dalla terza elementare, grazie ad un caschetto dotato di un'asta con la quale tuttora scrivo su una comunissima tastiera di PC.

Il computer è per me lo strumento fondamentale di integrazione nella società che mi ha permesso di frequentare in modo attivo la scuola dell'obbligo, di raggiungere il diploma di maturità di Perito Informatico e che mi ha consentito di laurearmi in Ingegneria Informatica con il massimo dei voti a 24 anni.

Io credo che l'importante traguardo della laurea l'abbia raggiunto, oltre che per la mia forza di volontà, anche per una serie di circostanze che si sono ben incastrate assieme: fortunatamente ho avuto vicino persone che mi hanno considerato al pari di tutte le altre, che hanno saputo mettere in risalto le mie capacità e rendermi in grado di lavorare nel modo più autonomo possibile. Crescendo insieme ai miei coetanei, giocando e studiando con loro, penso di aver acquisito una capacità di relazionarmi con la società che mi consentirà in futuro di cavarmela, anche senza la continua assistenza di enti o associazioni.

Penso che la cosa più importante per un disabile sia quella di sentirsi una persona come le altre, che può affrontare e superare gli stessi problemi, anche se magari in un modo diverso e con qualche difficoltà in più.

In realtà un disabile è semplicemente una persona diversamente abile, anche se non tutti lo sanno!

da: http://www.aidalabs.com

E. 10 pag. 155

16 **Cercate la frase corrispondente all'interno del testo e sottolineatela.**

1. diversi avvenimenti e situazioni che hanno creato una situazione favorevole
2. creare rapporti sociali, integrarsi

3. sentirsi uguale agli altri
4. mettere in evidenza quello che so fare
5. mi ha dato la possibilità

17 Leggete cosa dice Simone. Con quali forme verbali esprime fatti o avvenimenti che non si sono realizzati?

> Se i compagni mi avessero lasciato solo, il mio inserimento a scuola sarebbe stato più difficile.
> Se non avessi giocato e studiato con i miei coetanei non avrei acquisito la capacità di relazionarmi con la società.

18 Completate le seguenti frasi con i verbi tra parentesi.

1. Se la mia professoressa di lettere al liceo non .... (essere) così disponibile e comprensiva nei miei confronti, probabilmente .... (abbandonare) la scuola.
2. Se .... (io/sentirsi) inferiore agli altri, non .... (riuscire) a superare certi problemi.
3. Se i miei compagni non mi .... (sostenere) non .... (io/arrivare) alla maturità.
4. Se non .... (io/ricevere) l'assistenza dell'associazione, ... (inserirsi) con più difficoltà nella società.
5. Se i miei compagni .... (essere) meno comprensivi, ... (io/sentirsi) molto solo.

19 Lavorate in gruppi. C'è stato un momento determinante nella vostra carriera scolastica o durante la vostra formazione? Indicate una cosa che (non) avreste fatto se qualcosa (non) fosse successo o qualcuno non vi avesse aiutato.

E. 11-13 pagg. 155-156

Guardiamo da vicino!

Cos'è il Servizio Civile Nazionale:

Il Servizio Civile è un'esperienza di servizio finalizzata a "costruire insieme comunità", momento di crescita e passaggio verso una partecipazione attiva alla vita sociale e civile. Non è volontariato, non è né una forma di lavoro né un "lavoro socialmente utile". Il servizio civile presenta elementi di affinità con tutte queste realtà. Con il volontariato condivide lo spirito di solidarietà e anche uno stile di attenzione agli altri e all'interesse generale, con il lavoro condivide alcuni aspetti di retribuzione dell'attività che viene svolta e di formazione professionale che al servizio civile deve essere riconosciuta.

Il Servizio civile nazionale

Progetti:

I progetti di SC hanno una durata annuale e prevedono almeno 30 ore di servizio settimanale per 5 o 6 giorni alla settimana. I progetti di impiego di volontari di SC possono articolarsi in quattro settori d'impiego:
• assistenza • ambiente e protezione civile • cultura ed educazione • estero

Chi può fare il SC e dove?

Saranno ammessi al servizio, previa selezione, tutti i cittadini, uomini e donne, che ne abbiano fatto richiesta e che abbiano un'età compresa tra i 18 e 28 anni non compiuti.
I giovani possono svolgere il SC presso tutti quegli Enti che hanno presentato progetti approvati dall'UNSC.

da: http://www.venetosociale.it/serviziocivile

20 Leggete il testo. A quali delle seguenti persone potreste consigliare il Servizio Civile?

☐ Gianna è andata in pensione da qualche mese e adesso vorrebbe fare volontariato.
☐ Clementina, che ha 26 anni, vorrebbe prendersi un anno sabbatico per aiutare i bambini in India.
☐ Andrea ha finito il liceo, è incerto se frequentare l'università, ma non vuole ancora lavorare.
☐ Federico ha 25 anni, è stato licenziato e ha bisogno di un nuovo lavoro.
☐ Antonietta ha 20 anni e prima di cominciare gli studi di medicina vorrebbe occuparsi dei disabili.

Ascolto

21 21 Ascoltate l'intervista a Chiara e poi, a coppie, scambiatevi le informazioni.

21 22 Riascoltate la conversazione e completate le affermazioni.

Chiara ...
1. è di ...., ma attualmente vive a ....
2. è laureata in .... e lavora in un ....
3. dopo la laurea è stata negli ....
4. in Italia ha lavorato in un ospedale con una .... per giovani ricercatori.
5. poi ha lavorato in una ...., ma la mentalità era troppo ....
6. si considera un "................................" perché fa la ricerca per altri paesi.
7. lavora in un campo che oggi è ancora di ....
8. è fidanzata con un .... e in futuro pensa di girare ancora in ....

Scrivere una lettera commerciale

23 Leggete la lettera. Riceverà uno sconto la ditta Lumex? Come pagherà la merce?

Lumex s.r.l · Via Derna 43 · 10024 Moncalieri · Torino

Spett.le Zanini s.r.l.
c.a. Sig.ra Priano
Viale dell'Industria 86
24068 Seriate (BG)

Moncalieri, 5 luglio 2007

Oggetto: ordine plafoniera Mod. PP114

Rif: Vs. offerta del 2 giugno 2007

Gent.ma Signora Priano,

La ringraziamo per l'invio del nuovo catalogo che abbiamo immediatamente preso in visione. Abbiamo constatato con piacere che i Vs. prezzi sono rimasti inalterati e siamo pertanto lieti di rimetterVi l'ordine di 120 plafoniere mod. PP114 normale (mm140) al prezzo di €14,50 cad. alle seguenti condizioni:

• sconto pattuito del 5% per quantità superiori ai 100 pz.
• consegna entro e non oltre il 28 luglio 2007
• pagamento a ricevimento fattura con bonifico bancario sul Vs. c.c.

Vi saremmo grati se ci inviaste una breve conferma dell'ordine da noi speditoVi.

Desidereremmo inoltre che ci comunicaste il nome dello spedizioniere al quale si appoggerà la Vs. ditta, prima di procedere all'evasione dell'ordine.

Ringraziando anticipatamente, Vi inviamo i nostri migliori saluti

E. Orsenigo

Elena Orsenigo
Responsabile Ufficio Acquisti

24 Leggete le seguenti espressioni. Di cosa si tratta? Inserite nella casellina il numero corretto.

1. formula introduttiva   **2.** corpo della lettera   **3.** formula di chiusura e ringraziamenti

☐ La preghiamo di inviarci ...
☐ Gradisca i nostri più distinti saluti
☐ Spett.le
☐ Con la presente Le comunichiamo ...
☐ Restando in attesa di un vostro gentile
   riscontro inviamo cordiali saluti

☐ Egregio
☐ Vi salutiamo cordialmente
☐ In riferimento a ...
☐ Siamo spiacenti/lieti di informarVi che ...
☐ Gentile

25 Rileggete la lettera a pag. 78 e osservate le frasi che iniziano con "Vi saremmo grati ..." e "Desidereremmo ...". Completate poi le seguenti frasi nel modo corretto.

1. Sarebbe opportuno che ci .... (voi/avvertire) non appena possibile.
2. Sarebbe bene che .... (tu/occuparsi) di questa faccenda subito.
3. Vi sarei grata se mi .... (comunicare) quanto prima la data del colloquio.
4. Desidereremmo che la consegna .... (avvenire) entro 15 giorni a partire da oggi.
5. Sarei contenta se .... (riuscire) a finire il lavoro entro stasera.

E. 15-16 pag. 157

26 Scrivete un ordine aiutandovi con le seguenti espressioni e quelle delle attività 24 e 25.

> Vi trasmettiamo il seguente ordine – In seguito alla nostra telefonata del ... – 100 casse di vino –
> Vi preghiamo di effettuare la consegna entro il ... – Il pagamento avverrà a ... – Nero d'Avola 2006

Telefonare ad una ditta per un reclamo

27 Ascoltate il dialogo. Perché la signora Ronchi telefona alla ditta Zanini?
Come giustifica Anna l'accaduto?

○ Ditta Zanini, buongiorno. Sono Lella.
● Buongiorno, sono Patrizia Ronchi della Simonazzi. Mi passa l'ufficio vendite, per cortesia?
○ Sì, un attimo. Attenda in linea.
✦ Pronto?
● Buongiorno, sono Patrizia Ronchi ...
✦ Ciao, Patti, sono Anna. Come va?
● Bene, grazie. Senti, ti telefono perché abbiamo un problema.
✦ Dimmi tutto.
● Dunque, il 5 luglio vi abbiamo ordinato 120 plafoniere, ieri ne sono arrivate solo 80. Come mai?
✦ Un attimo che controllo. Guarda, abbiamo fatto la seconda consegna allo spedizioniere proprio
   l'altro ieri.
● L'altro ieri?! Ma avevo scritto che era urgente! Adesso questo ci causa dei bei problemi con i clienti!
✦ Patti, sono desolata, ma prima non era possibile. Erano finiti gli articoli in magazzino. Vedrai che
   arriverà tutto fra qualche giorno.
● Già, ma fra tre giorni qui chiudiamo per ferie. Non c'è più nessuno.
✦ Senti, facciamo così: adesso chiamo lo spedizioniere e gli dico che è molto urgente. Farò tutto il
   possibile, poi ti richiamo e ti aggiorno.
● Eh, chiama lo spedizioniere. Però, insomma ... E poi tra i pezzi che avete mandato ce ne sono 30
   con l'interruttore. Noi avevamo ordinato quelle normali.
✦ Ma la differenza di prezzo è minima. Ti ho detto che non ce n'erano più in magazzino.
● Ma scusa, cosa c'entra? Avreste dovuto avvisarci e non spedire quello che pare a voi. Mi dispiace,
   ma non vanno bene. Queste non le teniamo.
✦ Come volete. Allora consegnatele allo spedizioniere quando porterà gli altri articoli.

28 **Rileggete il dialogo. Quali frasi si usano per ...**

– rispondere al centralino

....

– scusarsi e giustificarsi

....

– lamentarsi

....

– reagire alla richiesta

....

– chiedere di parlare con qualcuno

....

– proporre una soluzione

....

E. 17-19 pag. 158

29 **Lavorate in coppia e fate il dialogo.**

> **A** Avete ordinato da un catalogo una lampa-dada tavolo. Avete ricevuto un altro modello/ non avete ricevuto ancora niente. Telefonate all'ufficio vendite della ditta per comunicare il ritardo/dire che c'è stato un errore.

> **B** Siete impiegato/a all'ufficio vendite di una ditta di lampade. Vi telefona un cliente che non ha ricevuto la merce ordinata/ha ricevuto un altro modello. Date delle spiegazioni (produzio-ne esaurita/ferie/sciopero dei fornitori/disguido).

Descrivere un disturbo fisico e la sua probabile causa

30 **Ascoltate la conversazione. Di quali dolori si lamenta Gabriele? Da che cosa sono causati secondo lui? Poi riascoltate il dialogo e sottolineate.**

1. Da quali medici dovrebbe andare Gabriele secondo la sua collega?
un oculista – un dermatologo – un ortopedico – un medico omeopata – il suo medico curante

2. Cosa avrebbe dovuto fare subito?
prendere delle gocce oculari/degli antistaminici/degli antidolorifici – mettere una pomata

3. Che cosa dovrebbe farsi fare in ogni caso?
un'ecografia – una radiografia – un check up

31 **Riascoltate il dialogo e sottolineate le affermazioni corrette.**

Gabriele ...
1. ha pensato che i dolori gli fossero venuti per una nuotata/per un'arrampicata.
2. in genere preferisce non prendere medicinali/prendere subito qualcosa contro i dolori.
3. ha saputo della sindrome RSI dal suo medico curante/navigando in Internet.
4. ora è quasi sicuro che i dolori siano provocati dal lavoro al computer/dallo stare troppo seduto.

OSSERVATE!

> Dopo aver passato molto tempo al computer, ho avuto dei dolori al braccio. Prima di rischiare un peggioramento ho preferito non andare in palestra. Prima che questi dolori diventino cronici, vorrei fare qualcosa.

Quali sono i soggetti nella prima e seconda frase?

E. 20-21 pag. 159

32 **Lavorate in coppia. Il vostro compagno ultimamente accusa qualche disturbo, dovuto forse a motivi di stress per il troppo lavoro. Vi preoccupate e cercate di dargli qualche consiglio.**

> bruciore agli occhi – mal di stomaco – irritazione della pelle – raffreddori frequenti – insonnia

ALLA SCOPERTA DELL'ITALIA

33 Queste frasi sono tratte dal brano che segue. Leggetele e a coppie fate delle ipotesi sul contenuto del brano.

… da quando era arrivato il bambino …
… eri sposato da quindici mesi …

… tua moglie frequentava i forum internet …
… la stanza in cui lavoravi …

34 Leggete ora il brano e verificate le vostre ipotesi.

Ma adesso eri sposato. Eri sposato da quindici mesi, e avevi un figlio.
Avevi un figlio, e con tua moglie una serie di cose cominciavano a perdere quota. Avevate vissuto insieme
5 tre anni, prima di sposarvi, ma adesso quella stessa ragazza non si ricordava più tanto bene chi eri, e pure con il lavoro le cose non procedevano a meraviglia.
Era un mondo molto piccolo, quello del tuo lavoro, e lo era ancora di più da quando era arrivato il bambino.
10 La stanza in cui lavoravi era adesso la sua cameretta, e tu eri ormai confinato, col computer e il po' di libri che vi trovavano spazio, in quello che prima insieme a Dina chiamavate "il ripostiglio grande". Era un ambiente appena meno angusto del ventre dell'armadio
15 a muro che presidiava il corridoio, e ogni volta che volevi fumare dovevi abbandonare la postazione e trasferirti sul balconcino del soggiorno.
Con i tuoi guadagni dei vent'anni avevi comprato una casa spaziosa, e gli amici di allora erano i primi a stu-
20 pirsi, misurando insieme a te il poco tempo che era servito per trasformare quella casa nella filiale di un negozio di giocattoli.
In ogni caso, come padre ti sentivi uno schianto. Portavi Malcolm a spasso per il quartiere, imbragato nel
25 marsupio a bretelle. Gli insegnavi i nomi degli alberi, i nomi degli animali. Una volta a casa, i vecchi Mano Negra in sottofondo, potevi accennare a un assurdo passo o due di danza e riuscivi sempre a farlo ridere.

Prima che arrivasse il bambino, alle otto e mezzo tua
30 moglie usciva per andare in ufficio, e tu potevi restare a lavorare in pace, padrone del tuo tempo come a vent'anni.
Ora invece gli orari erano stabiliti dal piccolo Malcolm, tua moglie era in casa tutto il giorno, e appena
35 lasciavi libero il computer frequentava i forum internet dedicati alle nuove mamme. Avevi imparato a temerli, perché le frequentatrici dei forum si convincevano a vicenda di baggianate colossali. Ad esempio, che era opportuno allattare i piccoli fino ai tre anni di
40 età. Per non traumatizzarli. Per non fare di loro, una volta adulti, dei frustrati violenti.
C'erano frequentatrici vegetariane sui forum internet, c'erano frequentatrici vegane, e tutte concordavano sul fatto che i pannolini di stoffa erano di gran lunga
45 più graditi alla pelle del tuo bambino. Erano pannolini fabbricati in cotone biologico, sbiancato senza l'impiego di cloro, e ti arrivavano a casa pagando con la carta di credito direttamente alla pagina emporio del sito per le nuove mamme. [...]
50 Erano sei mesi che andava avanti a quel modo. Tua moglie non si ricordava più chi eri [...].

Da: *Nessuno lo saprà. Viaggio a piedi dall'Argentario al Conero* di Enrico Brizzi, Mondadori 2005

Vocabolario:
confinato *costretto a stare*
imbragato nel marsupio a bretelle *dentro una specie di zainetto per portare con sé i bimbi piccoli*
accennare *qui: provare*
pannolino *striscia di stoffa e ovatta per contenere l'urina dei neonati*
angusto *stretto*
ventre *qui: interno*

35 Come vengono espresse le seguenti frasi nel testo?

– le cose cominciavano ad andare male   ....
– credevi di essere un padre fantastico   ....
– si convincevano una con l'altra di cose molto stupide ....
– direttamente alla pagina per gli acquisti   ....

36 Rileggete il testo, suddividetelo in parti e date a ciascuna parte un titolo.

37 Lavorate in gruppi e discutete. Cosa infastidisce maggiormente il neopapà?
Come risolvono questo tipo di situazione le coppie di giovani genitori che conoscete voi?

GRAMMATICA

1 L'uso del congiuntivo dopo pronomi e aggettivi indefiniti

Cerco **qualcuno che** si **intenda** di computer.
Do una mano a **ognuno che** ne **abbia** bisogno.
Sono grato a **chiunque sappia** aiutarmi.
Qualunque problema tu **abbia**, chiamami.
Porto il computer **ovunque** io **vada**.

In Relativsätzen, die sich auf Indefinita wie **qualcuno, ognuno, ogni, qualsiasi, niente** oder **nessuno** beziehen, steht der Konjunktiv, ebenso nach verallgemeinernden Relativa wie **chiunque, qualunque, comunque** oder **(d)ovunque**.

2 Il complemento diretto o indiretto all'inizio della frase

Hai scritto a Rita?
A Rita hai scritto?
Hai visto le foto?
Le foto le hai viste?

Zur Betonung kann das Objekt am Satzanfang stehen. Beginnt ein Satz mit dem direkten Objekt und rückt dieses dadurch vor das Verb, muss es durch das direkte Objektpronomen wieder aufgegriffen werden. Das Partizip wird dann an das Objektpronomen angeglichen (vgl. Azzurro, S. 122).

3 Desinenze di alcuni sostantivi

E. 6 pag. 153

maschile	femminile
il cellul**are**	la perfora**trice**
il particol**are**	la calcola**trice**
il raccogli**tore**	la comunica**zione**
il mo**tore**	la produ**zione**

Substantive, die im Singular auf **-e** enden, können maskulin oder feminin sein. Einige Endungen auf **-e** sagen jedoch etwas über das Genus aus: So sind Substantive auf **-are** oder **-tore** bis auf wenige Ausnahmen maskulin, Substantive auf **-trice** oder **-zione** stets feminin.

4 Le preposizioni di, in, da e a

E. 14 pag. 157

una sedia **di** legno, un tavolo **di** vetro
una statuetta **di** marmo/**in** marmo rosa
un'agenda **da** tavolo, le scarpe **da** tennis
una stampante **a** colori, le pagine **a** righe

Das Material einer Sache wird mit der Präposition **di** angegeben, bei genauerer Bezeichnung wird häufig **in** gebraucht. Zur Angabe eines Zwecks verwendet man die Präposition **da**, zu der eines Merkmals **a**.

5 I verbi pronominali cavarsela e andarsene

Sie kennen bereits das Verb **farcela** (vgl. S. 44). An manche Verben werden die Pronomenkombinationen **-sela** und **-sene** angehängt: **cavarsela, andarsene, prendersela** oder **fregarsene**.

cavarsela	andarsene
me la cavo	me ne vado
te la cavi	te ne vai
se la cava	se ne va
ce la caviamo	ce ne andiamo
ve la cavate	ve ne andate
se la cavano	se ne vanno

Con l'inglese **me la cavo** abbastanza.
Mit dem Englischen komme ich ganz gut zurecht.
Se non la inviti, Ambra **se la prenderà**.
Wenn du Ambra nicht einlädst, wird sie beleidigt sein.
Se non **ce ne andiamo** subito, perdiamo l'autobus.
Wenn wir nicht sofort (weg)gehen, verpassen wir den Bus.
Me ne frego di quello che dicono gli altri.
Es ist mir völlig egal, was die anderen sagen.

Wird an ein Verb **-cela** oder **-sela** angehängt, endet das Partizip auf **-a**: (Noi) ce **la** siamo cava**ta**. Wird **-sene** angehängt, richtet es sich nach dem Subjekt: (**Noi**) ce ne siamo andat**i**.

6 Il congiuntivo trapassato

	con **avere**	con **essere**
io	avessi fatto	fossi stato/-a
tu	avessi	fossi
lui/lei	avesse	fosse
noi	avęssimo	fǫssimo stati/-e
voi	aveste	foste
loro	avęssero	fǫssero

Der **congiuntivo trapassato** wird aus dem **congiuntivo imperfetto** von **avere** bzw. **essere** und dem Partizip Perfekt des betreffenden Verbs gebildet.
Er wird unter anderem für den Bedingungs-satz in der Vergangenheit gebraucht (siehe folgender Punkt).

7 La frase ipotetica II

Den Bedingungssatz, dessen Verwirklichung theoretisch möglich, aber nicht sicher ist, kennen Sie bereits (vgl. S. 73). Beschreibt ein Bedingungssatz, welche Bedingung in der Vergangenheit nicht gegeben war und welche Folge entsprechend nicht eingetreten ist, steht im Hauptsatz das **condizionale passato** und im Nebensatz der **congiuntivo trapassato**.

Avremmo concluso tutto,	se ieri **avessimo lavorato** fino a tardi.
Se mi **fossi laureato**,	forse **avrei trovato** un lavoro migliore.
Se non **avessi studiato** tanto,	non **avrei superato** l'esame.

 In der Umgangssprache ist auch eine einfachere Konstruktion möglich, bei der sowohl im Haupt- als auch im Nebensatz der **indicativo imperfetto** steht:
Se non **studiavo** tanto, non **superavo** l'esame.

8 Il congiuntivo imperfetto dopo il condizionale

Vorrei che mi **mandaste** una conferma.
Preferiremmo che **avvertisse** il cliente subito.
Mi **farebbe piacere** se Dina **venisse** con noi.
Sarebbe bello se lo **facessi** tu.

Um eine höfliche Aufforderung oder einen behutsam formulierten Wunsch auszudrücken, kann man das Konditional verwenden. Folgt ein Nebensatz, wird in diesem der **congiuntivo imperfetto** gebraucht.

9 Le congiunzioni *prima* e *dopo*

Will man *bevor* ausdrücken, benutzt man bei Subjektgleichheit in Haupt- und Nebensatz **prima di** und einen Infinitiv, bei unterschiedlichen Subjekten **prima che** und den **congiuntivo**.

Prima di ricominciare a lavorare, mi godo gli ultimi giorni di vacanza.
Prima che i dolori **diventino** più forti, va' dal medico.

Zum Ausdruck von *nachdem* verwendet man bei gleichem Subjekt in Haupt- und Nebensatz **dopo** und den Infinitiv Perfekt. In bestimmten Wendungen kann **avere** bzw. **essere** dabei entfallen. Bei unterschiedlichen Subjekten gebraucht man **dopo che** und den Indikativ.

Dopo aver lavorato tutto il giorno al computer, mi è venuto il mal di testa.
Dopo mangiato facciamo quattro passi.
Dopo che Giulio **si è ammalato** ho dovuto occuparmi anche del suo progetto.

Italiano D.O.C.

Giocate in 2-3 persone. Chi raggiunge il numero più alto tirando il dado, inizia e svolge un compito a piacere, dopodiché ne propone un altro al compagno alla sua sinistra. Quest'ultimo lo può accettare o lo rifiuta e ne sceglie un altro. Il gioco finisce quando sono state svolte tutte le attività richieste. Vince chi raggiunge il punteggio più alto, ma attenzione: chi supera un compito scelto da sé guadagna 1 punto, chi supera il compito scelto da un compagno ne guadagna 2.

1 Tex Willer, l'eroe positivo senza paura e senza difetti che protegge la gente contro le minacce e le aggressioni dei fuorilegge, è stato creato da Gian Luigi Bonelli e Aurelio Galleppini nel 1948. È il fumetto italiano più famoso e amato e il fumetto western più diffuso al mondo.
Tra poco è il vostro compleanno. Un amico vorrebbe regalarvi un libro o una raccolta di fumetti, ma è indeciso sul genere e vi chiede quale preferite. Rispondete motivando le vostre preferenze.

2 *L'amico che ieri voleva venire al cinema con voi all'ultimo momento ha avuto un contrattempo e non è potuto venire. Oggi vi chiede com'era il film. Raccontateglielo brevemente dando anche indicazioni sugli attori ecc.*

3 Arnaldo Pomodoro (1926) è, come il fratello Giò, uno scultore italiano di fama mondiale. Le sue sculture hanno quasi sempre la forma di cubi, cilindri, coni o sfere, come la scultura Sfera con sfera (1991) sul piazzale delle Nazioni Unite a New York.
Vi piacciono le arti figurative? C'è un'opera che vi piace particolarmente? Sapreste descriverla? (Forma, materiale ecc.)

4 *Avete ordinato in Italia una macchina per il caffè, ma purtroppo vi arriva un modello diverso da quello richiesto e che non vi piace. Telefonate alla ditta per spiegare il problema.*

5 *La vostra ditta organizza i festeggiamenti per il suo cinquantennio. Quale delle seguenti proposte scegliereste e perché?*
• *uno spettacolo teatrale*
• *un concerto di musica leggera*
• *un evento sportivo*

6 Il colonnato di Piazza San Pietro è un'opera dell'architetto, scultore e pittore Gian Lorenzo Bernini (1598–1680), il maggiore esponente del barocco romano. Tra le sue opere più famose troviamo Apollo e Dafne e la Fontana dei Quattro Fiumi a Piazza Navona.
C'è un/un'artista che apprezzate particolarmente? Cosa potreste raccontare di lui/lei?

7 Ennio Morricone (*1928) è diventato celebre come compositore per le sue colonne sonore cinematografiche. Molto conosciute sono quelle dei film di Sergio Leone.
Quali generi di musica, film o letteratura vi piacciono maggiormente? A quali eventi culturali vi piace partecipare, che cosa invece non vi interessa tanto?

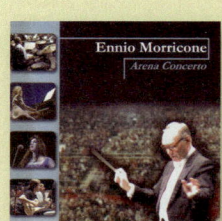

8 Marco Zanuso (1916–2001) architetto, urbanista e designer, i cui prodotti sono esposti anche al MOMA di New York, nel 1964 progettò insieme al designer tedesco Richard Sapper la radio ts 522 di Brionvega, oggetto simbolo del made in Italy degli anni '60.
Vorreste vendere un oggetto particolare del vostro arredamento. Fate una descrizione mettendone in rilievo i vantaggi.

9 *Cosa fate per mantenervi in forma, per riposarvi dopo un periodo di stress o semplicemente per stare bene?*

10 Il designer Sergio Pinin Farina è famoso in tutto il mondo per l'eleganza delle sue carrozzerie. Ha collaborato tra le altre con la Maserati, ma è anche designer di articoli sportivi e per l'ufficio.
Descrivete senza nominarlo un oggetto che si usa nel mondo dello sport.

Unità 5		
So	**So farlo bene**	**Voglio migliorare**
parlare di sport, cultura e tempo libero (8–15, 20)		
esprimere pareri o ipotesi su un fatto passato, presente o futuro (3,7,8)		
fare confronti ed esprimere un giudizio (12)		
raccontare la trama di un film (27)		
manifestare un dubbio o una convinzione (3)		
parlare di amicizie passate e presenti (20, 21, 22)		
esprimere una possibilità o un'ipotesi (28)		

Unità 6		
So	**So farlo bene**	**Voglio migliorare**
interpretare il significato di una vignetta e di una barzelletta (1)		
valutare le mie abilità al computer (3) o in altri campi (14)		
descrivere un oggetto di cui non conosco il nome (6, 8, 9)		
esprimere un'ipotesi non più realizzabile (17)		
scrivere una lettera commerciale (23, 24, 26)		
fare una telefonata per un reclamo o per avere un'informazione (27, 29)		
descrivere un disturbo fisico (30–32)		

Strategie del discorso

24-27 **1** **Ascoltate i quattro brevi dialoghi. Poi lavorate in coppia e rispondete.**

Quali dialoghi si svolgono in ambito professionale? Quali in ambito privato?
Quali sono formali? Quali informali?

24-27 **2** **Riascoltate i dialoghi e fate attenzione a quando vengono pronunciate le seguenti frasi. Poi a coppie cercate di stabilire cosa esprimono e in quali situazioni potreste usarle.**

1.	2.	3.	4.
Mi scusi il disturbo …	Volevo dirLe che …	La sai l'ultima?	Scusa, potresti …
Ma si figuri!	Mi faccia la cortesia di …	Ma dai! Non ci credo!	Cos'è successo?
Potrebbe essere così gentile da …	Aspetti un attimo.	Giuro!	Fa' vedere!
Certo, si immagini.	Mi raccomando.	Davvero?	Sta' calma, non ti agitare …
Non c'è alcun problema.	Non si preoccupi!	Figurati!	Sei un tesoro!

Come eravamo e come siamo

In questa unità impariamo a

→ collocare un avvenimento storico e politico nel tempo

→ riferire cosa ha detto una persona

→ raccontare la nostra storia personale

→ capire una poesia dialettale

→ parlare della lingua e delle sue varietà

Per cominciare

1 Osservate le foto e cercate di descrivere ciò che raffigurano. Quali dei seguenti titoli gli attribuireste?

A

B

C

☐ Manifestazione studentesca

☐ Emigrati italiani in viaggio verso le città settentrionali d'Italia o altri paesi europei

☐ Nascita della Repubblica Italiana

☐ Sbarco di immigranti extracomunitari in Italia

☐ La bandiera della pace

D

E

2 Secondo voi quale momento storico degli ultimi 30 anni è stato particolarmente importante per il vostro paese o per l'Europa?

la caduta del muro di Berlino – la nascita di nuove repubbliche – l'apertura dei confini – l'unione monetaria – l'entrata di nuovi paesi nell'Unione Europea – l'entrata dei partiti ecologisti nei governi dei paesi europei

Collocare un avvenimento storico nel tempo

3 Conoscete la storia dell'Italia dal secondo dopoguerra ad oggi? A quali date sono da attribuire i seguenti avvenimenti? Leggete e mettete una x accanto all'anno corrispondente. Poi fate un riscontro in gruppo.

1. Dopo la seconda guerra mondiale l'Italia, con un referendum, passa dalla monarchia alla repubblica.
☐ 1946 ☐ 1955

2. Esce la prima Fiat 500, l'auto che motorizza gli italiani e che diventa, insieme alla Vespa, uno dei simboli del "boom economico" italiano.
☐ 1945 ☐ 1957

3. "L'autunno caldo" segna la fine del "boom economico". Gli operai, le cui condizioni di lavoro sono spesso insoddisfacenti, scendono in piazza per ottenere maggiori diritti e cominciano una lunga serie di scioperi. Alle manifestazioni parteciperanno anche numerosi studenti.
☐ 1959 ☐ 1969

4. Con un referendum popolare viene confermata la legge sul divorzio che il parlamento italiano aveva approvato tre anni prima.
☐ 1974 ☐ 1985

5. I grossi mutamenti politici nell'Europa orientale e diversi scandali, i cui protagonisti sono uomini politici, cambiano il panorama politico italiano. Scompaiono quasi tutti i partiti esistenti e ne nascono dei nuovi. Viene varata una nuova legge elettorale e da questo momento in poi si parla di Seconda Repubblica.
☐ 1982 ☐ 1994

6. Migliaia di persone marciano pacificamente nelle strade di Roma, Milano e altre città in tutto il mondo per protestare contro la guerra in Iraq.
☐ 2003 ☐ 2006

4 Tra le foto della pagina accanto, quali potreste abbinare agli avvenimenti descritti sopra?

5 Cercate nell'attività 3 ai punti 3, 4 e 5 le espressioni corrispondenti a ...

manifestano ....
cambiamenti ....
viene ratificata ....

aveva accettato ....
spariscono ....
legge per le elezioni del parlamento ....

6 Adesso raccogliete tutte le espressioni relative al concetto di "politica".

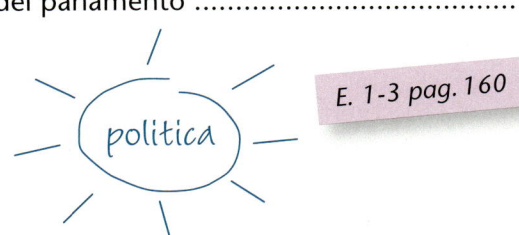

E. 1-3 pag. 160

7 Come vengono espresse nell'attività 3 le seguenti frasi?

1. Le condizioni di lavoro degli operai sono insoddisfacenti. Gli operai scendono in piazza.
   ....

2. Diversi scandali cambiano il panorama politico. I protagonisti degli scandali sono uomini politici.
   ....

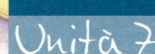
8 Completate con il pronome relativo "che" o "cui" aggiungendo, dove necessario, l'articolo o la preposizione.

La bandiera della pace .... colori riprendono quelli dell'arcobaleno, è sicuramente la più nota a livello internazionale ed è tra i simboli più amati al mondo da vari movimenti pacifisti. Nata in Italia, è stata usata per la prima volta da Aldo Capitini, fondatore del Movimento Nonviolento, durante la marcia per la pace Perugia-Assisi .... prima edizione ebbe luogo nel 1961. Quest'immagine fu ispirata da simboli simili .... erano già stati utilizzati in alcune manifestazioni negli Stati Uniti e in Gran Bretagna. La bandiera più diffusa è quella con i sette colori: viola, blu, azzurro, verde, giallo, arancione e rosso, ... scritta al centro, PACE, è spesso in italiano anche all'estero. La bandiera arcobaleno ha raggiunto la massima popolarità a partire dal 2002 grazie alla campagna italiana "Pace da tutti i balconi", ... si volle protestare contro l'imminente guerra in Iraq.

9 Lavorate in gruppi. Raccogliete in ordine cronologico eventi storici, sociali e culturali del vostro paese che ritenete importanti.

E. 4-6 pag. 161

Capire una poesia dialettale

10 Vi capita di discutere in famiglia o con gli amici per motivi politici, gusti diversi o altro?

 11 Ascoltate e leggete la poesia in romanesco del poeta Trilussa. Quali idee politiche ci sono in famiglia?

> **Trilussa** (Roma, 26 ottobre 1871 – 21 dicembre 1950) era lo pseudonimo di **Carlo Alberto Salustri**, un poeta italiano del XX secolo, noto per le sue composizioni in dialetto romanesco ispirate alla vita borghese della Roma del suo tempo.

12 Quali avvenimenti storici erano in corso nel periodo in cui fu scritta la poesia?

13 Leggete le frasi e indicate con una x le affermazioni corrette.

1. Ludovico è il maggiore dei fratelli. ☐

2. La cena viene preparata dalla madre. ☐

3. Il padre è una persona molto religiosa. ☐

4. Discutendo di politica dimenticano spesso di mangiare. ☐

5. Dopo i litigi sulla politica tutta la famiglia si unisce per cenare insieme. ☐

La politica (1915)

Ner modo de pensà c'è un gran divario:
mi' padre è democratico cristiano,
e, siccome è impiegato ar Vaticano,
tutte le sere recita er rosario;

de tre fratelli, Giggi ch'er più anziano
è socialista rivoluzzionario;
io invece so' monarchico, ar contrario
de Ludovico ch'è repubbricano.

Prima de cena liticamo spesso
pe' via de 'sti principî benedetti:
chi vò qua, chi vò là ... Pare un congresso!

Famo l'ira de Dio! Ma appena mamma
ce dice che so' cotti li spaghetti
semo tutti d'accordo ner programma.

Da: *Tutte le poesie di Trilussa*, Mondadori 1951

14 Rileggete la poesia e sottolineate le frasi corrispondenti alle seguenti.

1. nel modo di pensare c'è una grande differenza
2. a causa di questi principi benedetti
3. siamo tutti d'accordo

4. chi vuole questo, chi vuole quello
5. prima di cena litighiamo spesso
6. facciamo un gran rumore

Ora rileggete la poesia e cercate altre parole in dialetto. Quale potrebbe essere il significato in italiano?

15 Girando per le strade di Roma potete sentire ancora oggi queste espressioni dialettali. Nella vostra città si parla ancora il dialetto? E voi lo parlate? Con chi? In quali occasioni?

Discutere di cambiamenti della lingua

16 La lingua si trasforma continuamente. Quali fattori la influenzano maggiormente? Discutete in piccoli gruppi.

17 Leggete questi titoli di giornali. Quali termini stranieri riconoscete? Vengono usati anche nella vostra lingua?

Ancora rivolta nella Chinatown milanese

Dall'abbigliamento allo zapping. Di cosa parlano gli italiani sul web

Manifestazione no-global il giorno dopo: come se non fosse successo niente

Arriva l'autunno: ci si incontra di nuovo per il brunch

Spuntino etnico: va di moda il kebab

A Google sono bastati 10 anni per rivoluzionare Internet

Clamoroso crash alla borsa di Shangai

29 **18** Ascoltate questa conversazione in famiglia. Quali parole straniere riconoscete?

29 **19** Riascoltate e indicate con una x le affermazioni corrette.

1. Armando vuole accompagnare sua figlia	☐ ad una riunione.	☐ al treno.
2. Chiara	☐ è già pronta.	☐ sta ancora cercando qualcosa.
3. Chiara sarà di nuovo a casa	☐ domenica sera.	☐ la sera stessa.
4. Armando non capisce	☐ l'inglese.	☐ delle parole che usa sua figlia.
5. La figlia dice che anche il padre	☐ usa termini stranieri.	☐ dovrebbe imparare l'inglese.

20 **Ora leggete il dialogo.**

- ● Chiara, se vuoi che ti accompagni alla stazione, muoviti perché sono già in ritardo.
- ○ Aspetta papà, non trovo la mia bandana.
- ● Che cosa?!
- ○ La bandana!
- ● E che diavolo di roba è?
- ○ Ma è quella specie di fazzoletto blu che ho sempre in testa.
- ● E allora spiegati meglio! L'ho visto sul divano. Bandana! E perché non si chiama più fazzoletto?
- ○ Perché non è un fazzoletto, è una bandana!
- ✦ Chiara, domenica a che ora tornate? Sarai qui per cena?
- ○ Non lo so, mamma. Dipende da quando finisce il meeting. Non mi aspettate, magari prendo un kebab con gli altri.
- ● Il meeting, un kebab? Ma come parla questa ragazza?! Uno per capire deve avere un dizionario. Come la tua amica ieri sera quando è andata via, cos'è che ti ha detto?
- ○ Buon weeky!
- ● Ecco, sì buon weeky. Si può sapere cosa vuol dire buon weeky?
- ✦ Eh, ma Armando, sei proprio fuori dal mondo! Lo so perfino io, vuol dire buon week end, buon fine settimana.
- ● E allora perché non si dice buon fine settimana? Perché uno deve usare sempre tutte queste parole straniere? Ma a scuola non vi dicono niente?
- ○ Papà, forse tu non te ne rendi conto ma è sempre stato così, chissà quante parole straniere usi tutti i giorni senza farci più caso.
- ● Certo, ma uso quelle che non esistono in italiano.
- ○ Non è vero. Ti ho sentito una volta al telefono che dicevi a un tuo collega: "Ma sai che ho avuto un blackout totale? Non ricordavo più la password".
- ✦ Guardate che a forza di discutere Chiara perde il treno!

21 **Rileggete il dialogo. Quali delle espressioni sottostanti potreste usare se ...**

1. desiderate ancora chiarimenti?   **2.** siete d'accordo, ma solo in parte?   **3.** volete contraddire?

☐ Si può sapere cosa vuol dire?	☐ Non è vero.	☐ E allora spiegati meglio …
☐ Certo, ma …	☐ Perché uno deve usare …?	☐ Cos'è che ti ha detto?

22 **Voi condividete l'opinione del padre o quella della figlia? Anche voi usate delle parole straniere parlando nella vostra lingua? Quando?**

23 **Rileggete le seguenti frasi e dite in quale altro modo si potrebbero esprimere.**

Perché uno deve usare sempre tutte queste parole straniere?
Uno per capire deve avere un dizionario.

👁 **OSSERVATE!**

Arriva l'autunno: ci si incontra di nuovo per il brunch.	**Che cosa notate in questa frase nell'uso della forma impersonale?**

E. 8-9 pag. 162

24 **Secondo voi le parole straniere arricchiscono o impoveriscono una lingua? Raccogliete argomenti pro o contro il loro uso.**

Riferire cosa ha detto una persona

25 L'autore del seguente brano fa parte della comunità Arbëresh, la comunità di origine albanese presente in Sicilia e nel Sud d'Italia da alcuni secoli. Leggete il testo. Perché la madre e la figlia hanno un diverbio? Dove potrebbe essere il padre e perché?

Un giorno, a pranzo, ci aveva letto con due lacrime ferme agli angoli degli occhi la lettera striminzita di papà, piena di "io sto bene e così spero di voi", "non vedo l'ora che passa questo tempo di lontananza e torno[1] a riabbracciarvi a Natale", "vi penso sempre pure al lavoro e pure la notte"; ma poi, quando la mamma aveva cominciato a snocciolare i sacrifici che papà faceva per la famiglia, soprattutto per noi figli, Elisa l'aveva fulminata con uno sguardo tra commiserazione e disprezzo e aveva detto decisa: "Io non mi sposerò mai, ma se mi sposo, mio marito non lo lascio andare via, nemmeno se mi ammazza di legnate: deve stare con me e i nostri figli".

Guardai mia madre: sembrava stordita, forse più per lo sguardo di Elisa che per le sue parole. Infine parlò con una voce incerta, spezzata dai rimorsi: "Cosa pensi, che non ci ho provato in mille maniere a farlo restare? Chiedilo a tuo padre se a me non credi. Solo che lui, i shkreti[2], cosa poteva fare? È stato costretto a partire, con l'intenzione di accucchiare[3] qualche soldo per il futuro vostro ... tu che sei grande dovresti saperlo".

"Certo che lo so. Ma se mio marito sarà costretto a partire, partiamo tutti insieme: non uno qui e uno là, col rischio di diventare estranei."

Da: *La festa del ritorno* di Carmine Abate, Mondadori, 2004

[1] espressione dialettale, in italiano: non vedo l'ora che passi ... e di tornare a ...
[2] albanese per: poveretto
[3] espressione dialettale: mettere da parte, risparmiare

26 Segnate con una x quali affermazioni sono esatte.

1. La figlia non apprezza quello che dice la madre. ☐
2. La figlia guarda la madre con tenerezza. ☐
3. La madre non capisce perché la figlia la guardi in quel modo. ☐
4. La madre cerca di giustificare la scelta del padre. ☐
5. La figlia dice che con la lontananza due persone diventano come due sconosciuti. ☐

27 Abbinate le espressioni alle spiegazioni corrispondenti.

1. striminzita
2. snocciolare
3. i sacrifici
4. fulminare con uno sguardo
5. con disprezzo
6. ammazzare
7. stordita
8. i rimorsi

a elencare
b brevissima
c senza rispetto
d le fatiche e le rinunce
e guardare male qualcuno
f i sensi di colpa
g uccidere
h confusa

28 Lavorate in coppia. Quali potrebbero essere i rimorsi della madre? Quali le riflessioni del figlio minore sulla situazione? Scrivete alcune frasi.

Forse saremmo dovuti partire tutti insieme.

...

OSSERVATE!

Il padre aveva scritto che	stava bene.
Elisa aveva detto che	non si sarebbe mai sposata.
La mamma le aveva risposto che	suo padre era stato costretto a partire.

In quale frase si esprime uno stato di contemporaneità, in quale un'intenzione futura e in quale un'azione passata rispetto alla frase principale?

29 Leggete le seguenti frasi. Poi cercate nel testo al punto 25 quelle corrispondenti nella forma del discorso diretto e trascrivetele nelle righe apposite.

1. La mamma ci aveva letto la lettera in cui il papà diceva che stava bene e così sperava di noi e che ci pensava sempre.
2. La madre disse ad Elisa che ci aveva provato in mille maniere a farlo restare.
3. Le disse di chiederlo a suo padre se a lei non credeva.
4. Le chiese che cosa avrebbe potuto fare suo padre.
5. Elisa rispose che lo sapeva, ma se suo marito fosse stato costretto a partire, sarebbero partiti tutti insieme.

....
....
....
....
....
....
....
....
....
....

Ora sottolineate nelle frasi tutte le parti che sono cambiate.

30 Ecco i pensieri del padre al momento del suo arrivo in Francia, negli anni Sessanta. Volgeteli al discorso indiretto.

La vita qui è dura. Non capisco la lingua e mi sento molto solo.

Manderò il mio stipendio ogni mese alla mia famiglia. Io non avrò bisogno di tanto denaro.

Quando avrò trovato una casa, la mia famiglia mi raggiungerà.

Voglio che i miei figli abbiano un futuro migliore.

In fondo questa è stata la scelta giusta.

1 albanese
2 catalano
3 croato
4 lingua francofona
5 franco provenzale
6 friulano
7 lingua tedesca
8 greco
9 ladino
10 occitano
11 sloveno
12 sardo

Esempio: Il padre pensava che avrebbe mandato il suo stipendio . . .

31 In Italia oltre agli albanesi ci sono altre minoranze linguistiche. Guardate la cartina. In quali regioni vengono parlate le altre lingue?

E. 11-16 pagg. 163-165

Ascolto

32 Ascoltate Matteo, Alina ed Enzo che parlano della loro regione e cercate le loro città d'origine sulla cartina stampata della copertina interna. Poi riascoltate e annotate cosa dicono su …

	geografia	paesaggio	storia/arte	tradizioni	cucina
Matteo					
Alina					
Enzo					

Riferire una storia come testimonianza di un'epoca

33 Lavorate in coppia. Voi o qualcuno della vostra famiglia ha mai vissuto o è emigrato in un paese straniero? Raccontate.

34 Leggete il seguente testo e prendete nota degli aspetti positivi e di quelli negativi della vita di Naiaga.

Il mondo dei piedi freddi

"Ogni tanto ho nostalgia di quella casa. Un giorno sono salito in macchina e sono andato a vederla: fuori è rimasta la stessa di quando sono arrivato io, ma dentro l'hanno un po' sistemata".

La casa di cui parla Naiaga è un vecchio casolare fuori Manzano. È immerso in un boschetto di alti pioppi circondato da campi e in lontananza si scorgono le colline coperte di vigneti. Stranamente, le sagome delle fabbriche di sedie che segnano il paesaggio di questo paese di settemila abitanti a quindici chilometri da Udine, si intravedono appena.

Detto così sembra un posto da cartolina, perfetto per un agriturismo esclusivo, in realtà è un luogo disabitato da almeno quarant'anni. Quando Naiaga e alcuni suoi connazionali senegalesi vi entrarono, nella primavera del 1990, non c'era acqua corrente né elettricità. Mancavano anche le finestre. I cinque ragazzi giunti dall'Africa avevano trovato lavoro in alcune fabbriche della zona ma una casa in affitto per loro non c'era. Così, col permesso del proprietario, vennero "lasciati" alloggiare nel casolare abbandonato. Almeno avevano un tetto. Ma poco o nulla più di quello.

Oggi Naiaga abita con la moglie e i tre figli in un condominio di ex case popolari: ha comprato con un mutuo ventennale un appartamento all'ultimo piano. Quel casolare in cui ha vissuto per quattro anni gli è rimasto tuttavia nel cuore. Gli ricorda le difficoltà a cui è andato incontro per farsi una vita in una delle zone più ricche e produttive del Nord-Est italiano. Nel momento in cui si paventò la possibilità di abitare nel casolare, da alcuni mesi lui e altri quattro connazionali facevano i pendolari tra Trieste, dove dormivano in un albergo vicino alla stazione, e Manzano. […]

"Dopo due mesi avevo finito i soldi, tra albergo, treno e mangiare non mi rimaneva niente in tasca".

Decisero tutti assieme che dovevano trovare una casa a Manzano. Ma se per trovare un lavoro ci avevano messo due giorni, per una casa in affitto la ricerca sembrava molto più difficile. Dopo le prime risposte negative chiesero "al padrone" se potevano dormire in fabbrica, sul pavimento, "spostando le pedane", ma questi rispose che non era possibile, era fuori legge. Andarono con lui in Comune, senza trovare una soluzione, e pure dal parroco, che non aveva posto. […]

Il suo cammino di emigrante è per un tratto simile a quello di tanti altri per poi divaricarsi e assumere delle caratteristiche originali. Ha un primato che nessuno gli ha ancora riconosciuto e che lui, d'altra parte, non ci tiene a segnalare: è il primo imprenditore africano nell'industria delle sedie. Guida, in società con un friulano, un'azienda con cinque dipendenti che segue le fasi iniziali della filiera produttiva del Triangolo[1]. Quando lo conobbi, nel 2000, aveva da poco cominciato quest'avventura e mi colpì per la determinazione con la quale perseguiva il suo obiettivo di "mettersi in proprio".

Da: *La mia casa è dove sono felice* di Max Mauro, Kappa Vu, Udine, 2005

[1]Triangolo della Sedia: zona che comprende tre comuni udinesi e in cui si realizza l'80% della produzione italiana delle sedie.

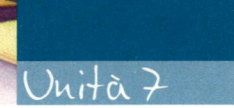

35 Riordinate le frasi cronologicamente.

☐ Naiaga abita con la famiglia in un appartamento di sua proprietà.
☐ Naiaga e i suoi compagni chiedono al proprietario della fabbrica se possono dormire lì.
☐ Con cinque altri ragazzi africani trova lavoro in una fabbrica del Nord-Est d'Italia.
☐ Domandano in comune e al prete ma non ricevono aiuto neanche da questi.
☐ Dormono in un albergo e per andare al lavoro fanno i pendolari.
☐ Insieme ad un socio diventa titolare di un'azienda.
☐ Va ad abitare insieme ad altri senegalesi in una casa senza finestre, né acqua né corrente.

36 Rileggete il testo e raccogliete tutte le parole relative ai termini: casa – ambiente – paesaggio

37 Rileggete il brano da "Quando Naiaga e alcuni ..." fino a "... stazione, e Manzano". Sottolineate le forme del passato prossimo e del passato remoto e cercate di spiegare la differenza nell'uso.

38 Lavorate in gruppi e discutete. Nella vostra zona vivono molte persone provenienti da paesi europei o extraeuropei? Quali sono le loro possibilità di lavoro e di integrazione?

E. 17-19 pagg. 166-167

Guardiamo da vicino!

39 A chi e a cosa pensate quando sentite la parola "cantautore"? C'è un cantautore italiano che vi piace particolarmente? Perché?

40 Leggete le strofe di alcune canzoni e dite quale parla di ...

a una situazione che costringe l'individuo ad isolarsi.
b chi cerca la felicità malgrado una realtà difficile.

c inquinamento e degrado della società.
d chi cerca un modo di vivere senza regole.

31 Ora ascoltate la canzone di Jovanotti.

Giorgia, Mal Di Terra (2007)
*Benvenuti in questa età
dove tutto è lecito
e la terra supplica pietà
al nostro sguardo gelido ...*

*Mi ricordo il mare era trasparente
e mi ricordo bene che non mancava niente
e mi ricordo che bastava alzare il viso
per un sorriso.
Soldi-Potere-Plastica-Rumore*

Vasco Rossi, Vita spericolata (1983)
*Voglio una vita maleducata
Di quelle vite fatte fatte così
Voglio una vita che se ne frega
Che se ne frega
Che se ne frega di tutto sì
Voglio una vita che non è mai tardi
Di quelle che non dormi mai
Voglio una vita, di quelle che non si sa mai.*

Jovanotti, Ragazzo fortunato (1992)
*Se io potessi sarei sempre in vacanza
se io fossi capace scriverei il cielo in una stanza
ma se devo dirla tutta
qui non è il paradiso
ma all'inferno delle verità
io mento col sorriso
problemi zero problemi a non finire
un giorno sembra l'ultimo
un altro è da impazzire.*

Lucio Dalla, L'anno che verrà (1979)
*Si esce poco la sera compreso quando è festa
e c'è chi ha messo dei sacchi di sabbia vicino alla finestra,
e si sta senza parlare per intere settimane,
e a quelli che hanno niente da dire
del tempo ne rimane.
Ma la televisione ha detto che il nuovo anno
porterà una trasformazione
e tutti quanti stiamo già aspettando.*

ALLA SCOPERTA DELL'ITALIA

41 Lavorate in piccoli gruppi. Cosa ricordate delle vostre vacanze da bambini?

42 L'autore del seguente brano ricorda le vacanze che da bambino trascorreva con la famiglia al mare in Toscana. Lavorate in gruppi e date un titolo ad ogni paragrafo.

Forte dei Marmi, in questi anni, era una nota località balneare – mi sembra si dicesse così – e aveva ambizioni mondane (la Sardegna era ancora terra di inglesi, artisti e zanzare; la Romagna veniva considerata un ripiego). Le decappottabili passavano trasportando i primi yuppie della storia d'Italia – i bulli degli anni Cinquanta, che avevano finito l'apprendistato – e ragazze di una certa età (diciott'anni, come minimo), con i denti bianchi e la fascia nei capelli. C'erano, a poca distanza, la Bussola e la Capannina: le tate andavano con noi bambini a vedere le prove al pomeriggio; sognando di tornarvi, senza bambini, la sera. Leggo in un libro sugli anni Sessanta (*La grande illusione*, di Marta Boneschi) che "in quei mesi si apriva un nuovo capitolo della scostumatezza: le ragazze ballavano in stivaletti col tacco e minigonna – cosce e glutei al vento della Versilia – oppure in minishort e piedi nudi, copiando Francoise Hardy e Sandie Shaw".

Tutto questo, devo dire, era per noi irrilevante. Per un bambino padano la notte in Versilia non esisteva: dormivamo. C'era solo la sera: passeggiata, un minigolf di rigore euclideo, il blu irreale del ghiacciolo, la sobrietà del gelato. Noi eravamo la generazione dei sei/otto gusti, figli della generazione due/tre gusti, futuri padri della generazione quaranta/cinquanta gusti. La scelta avveniva scrutando l'interno di malinconici cilindri industriali, da cui il barista estraeva una o più palline; il gelato si chiamava "sfuso" o "sciolto" (nomi disastrosi, se ci pensate: è come proporre latte acido o frutta marcia). A limone, fragola, crema e cioccolato si aggiungevano talvolta sostanze esotiche come stracciatella o torroncino; scegliere albicocca veniva giudicato un indizio débauche. Ricordo la mia perplessità quando ho visto per la prima volta il gusto malaga (con le uvette): pensavo che la crema fosse stata invasa da insetti obesi.

Con il cono gelato in mano, talvolta venivamo condotti – trattamento speciale, preceduto da promesse e fantasie – a guidare un calesse tirato da un somarello, sul quale prendeva posto tutta la famiglia. [...]

L'universo diurno era ancora più limitato: non superava il chilometro quadrato. C'erano passeggiate sotto cappellini rotondi di cotone, stile Braccio di Ferro (oppure berretti blu con le ancorine alla Jean Gabin); costumi di lana e di spugna che salivano oltre l'ombelico, tirando sull'inguine; accappatoi decorati con motivi cinesi; sandali di cuoio blu, con due buchi a forma di fagiolo in coincidenza delle dita. Non contenti di conciarci così, i genitori, approfittando dei capelli bagnati e della nostra indolenza estiva, ci pettinavano, e poi ci fotografavano. Noi possedevamo una Leica con esposimetro, che ci costringeva a interminabili attese sotto il sole. [...] C'erano anche le cineprese (col manico), che venivano tenute in una borsa di plastica e usate con parsimonia. Un padre degli anni Sessanta girava, in un mese, quello che un padre degli anni Novanta gira in tre ore. E il primo, se ci pensate, aveva più bambini da inseguire.

Da: *Italiani si diventa* di Beppe Severgnini, Rizzoli 1998

Vocabolario:
zanzare *insetti che pungono*
decappottabili *macchine cabriolet*
bulli *ragazzi arroganti e un po' macho*
Bussola e Capannina *due locali notturni molto famosi in tutt'Italia negli anni '60 e '70*
tate *baby sitter*

scostumatezza *maleducazione o mancanza di moralità*
ghiacciolo *gelato a base di acqua ghiacciata e sciroppo*
calesse *carrozza con due ruote*
somarello *animale simile al cavallo ma più piccolo e con lunghe orecchie*
Braccio di Ferro *personaggio dei fumetti che acquista forza mangiando spinaci*

ombelico *punto centrale della pancia*
accappatoio *indumento per asciugarsi dopo il bagno*
conciare *qui: vestire in modo strano*
cinepresa *apparecchio per girare un film*

43 Lavorate in coppia e raccogliete le informazioni. Cosa racconta l'autore dei giovani degli anni '60? Cosa racconta invece dei bambini? In che parte del racconto paragona mode e abitudini degli anni '60 con quelle dei giorni nostri?

44 Lavorate in gruppi. Quali sono state le caratteristiche dell'età della vostra infanzia? Quali i miti, quali le mode, quali i cibi preferiti? Fate una breve descrizione scritta. Se appartenete a generazioni differenti, raggruppate le informazioni per generazione.

GRAMMATICA

1 Il pronome relativo *il cui*

L'Abruzzo, **il cui** monte più alto è il Gran Sasso, è una regione bellissima.
Ho sentito tante volte quella canzone **la cui** melodia è molto semplice.
Il libro, **i cui** autori sono immigranti, parla anche della situazione in Italia.
Il film, **le cui** immagini presentano un mondo ignoto, è straordinario.

Dessen/deren wird mit dem bestimmten Artikel und dem Relativpronomen **cui** ausgedrückt.

2 L'uso dell'ausiliare *essere* nel passato prossimo di alcuni verbi

E. 7 pag. 161

Sono bastati pochi anni per far cambiare l'Europa.
Non **è valsa** la pena di fare una riunione di tre ore.
Questi libri non **sono costati** tanto.
Non **sono** mai **esistite** condizioni migliori.

Unpersönliche und eine Reihe weiterer Verben bilden das **passato prossimo** mit **essere**. Dies gilt auch für **piacere, dispiacere, servire** und **sopravvivere**.

3 Il soggetto indefinito *uno*

Per trovare lavoro **uno** deve saper parlare l'inglese.
Uno per capire deve prima ascoltare.

In der Umgangssprache wird ein unpersönlicher Satz häufig mit **uno** als Subjekt gebildet.

4 Il congiuntivo imperfetto o trapassato dopo *come se*

E. 10 pag. 163

Questo ragazzo parla **come se** non **sapesse** l'italiano.
Il mio collega si è comportato **come se** non **avessimo** mai **discusso** di quel problema.

Auf die Konjunktion **come se** (*als wenn/ als ob*) folgt der **congiuntivo imperfetto** bzw. **trapassato**.

5 Il discorso indiretto II

Wird die indirekte Rede von einem Verb der Vergangenheit eingeleitet, ist neben den Ihnen bereits bekannten Änderungen (vgl. auch S. 31) Folgendes zu beachten:

discorso diretto	discorso indiretto
Maria **ha detto/disse/diceva**:	Maria **ha detto/disse/diceva** …
"Beppe **tornerà** per Natale."	… che Beppe **sarebbe tornato** per Natale.
"Mio marito mi **manca** tanto."	… che le **mancava** tanto suo marito.
"Non **ha** ancora **imparato** il francese."	… che lui non **aveva** ancora **imparato** il francese.
"Qui non **c'era** lavoro."	… che lì non **c'era** lavoro.
"**Era stato** disoccupato per troppo tempo."	… che **era stato** disoccupato per troppo tempo.
"**Preferirei** partire domani."	… che **avrebbe preferito** partire il giorno dopo.
"**Avrei preferito** parlarne prima."	… che **avrebbe preferito** parlarne prima.
"**Chiedilo** a Beppe!"	… **di chiederlo**/che lo **chiedesse** a Beppe.

Es ergeben sich also folgende Änderungen in Tempus und Modus:

discorso diretto	discorso indiretto
indicativo presente	→ indicativo imperfetto
passato prossimo	→ trapassato prossimo
futuro semplice	→ condizionale passato
condizionale presente	→ condizionale passato
imperativo	→ infinito o congiuntivo imperfetto

Imperfetto, trapassato prossimo und **condizionale passato** erfahren keine Änderung.

In der indirekten Frage wird aus dem Präsens der direkten Frage **indicativo** bzw. **congiuntivo imperfetto**, aus dem **passato prossimo** wird **indicativo** bzw. **congiuntivo trapassato**.

Luisa **ha chiesto/chiese/chiedeva** a Maria: "**Prendi** la macchina stasera?" "Tuo marito cosa **ha scritto**?"	Luisa **ha chiesto/chiese/chiedeva** a Maria … se **prendeva/prendesse** la macchina. … che cosa **aveva/avesse scritto** suo marito.

Zudem verändern sich in der indirekten Rede zeitliche und örtliche Angaben aus der direkten Rede:
"**Domani** guarderò **questo** film". → Piero disse che **il giorno dopo** avrebbe guardato **quel** film.

qui/qua	→ lì/là	**questo/a** etc.	→ quel, quella etc.
oggi	→ quel giorno/il giorno stesso	**quest'anno**	→ quell'anno
ieri	→ il giorno prima/precedente	**fra due giorni/mesi/anni**	→ due giorni/… dopo
domani	→ il giorno dopo/seguente	**due giorni/mesi/anni fa**	→ due giorni/… prima

6 L'uso del *passato prossimo* e del *passato remoto*

Nel 1990 Ines **venne** in Italia e **iniziò** a lavorare come badante. Un anno fa **si è messa** in proprio come estetista.

Werden **passato prossimo** und **passato remoto** nebeneinander verwendet, schildert das **passato remoto** weit in der Vergangenheit zurückliegende Handlungen und Ereignisse, die als vollkommen abgeschlossen empfunden werden, das **passato prossimo** hingegen solche, die in jüngerer Vergangenheit geschehen sind und noch auf die Gegenwart wirken.

7 La posizione dell'aggettivo

E. 19 pag. 167

una macchina **nera** un ragazzo **francese** un libro **affascinante** una zona **industriale** una storia **lunga** e **triste**
una **grande** casa una casa **grande** una casa **molto grande**
molta gente la **prima** volta **alcune** fabbriche

Adjektive stehen meist nach dem Substantiv, insbesondere Unterscheidungsmerkmale (z. B. Form-, Farb-, Länder- und Ortsbezeichnungen) und von Substantiven oder Partizipien abgeleitete Adjektive, besonders lange Adjektive oder mehrere Adjektive, die sich auf ein Substantiv beziehen.

Häufig gebrauchte Adjektive (z. B. auch **bello, buono, piccolo, bravo**) werden vorangestellt, wenn sie nicht betont werden, aber nachgestellt, wenn sie betont werden sollen oder durch ein Adverb ergänzt werden.

Molto, poco, tutto, mezzo, Ordnungszahlen und die meisten indefiniten Adjektive werden vorangestellt.

 Bisweilen können sich durch Vor- oder Nachstellung verschiedene Bedeutungen ergeben: **un povero ragazzo** (*bemitleidenswert*) ↔ **un ragazzo povero** (*mittellos*)

Ma tu ci credi?

In questa unità impariamo a

→ raccontare di un viaggio insolito

→ parlare di credenze e di fatti reali e irreali

→ parlare di una festa o di una tradizione

→ interpretare una scena teatrale

→ scrivere una storia

Per cominciare

1 Osservate le foto. Cosa rappresentano? A cosa vi fanno pensare?

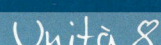
2 Quali delle seguenti cose avete già fatto? Quali no? Quali vorreste eventualmente fare?
Mettete una crocetta.

	non l'ho mai fatto	l'ho già fatto	lo vorrei fare
– fare giochi al computer	☐	☐	☐
– fare viaggi virtuali al computer	☐	☐	☐
– farsi leggere le carte/farsi fare l'oroscopo	☐	☐	☐
– guardare i film di fantascienza	☐	☐	☐
– travestirsi e assumere il ruolo di un personaggio	☐	☐	☐

3 Ora confrontate le vostre esperienze con quelle di un compagno e raccontate quando, perché e in quali circostanze le avete fatte o vorreste farle.

> *Non l'ho mai fatto perché . . .*
> *Mi piacerebbe farlo almeno una volta perché . . .*

> *L'ho già fatto; (non) mi piace perché . . .*

E. 1-2 pag. 168

Raccontare di un viaggio insolito

4 Lavorate in coppia. Vi è mai capitato di inventare un gioco da soli o in compagnia per vincere la noia? Raccontate.

5 Leggete il seguente brano. Chi è, secondo voi, la persona che racconta?
Cosa trovano di divertente nel gioco inventato le due persone?

Per distrarci, Claudia ed io abbiamo giocato a "Purtroppo" col navigatore satellitare: abbiamo impostato come destinazione l'indirizzo della scuola, quindi abbiamo sistematicamente disubbidito agli ordini della voce femminile – fredda, perentoria, e parecchio antipatica – che ci indica il tragitto più breve: "Svolta a destra ORA!", diceva la voce, ma io le rispondevo "Purtroppo non mi va", e tiravo dritto, il navigatore si confondeva, si metteva a ricalcolare il tragitto per la nostra destinazione, e Claudia rideva. Poi, quando lo aveva reimpostato, la voce femminile riattaccava: "Fra cento metri svolta a sinistra"; io replicavo "Purtroppo sarà difficile"; la voce insisteva, "Svolta a sinistra ORA!" ed era Claudia, mentre io invece svoltavo a destra, a dire al navigatore "Purtroppo abbiamo svoltato a destra"; di nuovo il navigatore andava in confusione, e ricalcolava daccapo la rotta, e noi ridevamo. Perché in effetti c'è qualcosa di veramente comico nel contrasto tra la perentorietà di quegli ordini e la remissività ovina con cui, dopo che gli ordini sono stati trasgrediti, il computer si mette a ricalcolare la rotta senza protestare: una specie di ottusa pazienza digitale che rende automaticamente ridicola la voce intransigente che spara i propri ordini; la disperata comicità delle macchine, col loro cieco ripetere, sempre, per sempre, le stesse cose, senza alternative e senz'altra salvezza possibile che rompersi.

Da: *Caos calmo* di Sandro Veronesi, Bompiani 2007

6 Cercate nel testo le parole relative a:

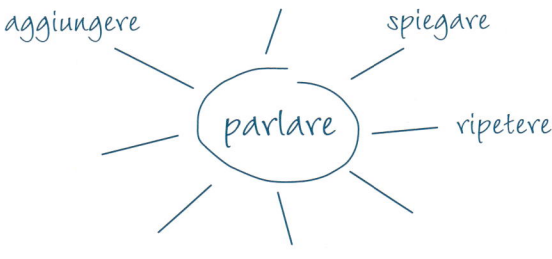

7 Rileggete il testo e indicate con una x il significato corrispondente alle espressioni numerate.

1. impostare come destinazione	☐ stabilire come meta	☐ interpretare come destino
2. indicare il tragitto	☐ fare un giro	☐ segnalare il percorso
3. una voce perentoria	☐ una voce dal tono deciso	☐ una voce dal tono incerto
4. confondersi	☐ fare confusione con le cose	☐ fare confusione e rumore
5. trasgredire un ordine	☐ rispettare una regola	☐ non osservare un comando
6. riattaccare	☐ reagire in modo aggressivo	☐ ricominciare
7. ricalcolare la rotta	☐ indicare nuovamente il tragitto	☐ avere di nuovo un guasto

8 Abbinate le frasi di sinistra a quelle di destra secondo il senso dato dal testo.

1. Claudia e il papà avevano impostato l'indirizzo della scuola
2. La voce femminile del navigatore sembrava
3. Claudia e il papà si divertivano
4. Il padre di Claudia trovava buffo
5. Le macchine seguono sempre lo stesso procedimento

a che il navigatore desse degli ordini e poi accettasse di cambiare rotta.
b a rispondere che purtroppo non potevano seguire le indicazioni.
c e non sono libere di scegliere un'alternativa.
d dare degli ordini.
e ma non seguivano le indicazioni del navigatore satellitare.

9 Lavorate in piccoli gruppi. Cosa ne pensate del navigatore satellitare? Quali sono i vantaggi? Quali gli svantaggi? Quando dovete fare un lungo viaggio come vi organizzate e di quali mezzi vi servite per renderlo più agevole?

E. 4-5 pag. 169

10 Leggete i seguenti titoli: c'è un tipo di viaggio che potrebbe interessarvi? Quale invece non fareste mai? Perché?

Ecco come si salta nel passato

Un fisico italiano ha costruito un modello teorico di macchina del tempo. Che sarà vagliato dal satellite Glast della Nasa

Quattro passi nello spazio, ora si può
Nasce la vacanza tra le stelle

Nuovo pacchetto turistico: hotel e visite guidate a 400 km dalla Terra
Con 27 milioni di euro, 16 giorni nella stazione spaziale internazionale

Viaggio virtuale nella Roma antica

Sarà possibile rivivere in 3D i luoghi e le atmosfere della Capitale all'epoca dell'imperatore Costantino, grazie al progetto Rewind Rome

Via Francigena: sulle orme dei pellegrini in cammino verso Roma

Un viaggio a piedi da Losanna a Lucca
Affidatevi ai vostri piedi!

IL PARCO DELLA PREISTORIA

Rivolta d'Adda – Un tuffo nel passato per "vedere" i dinosauri e scoprire come erano i nostri antenati

REGATA STORICA

4 Settembre – Venezia "La Regata Storica" € 47,00
Viaggio in pullman G.T. – Vaporetto/Passaggio in treno – Accompagnatore

11 Lavorate in gruppi. Scegliete uno dei viaggi al punto 10 e riflettete su quello che occorre per organizzarlo e realizzarlo insieme. Cosa portate con voi? Quando partite? Quanto tempo calcolate che duri il viaggio? Quali pericoli potreste incontrare?

Esempio: *Per il viaggio virtuale nella Roma antica mi porterei qualche stuzzichino e un'aranciata.*

E. 7 pag. 170

Guardiamo da vicino!

12 Leggete il programma della festa "La Chiave di Cichino". Potrebbe interessarvi?

Quante volte è possibile vedere il corteo storico nei due giorni di festa?
Dove è possibile mangiare il menù medievale?
Quali spettacoli si possono vedere?

La Chiave di Cichino

L'antico borgo di Roncitelli, sulle colline di Senigallia, rivive in tutto il suo fascino medievale in occasione della rievocazione storica "La Chiave di Cichino", il 19 e 20 agosto. Come ai tempi del Capitano Cichino di Giunta, che nel 1335 ricevette dal Vescovo Ugolino le chiavi del Castello, Roncitelli si anima dei suoni e dei colori di un tipico borgo medievale. Mercanti, artigiani, cantastorie, maghi, trampolieri popoleranno le vie del paese, creando un'atmosfera di grande suggestione. Da segnalare anche le taverne, che proporranno veri e propri menu medievali.

Programma

Sabato 19 agosto
Dalle ore 18
    Apertura taverne e cantine
    Spettacolo di burattini "San Floriano" Jesi
ore 21
    Sfilata corteo storico
ore 21.30
    Spettacoli di teatro itinerante
    Infusio Vulgaris Mangiafuoco
ore 22.30
    Sfilata corteo storico
ore 22.45
    Spettacolo "Le avventure di Ruzzante"

Domenica 20 agosto
Dalle ore 18
    Apertura taverne e cantine
    Spettacolo Arcieri e Tamburini "San Floriano" Jesi
    PALIO DELLE CONTRADE
    S.Giovanni, Sant'Antonio, Santa Liberata
ore 19.30
    Sfilata corteo e Rievocazione Storica
ore 21.30
    Menestrelli "Timbrei" da Foligno
    Spettacoli di teatro itinerante
    Infusio Vulgaris Mangiafuoco
ore 22.00
    Premiazione palio delle contrade
ore 22.30
    Spettacolo di danza "La compagnia di Avalon"

Parlare di una festa o di una tradizione

13 Lavorate in coppia. Vi piace assistere a delle feste tradizionali, religiose o popolari? Avete mai partecipato ad una festa in una città o un paese italiano? Raccontate.

mercatino – bancarelle – giostre – giochi a premi – sfilata – anniversario – spettacolo – costumi d'epoca – gare – fuochi d'artificio

 14 Ascoltate il dialogo tra Pasquale e una sua amica. Cosa vuole fare Pasquale a Napoli?

101

15 Riascoltate il dialogo e, in piccoli gruppi, rispondete alle seguenti domande.

1. In quale epoca è vissuto San Gennaro?
2. In che cosa consiste il miracolo?
3. Perché questo miracolo è importante per i napoletani?

16 Ora leggete il dialogo e raccogliete tutte le parole che riguardano la festa, la religione e la tradizione. Poi fate un confronto in coppia.

- Allora quand'è che parti per Napoli?
  La settimana prossima?
- No, parto domani, sto via tutto il fine settimana e torno lunedì. Pensavo che tu lo sapessi.
- No, anzi. Credevo che saresti venuto con noi al concerto del 1° maggio!
- Ma non te l'ha detto Giulio? Credevo che vi foste visti la settimana scorsa e che te l'avesse detto.
- No, non lo sapevo. Peccato! Vai a trovare i tuoi?
- Sì, e stavolta vado a vedere la processione di San Gennaro. Saranno dieci anni che non la vedo.
- Eh beh, da buon napoletano non te la puoi perdere! Ma spiegami un po': in cosa consiste esattamente il miracolo di San Gennaro?
- Ma come, non lo sai? È il sangue di San Gennaro che si scioglie. Quando l'imperatore Diocleziano lo fece decapitare, una donna raccolse il suo sangue che oggi viene conservato in ampolle. Lo tengono nel duomo e una volta l'anno il sangue si scioglie.
- Davvero?
- Sì, ma non ne hai mai sentito parlare? Adesso a maggio c'è anche la processione delle statue.
- E cioè?
- E cioè una processione per le vie della città con la statua di San Gennaro e le statue d'argento di altri santi. I balconi sono tutti belli decorati. È veramente suggestiva, anche se prima era tutta un'altra cosa.
- Ma dimmi un po': si scioglie sempre il sangue?
- Beh, in genere sì. Sai, per noi napoletani è importante che si sciolga, perché è di buon augurio. Se si scioglie, sparano 21 colpi di cannone da Castel dell'Ovo. Se invece non si scioglie, sono guai …
- Perché?
- Eh, perché viene interpretato come un segno sfavorevole per la città.
- Ma dai! E tu ci credi?
- Sì, cioè, no. Insomma, che ti posso dire, molti napoletani sono devoti a San Gennaro.
- Lo so, lo so: "San Gennaro, fammi la grazia!"
- Eh, prendi in giro, tu. Ma sai, è un fatto di fede religiosa. Fa anche effetto vedere la gente che aspetta davanti al duomo e che prega in napoletano perché avvenga il miracolo.
- Eh, immagino! Ma non sarai un po' superstizioso?

17 Lavorate in gruppi. Sapete raccontare un evento storico o mitico legato alla vostra città o regione?

 OSSERVATE!

Pensavo che tu lo sapessi! Credevo che te l'avesse detto la settimana scorsa. Credevo che saresti venuto con noi il 1° maggio.	Qual è il tempo verbale della frase principale? Che differenze notate nell'uso dei tempi nelle frasi secondarie?

18 **Cosa pensano i genitori di Pasquale? Completate.**

Martedì scorso non sapevamo ancora che nostro figlio .... (venire) a trovarci dopo pochi giorni. Prima non credevamo che (lui) .... (tenerci) tanto a venire per la festa. L'ultima volta aveva visto la processione quasi dieci anni fa. Non ci sembrava che da allora .... (passare) già così tanto tempo. Davanti alla chiesa abbiamo aspettato tutti insieme che la processione .... (muoversi). Pasquale ci ha raccontato che la sua amica lo considera un po' superstizioso. Nonostante ciò, ci piacerebbe che una volta .... (venire) anche lei a vedere la festa.

19 **Leggete quanto segue e sottolineate tutte le forme verbali presenti.**

Quando Pasquale mi ha raccontato di voler vedere la processione di San Gennaro non sapevo che il santo avesse vissuto ai tempi di Diocleziano. Sapevo che era il patrono di Napoli e che era stato e continuava ad essere molto importante per la città, ma non ne conoscevo il motivo. Non sapevo infatti che il miracolo del sangue sciolto fosse un buon augurio per la città e ignoravo che il non avverarsi del miracolo avrebbe portato sfortuna nei mesi successivi.

In quale frase si esprime una certezza e quali tempi verbali seguono nelle frasi secondarie? In quali frasi si afferma che non si conosceva un fatto e quali tempi seguono nelle frasi secondarie?

20 **Lavorate in piccoli gruppi e leggete le seguenti informazioni su alcune feste. Cosa sapevate già? Cosa non sapevate? Cosa non immaginavate?**

Sapevo che il patrono di Milano era Sant'Ambrogio, ma non sapevo che fosse nato a Treviri.

E. 8-12 pagg. 170-172

Sant'Ambrogio, il patrono di Milano, nacque a Treviri nel 339.
Viene festeggiato il 7 dicembre, giorno in cui ogni anno si inaugura ufficialmente la stagione teatrale del Teatro alla Scala.

San Nicola è il patrono di Bari.
Le sue spoglie sono custodite nella cattedrale di Bari e la sua festa è il 9 maggio. A Bari e in alcune altre città il 6 dicembre San Nicola porta dei doni ai bambini.

Durante il carnevale di Ivrea, dalla metà dell'Ottocento nelle principali piazze della città si svolge la Battaglia delle Arance tra le guardie del tiranno (sui carri) e i popolani ribelli, rappresentati dalle squadre di tiratori a piedi.

Tutti conoscono il Carnevale di Venezia, ma altrettanto importante è quello di Viareggio con i suoi carri allegorici con le caricature dei personaggi della politica, della cultura e dello spettacolo. Il Carnevale di Viareggio si festeggia dal 1873.

21 Un amico italiano vuole venirvi a trovare. Vi piacerebbe fargli conoscere qualche aspetto particolare della vostra zona e gli scrivete indicandogli un periodo in cui ha luogo una festa religiosa, storica o popolare di rilievo. Spiegategli di cosa si tratta e come si svolge la festa.

Parlare di credenze e di fatti reali e irreali

22 In ogni paese ci sono oggetti, numeri o proverbi che nelle credenze popolari assumono un'importanza particolare. Sapreste indicarne qualcuno e dire quale significato gli viene attribuito?

23 Guardate le seguenti illustrazioni e lavorate in piccoli gruppi. Provate ad individuare che cosa porta fortuna o sfortuna.

La Smorfia Napoletana

La Smorfia è il libro dei sogni chiamato così a Napoli e nell'Italia del Sud. Molti sogni corrispondono ad un numero del lotto. Quindi se ad esempio si è sognata una tavola imbandita o una cena con gli amici, allora il numero corrispondente da giocare al lotto è l'82. Se invece si sono sognati i soldi, si deve giocare il 46. Sulla base di queste corrispondenze molti napoletani tentavano (e tentano ancora) di interpretare i sogni traendone indicazioni per le giocate del lotto napoletano.

E voi? Avete un portafortuna? Vi considerate superstiziosi o non lo siete per niente?

24 Da bambini abbiamo tutti creduto a qualcuno. Ecco dei personaggi importanti per i bambini italiani. Voi a chi o a che cosa credevate? Chi portava i regali? Parlatene in coppia.

Santa Lucia
Santa Lucia, Santa Lucia,
bussa alla porta di casa mia,
portami un sacco di bei balocchi:
bambole belle che chiudono gli occhi,
libri illustrati, frutta e torroni,
cioccolatini e panettoni.
Oh cara santa, come sei buona ...
Io buona sarò ...
e i tuoi doni meriterò!

VASTO ASSORTIMENTO DI BEFANE IN MOVIMENTO

E. 15-18 pagg. 173-174

Ascolto

33 **25** **Ascoltate il dialogo e rispondete.**

1. Dove si trovano le due signore?

2. Cosa vorrebbe acquistare la cliente?

3. Per chi e per quale occasione?

4. Cosa consiglia la commessa?

5. Cosa esclude la cliente e perché?

6. Cosa decide di prendere?

Interpretare una scena teatrale

26 **Lavorate in piccoli gruppi. Avete la possibilità di assistere ad una rappresentazione teatrale. Quale dei seguenti generi teatrali scegliereste e perché? Dramma (commedia o tragedia), opera, balletto, musical.**

34 **27** **Ascoltate il dialogo. Che tipo è lo zio Nicola?**

E. 21 pag. 174

28 **Ora leggete la scena. Come giudichereste la conversazione tra Berta e lo zio?**

gradevole – divertente – assurda – seria – tragicomica – chiara – incomprensibile – astrusa

Il ciambellone

Si festeggia un fidanzamento. Ad un certo punto si sente suonare il campanello, arriva un ospite inatteso, zio Nicola. È un tipo cordiale, festoso, vestito un po' alla campagnola. Porta in regalo un ciambellone, un dolce fatto in casa. Berta, la madre del fidanzato, è curiosa di conoscere meglio il nuovo ospite.

Berta (allo zio, esaminandolo con l'occhialino) E così, eh, lei s'è stabilito in campagna?

Zio Ah sì, francamente la campagna è una gran cosa.

Berta Io però preferisco il mare. In fondo, il mare …

Zio Ma, vede, il mare … lei forse non ha bambini …

Berta Non ho che questo.

Zio Me lo immaginavo. Sa, per chi ha bambini, la campagna è una gran cosa.

Berta Lo capisco. Ma, le dirò; il mare è come dire?, è un'altra cosa.

Zio Non dico di no, non dico di no. Ma sa …

Berta E lei ha figlioli?

Zio Cinque.

Berta Di che età?

Zio Il più piccolo ha sessant'anni.

Berta A quell'età sono così carini. E li tiene sempre in campagna?

Zio Sempre. È un piacere vederli ruzzare sui prati, rincorrersi, giocare.

Berta Lei è in città per un breve soggiorno?

Zio Potrei dire di sì …

Berta Benissimo.

Zio … ma non lo dico.

Berta Forse ha delle proprietà in campagna?

Zio Una casetta. Oh, non è un gran che intendiamoci. Una cosa da nulla. Una piccola casa. Piccolissima. Quasi non si vede, per quanto è piccola. Anzi, a pensarci bene, non si vede affatto. Io non l'ho mai vista. Si potrebbe quasi dire che non esiste.

Berta Perché dice: si potrebbe quasi dire che non esiste?

Zio È vero, in fondo si può dire benissimo: non esiste affatto.

Berta E già qualche cosa. Si comincia dal niente.

Da: *L'inventore del cavallo e altre quindici commedie* di Achille Campanile, Rizzoli 2002

29 Il teatro di Campanile fa parte del teatro dell'assurdo, letto però in chiave comica. Lavorate in coppia e provate a recitare questo brano. Se volete potete sostituire le battute con altre a piacer vostro.

30 Guardate l'illustrazione e fate una breve descrizione della scena con i seguenti vocaboli.

> palcoscenico
> attori
> sipario
> palco
> platea
> spettatori

31 Leggete il seguente brano in cui una nota scrittrice italiana parla di un suo sogno. Quale aspetto della sua vita riguarda?

Un sogno teatrale
di Dacia Maraini

Spesso faccio questo sogno: sono sopra un palcoscenico in cui si sta rappresentando un testo teatrale, devo dire una battuta ma non mi viene, ce l'ho sulla punta della lingua ma mi sfugge. Vedo gli attori che aspettano la mia frase per rilanciare la loro e vengo presa da una paura cieca e disperata. Cerco freneticamente, cerco nella memoria la battuta che pure so di conoscere e che ho già ripetuto tante volte ma non riesco a trovarla. A questo punto mi sveglio in preda al panico, con la gola stretta per l'angoscia. Eppure io amo il teatro e considero l'atto rituale dell'apertura del sipario un momento di grande emozione. Prima di tutto come spettatrice, e poi come autrice. Forse fare teatro significa proprio questo: vincere una paura profonda, ridare la parola ad un silenzio primordiale che ancora minaccia i nostri sogni infantili.

Da: *Fare teatro* di Dacia Maraini, RCS Libri S.p.A., Milano

32 Lavorate in coppia e raccontate di una rappresentazione teatrale scolastica o di un gruppo amatoriale a cui avete partecipato come attore o a cui avete assistito come spettatore.

E. 22-24 pag. 175

33 Lavorate in coppia. Prendete spunto dalle seguenti parole e inventate una storia. Scrivetela e poi leggetela ai vostri compagni.

> re – perla – gatto nero –
> principessa – crociera –
> solitudine – pescatore –
> matrimonio – mago –
> fortuna – gelosia – isola

ALLA SCOPERTA DELL'ITALIA

34 Leggete il seguente brano. Cosa scopre di avere l'autore nel suo appartamento?

Sostituendo il toner della stampante, l'autore macchia inavvertitamente la carta da parati. Decide così di farla cambiare.

La porta screpolata

[...] Per cambiare parato gli operai furono costretti a spostare una libreria carica di libri e fu così che scoprii alle spalle della stessa una porta di legno chiusa a chiave, priva di maniglia, tutta screpolata: una porta bianca che non avevo mai visto prima. Ora, provate a figurarvi la mia faccia: ero sbalordito! Non credevo ai miei occhi! Che c'era dietro quella porta? Dove portava? Non riuscivo nemmeno a immaginarlo. Così, una volta andati via gli operai, mi precipitai ad aprirla. Prima tentai con un cacciavite, poi con un martello, poi con un Black & Decker, poi con delle spallate, e infine con un paio di calci riuscii a buttarla giù. Dopodiché entrai in una stanza di pochi metri quadri di cui, giuro, dovessi morire in questo stesso momento se dico una bugia, non conoscevo l'esistenza.

La casa l'avevo acquistata nel marzo del '71. Ero appena arrivato a Roma e la comprai già ammobiliata. Non mi era mai venuto in mente di spostare quella libreria, né sulla piantina del contratto d'acquisto compariva un altro vano. Fin dal primo giorno ero convinto che l'appartamento finisse lì, lì dov'era piazzata la libreria. Ora, invece, venivo a sapere che la casa era nove metri quadri più grande. Dio solo sa perché le signorine Buzzi, le ex proprietarie, non me ne avevano parlato! Forse nemmeno loro ne sapevano nulla. Per giunta era anche arredata. A parte l'odore di muffa e la polvere sparsa dappertutto, aveva sulla sinistra un lettino con un materasso e una coperta di lana, al centro un tavolino con quattro sedie, e sulla destra un vecchio armadio con un'unica grossa anta rivestita da uno specchio. Insomma, una stanzetta ideale per un ospite di passaggio e il tutto senza aver speso una lira.

Dal giorno della scoperta presi l'abitudine di andarmi a rintanare nella stanza misteriosa. Non a caso l'avevo battezzata il mio "pensatoio", se non altro per il silenzio in cui era immersa. Non c'erano radio, apparecchi televisivi, telefoni o altro marchingegno che potesse in qualche modo disturbarmi. Una volta rimessa in sesto la famosa porta, nemmeno il citofono di casa si riusciva a sentire.

Una sera, poi, accadde un fatto incredibile: erano le 22.30 e io ero incerto se sdraiarmi sul lettino per leggermi *Finzioni* di Borges, o se rivedere su RaiTre *Lo sceicco bianco* di Fellini. Alla fine optai per *Finzioni* ed enorme fu il mio stupore quando, dopo due ore di buona lettura, mi resi conto che erano ancora le 22.30 e che, volendo, mi sarei potuto vedere *Lo sceicco* fin dal principio. In un primo momento pensai che il mio orologio si fosse fermato, oppure che la RAI avesse mandato in onda il film con due ore di ritardo; poi, però, ripetei l'esperimento con un altro libro e mi resi conto che "in quella stanza il tempo non passava". [...]

Da: *Tale e quale* di Luciano de Crescenzo, Mondadori 2001.

Vocabolario:
screpolata *non più liscia, un po' rovinata*
priva di maniglia *senza il manico per aprire*
sbalordito *stupito, meravigliato*
cacciavite/martello *attrezzi usati dagli artigiani*
calcio *un colpo dato col piede*
anta *porta dell'armadio*
rintanarsi *ritirarsi in un luogo protetto*
marchingegno *strumento, apparecchio*
citofono *apparecchio per parlare con chi suona alla porta*

35 Indicate con una x le affermazioni che corrispondono al testo.

1. Il protagonista scopre nella sua casa una porta di cui non sapeva nulla.
2. È curioso di vedere cosa c'è dietro quella porta.
3. Apre la porta con la chiave trovata nella serratura.
4. Scopre che il suo appartamento è più piccolo di quanto pensasse.
5. Aveva comprato la casa già arredata.
6. La "nuova" stanza è vuota, c'è uno strano odore e non è pulita.
7. Il protagonista prende l'abitudine di ritirarsi in quella stanza.
8. Nella stanza non entrano i rumori.
9. Nella stanza sembra che il tempo si fermi.

E. 25 pag. 175

36 Lavorate in gruppi e discutete. Vi piacerebbe avere un luogo dove non passa il tempo? Quando ci andreste e a quale scopo?

GRAMMATICA

1 L'uso del passato prossimo e dell'imperfetto III

E. 3 pag. 168

Den unterschiedlichen Gebrauch von **passato prossimo** und **imperfetto** kennen Sie bereits (vgl. Azzurro, S. 96 und S. 122). Hier noch ein weiterer Unterschied:

Mia madre **leggeva sempre** l'oroscopo. Gino **non guardava mai** film di fantascienza perché non gli piacevano. Luisa **ha sempre giocato** al lotto. **Non ho mai fatto** dei giochi al computer.	Ausdrücke wie **sempre, non … mai, ogni volta/anno** etc. sagen, dass etwas in der Vergangenheit gewohnheitsmäßig, wiederholt oder nie passiert ist. Wird hier nicht das **imperfetto**, sondern das **passato prossimo** benutzt, betont man damit, dass etwas seit jeher so war und immer noch so ist oder sich nie geändert hat.

2 Alcuni prefissi

E. 6 pag. 170

La casa adesso è **dis**abitata. Molte tradizioni **s**compaiono. È stata una giornata **in**dimenticabile. Era una situazione **ir**reale. Perché sei sempre così **im**paziente? Hanno servito un vino **im**bevibile. Tim vive con un suo **con**nazionale. Ho **ri**ascoltato tutto il CD.	Die Vorsilben **dis-, s-** und **in-** können die Bedeutung eines Substantivs, Adjektivs oder Verbs ins Gegenteil verkehren. Vor Wörtern, die mit **l, m** oder **r** beginnen, wird das **n** der Vorsilbe **in-** durch den jeweiligen Konsonanten ersetzt: **il**limitato, **im**maturo, **ir**risolto. Vor **b** und **p** steht statt **in-** die Vorsilbe **im-**. Die Vorsilbe **con-** entspricht dem deutschen *mit-*. Die Vorsilbe **ri-** drückt aus, dass etwas nochmals gemacht wird.

3 La concordanza dei tempi II

Steht das Verb eines Hauptsatzes in der Vergangenheit, ergeben sich für den Nebensatz folgende Zeiten:

Sapevo che	**eri stato** al mare il giorno prima. in quel momento **dormivi**. **saresti partito** il giorno dopo.	**indicativo trapassato** **indicativo imperfetto** **condizionale passato**	*bei Vorzeitigkeit* *bei Gleichzeitigkeit* *bei Nachzeitigkeit*

Der **indicativo imperfetto** steht auch in Nebensätzen ohne eindeutigen zeitlichen Bezug:
Sapevo che Aldo **era** timido.

Steht im Hauptsatz ein Verb in der Vergangenheit, das den **congiuntivo** verlangt, ergeben sich für den Nebensatz folgende Zeiten (vgl. auch S. 72):

Pensavo che	**fossi stato** al mare il giorno prima. che in quel momento **dormissi**. **saresti partito** il giorno dopo.	**congiuntivo trapassato** **congiuntivo imperfetto** **condizionale passato**	*bei Vorzeitigkeit* *bei Gleichzeitigkeit* *bei Nachzeitigkeit*

Der **congiuntivo imperfetto** steht auch in Nebensätzen ohne eindeutigen zeitlichen Bezug:
Pensavo che Aldo **fosse** timido.

Bei gleichbleibendem Subjekt bildet man dagegen keinen Nebensatz mit **che**, sondern gebraucht einen Infinitiv. Es gibt folgende Möglichkeiten:

Penso di **Pensavo** di	**averglielo** già **detto**. **avere** il suo numero di telefono. **partire** domani.	**infinito passato** **infinito presente**	*bei Vorzeitigkeit* *bei Gleichzeitigkeit* *bei Nachzeitigkeit*

4 Indicativo o congiuntivo dopo *sapere* ed *essere sicuro/convinto*

Mit **sapere** drückt man aus, dass man etwas weiß, mit **essere sicuro**, dass man sich einer Sache sicher ist. Folglich wird im Nebensatz der Indikativ verwendet. **Non sapere** und **non essere sicuro** hingegen drücken einen Zweifel aus und verlangen deshalb den Konjunktiv. **Essere convinto** mit Indikativ kann eine feste Überzeugung wiedergeben, mit **congiuntivo** die Subjektivität einer Meinung unterstreichen. Vergleichen Sie:

indicativo	congiuntivo
Sono sicuro che tu **sei** bravo.	**Non sono sicuro che** mia figlia **venga** con me.
Sapevo che Pasquale **era** di Napoli.	**Non sapevo che** Paolo **fosse** superstizioso.
Sono convinto che a Bea Londra **piace**.	**Sei** ancora **convinto che sia** così facile?

5 La differenza tra *mentre* e *durante*

E. 13-14 pagg. 172-173

Durante il film voglio mangiare una pizza.
Mentre guardo il film voglio mangiare una pizza.

Mentre passava la processione, le strade erano chiuse al traffico.

Zum Ausdruck von *während* benutzt man **durante** zusammen mit einem Substantiv oder **mentre** mit einem Verb.
Liegt das Geschehen in der Vergangenheit, folgt auf **mentre** stets das **imperfetto**!

6 Altre congiunzioni che richiedono il congiuntivo

E. 17 pag. 173

Ti mando una mail **affinché** tu **sia** al corrente.
Ti racconto tutto **perché** tu **sappia** com'è andata.
È la notizia **migliore che abbia ricevuto**.
Venezia è la città **piu bella che esista**.

Die finalen Konjunktionen **affinché** und **perché** (in der Bedeutung von *damit*) verlangen den **congiuntivo**.
Er steht auch in einem Relativsatz, der sich auf einen Superlativ bezieht.

7 La forma impersonale del verbo riflessivo

Al Parco della Preistoria i bambini **si** divertono molto.
Al Carnevale di Venezia **ci si** diverte sempre tanto.
Ci si mettono le maschere e i costumi d'epoca.

Wird ein reflexives Verb unpersönlich gebraucht, verwendet man nicht etwa ***si si**, sondern **ci si**.

8 *Si* impersonale e *si* passivante al passato prossimo

E. 19-20 pag. 174

Das passato prossimo des **si impersonale** und des **si passivante** wird stets mit **essere** gebildet.

Quella sera **si è ballato** fino a notte inoltrata.
(**avere** ballato)
Si è andati a vedere le barche decorate.
(**essere** andato)

Beim **si impersonale** verwendet man **si è** + Partizip. Wenn das Verb das **passato prossimo** an sich mit **avere** bildet, endet das Partizip auf **-o**, wenn es das **passato prossimo** mit **essere** bildet, endet das Partizip auf **-i**.

Si è bevuto dell'ottimo **vino**.
Si è ascoltata la **banda**.
Si sono mangiate tante **delizie**.
Si sono visti dei **fuochi** d'artificio magnifici.

Beim **si passivante** gebraucht man – je nach Bezugswort – **si è** + Partizip oder **si sono** + Partizip. Die Endung des Partizips richtet sich in Numerus und Genus nach dem Bezugswort.

Portfolio Che cosa so fare

Unità 7		
So	**So farlo bene**	**Voglio migliorare**
descrivere avvenimenti politici e storici (2, 6, 9)		
leggere e interpretare una poesia dialettale (11-13)		
discutere sull'uso del dialetto o delle parole straniere (15-18, 21, 22, 24)		
riferire che cosa ha detto o raccontato qualcuno nel passato (28-30)		
descrivere aspetti geografici, storici e culturali di una regione (31, 32)		
raccontare della mia vita o di quella di altri (33, 38)		
capire ed interpretare il testo di una canzone (39, 40)		

Unità 8		
So	**So farlo bene**	**Voglio migliorare**
parlare di giochi, svaghi ed interessi (2-4,10)		
valutare vantaggi e svantaggi di un oggetto (9)		
descrivere oralmente e per iscritto feste e tradizioni (12, 13, 17, 21, 24)		
esprimere la mia opinione o le mie conoscenze su un fatto passato, presente o futuro (18-20)		
parlare di credenze e superstizioni (22, 23)		
comprendere un pezzo teatrale (26-29, 32)		
inventare una storia e scriverla (33)		

Trascrizione degli esercizi di comprensione auditiva

Unità 1

 Es. 10
- ● Prego.
- ○ Buongiorno, senta, siccome vorrei cambiare l'indirizzo di studi volevo sapere se basta compilare il modulo scaricabile da Internet o bisogna allegare altri documenti?
- ● Che facoltà?
- ○ Lettere e filosofia.
- ● Ma lei è già iscritta a questa università?
- ○ Sì, a Studi Filosofici e vorrei passare a Scienze della Comunicazione.
- ● Beh, deve allegare anche la certificazione che attesta il suo curriculum, con gli esami che ha già sostenuto e i crediti corrispondenti e poi una fotocopia del suo libretto.
- ○ E basta?
- ● Sì, e si ricordi che deve consegnare la domanda entro il 26 giugno.
- ○ Certo, la ringrazio.

Unità 2

 Es. 24
- ○ Per me la posta elettronica non è solo progresso, eh! Questa mattina per esempio nella cassetta postale

avevo circa trenta e-mail, ci ho messo quasi mezz'ora a leggerle, ma almeno la metà era spazzatura. Si perde tempo solo a cestinarle. La ditta ci dà sì il cellulare ma poi chiamano anche il fine settimana, in vacanza, insomma non mi lasciano mai in pace.

Unità 6

 Es. 6
1. ● Senti, le forbici le hai prese tu per caso?
   ○ No, dovrebbero essere sulla scrivania, accanto alla tastiera.

2. ● Il raccoglitore con gli ordini evasi, dove lo hai messo?
   ○ Guarda, è proprio vicino al computer.

3. ● Non trovo quella cosa che serve a tenere insieme i fogli. Sai quella macchinetta …?
   ○ Ah, la spillatrice.

 Es. 30
- ● Gabriele ciao. Come va? Dormito bene?
- ○ Mica tanto. Ogni volta che dovevo girarmi, avevo dei dolori allucinanti al braccio e alla spalla.
- ● Ma senti! Ma è tanto che ce li hai?
- ○ Eh, saranno due settimane. All'inizio pensavo che

dipendesse dalle arrampicate perché ci ero stato proprio in quei giorni.
● Eh, infatti forse esageri un po' con queste arrampicate …
○ Sì, avevo pensato anch'io la stessa cosa all'inizio. E così il fine settimana invece di andare a fare di nuovo arrampicate me ne sono rimasto a casa a scrivere due rapporti. Eh, ma la notte i dolori sono diventati così forti che addirittura ho pensato di prendere degli antidolorifici.
● Perché non li hai presi? Almeno potevi metterti una pomata.
○ No, lo sai che cerco di evitare quando posso.
● Eh bravo lui, allora tieniti i tuoi dolori per chissà quanto tempo ancora. Ma scusa, puoi andare da un ortopedico, a farti fare una radiografia, dal tuo medico curante … ti sapranno consigliare qualcosa!
○ No, aspetta. Parlando con degli amici e leggendo anche qualcosa in Internet, ho scoperto questa … eh RSI, "sindrome da mouse" la chiamano.
● Che cosa? E cioè?
○ Dovrebbe essere una sindrome provocata dai movimenti ripetitivi e per quello ne soffrono molte persone che lavorano per molto tempo al computer con il mouse.
● Ma va là? Ma allora credi che sia dovuto proprio al computer?
○ Ormai ne sono quasi sicuro. Sabato dopo aver fatto una bella arrampicata non avevo dolori, e invece lunedì ho ricominciato a lavorare per un sacco di ore al computer, a scrivere degli articoli, e i dolori sono ricominciati.
● Beh, allora, scusami se insisto sai, però prima che diventino cronici, dovresti fare qualcosa. Non trovi?
○ Eh, mi sa che hai ragione …

Ripasso 3

 Es. 1

1. ● Ah, signora Maina. Buona sera.
○ Buona sera, mi scusi il disturbo …
● Ma si figuri! Vuole entrare un attimo?
○ No, no, La ringrazio, ma sono di fretta. Volevo solo chiederLe se potrebbe farmi un piacere.
● Ma certo, se posso, più che volentieri.
○ Devo andare via alcuni giorni e mia sorella è ammalata. Sa, mi ritira sempre la posta. … Potrebbe essere così gentile da svuotarmi la cassetta?
● Certo, si immagini. Non è un problema.
○ Perché sa, da me arrivano sempre dei pacchetti abbastanza voluminosi e la cassetta si riempie facilmente.
● Non si preoccupi. Non c'è alcun problema.
○ Va bene, allora Le do la chiave. Ecco qua … Eh, io torno tra una settimana.
● D'accordo, e la posta la tengo io o …
○ Se per Lei non è un fastidio.
● No, assolutamente. Allora Le auguro buon viaggio.
○ Grazie! E grazie ancora per la posta!

 2. ○ Avanti!
● Mi scusi, dottore, volevo dirLe che prima che Lei arrivasse ha telefonato l'avvocato Parisi per chiedere se possiamo spostare l'appuntamento di domani a giovedì.

○ E perché?
● Per motivi privati che non ha specificato.
○ Ma, se non ricordo male, però giovedì abbiamo l'incontro con il direttore della Fluovial. Lei ha già controllato?
● Sì, l'incontro è alle 10 qui da noi in sede. Volendo potrebbe andare dall'avvocato nel pomeriggio.
○ Hm sì, sì, potrei fare così. Allora, mi faccia la cortesia di chiamarlo subito e fissi un appuntamento. Ma non prima delle 15. Conto di andare a pranzo con il dottor Nogara.
● Va bene, lo chiamo subito.
○ Ah, e aspetti un attimo. Il rapporto da presentare a Nogara è già pronto?
● Non ancora, Letizia ci sta lavorando.
○ Non dimentichi che lo voglio leggere prima, quindi per domattina dev'essere sul mio tavolo, mi raccomando.
● Certo, non si preoccupi! Glielo dirò.

 **3.** ○ La sai l'ultima?
● No, dimmi!
○ Paolo si sposa.
● Paolo chi?
○ Ma come "Paolo chi"? Paolo Melandri, il mio ex. Non te lo ricordi?
● Ah, ma dai! Non ci credo!
○ Te lo giuro!
● E da chi l'hai saputo?
○ Da lui stesso! L'ho incontrato per caso sabato scorso alla mostra di Boccioni.
● Ma se diceva sempre che non si sarebbe mai sposato.
○ Eh, gliel' ho detto anch'io. Ma sai, con l'età si cambia … Pensa che mi ha addirittura invitata. Ha detto che mi manderà le partecipazioni.
● Davvero? E tu ci vai?
○ No, ma dico, vuoi scherzare? Figurati! Non ci penso proprio. Con quello che mi ha fatto passare.
● Certo che anche lui ha un bel coraggio.

 4. ● Dino, scusa, potresti darmi una mano col computer?
○ Perché? Cos'è successo?
● Ma che ne so, stavo scrivendo e all'improvviso invece delle lettere sono saltati fuori tutti questi segni. È da mezz'ora che provo, riprovo …
○ Fa' vedere. Ma hai premuto qualche tasto … ?
● Boh, è possibile, non lo so. L'avrò fatto senza accorgermene. Ci mancava anche questa. Ho un sacco di roba da finire e per giunta sono sola.
○ E Marina, la nuova stagista?
● È a casa, si è ammalata.
○ Ah!
● Proprio oggi che devo assolutamente uscire prima.
○ Sta' calma, non ti agitare, vedrai che rimettiamo tutto a posto.
● Eh, speriamo!
○ Ecco fatto. Adesso puoi continuare a scrivere.
● Oh, grazie Dino. Sei un tesoro! Se tutti i colleghi fossero come te …

Piccoli e grandi cambiamenti

Cosa c'è di nuovo?

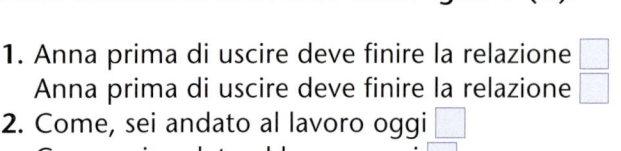

35 Fonologia. Ascoltate le seguenti frasi e indicate con i segni di punteggiatura se si tratta di un'affermazione (.), di una domanda (?), di un'esclamazione semplice (!) o di una esclamazione in tono interrogativo (!?).

1. Anna prima di uscire deve finire la relazione ☐
   Anna prima di uscire deve finire la relazione ☐
2. Come, sei andato al lavoro oggi ☐
   Come sei andato al lavoro oggi ☐
3. Domani dobbiamo partire presto ☐
   Domani dobbiamo partire presto ☐
4. Ti aspetto davanti al ristorante ☐
   Ti aspetto davanti al ristorante ☐
5. Prendi tu le chiavi della macchina ☐
   Prendi tu le chiavi della macchina ☐
6. Fai la pasta anche stasera ☐ Fai la pasta anche stasera ☐
7. Carlo accompagna Lucia alla stazione ☐ Carlo accompagna Lucia alla stazione ☐
8. Serena è andata via di casa ☐ Serena è andata via di casa ☐

1 Con quali preposizioni collegate le due parti di ogni frase? Quali frasi sono complete senza preposizioni?

1. Ho finito …
2. Sono veramente stufo …
3. Ho pensato …
4. E stavolta ho deciso …
5. Vorrei rimettermi …
6. Ma temo che, se riprendo …
7. Forse dovrei …
8. Da ragazzo mi piaceva …
9. In ogni caso devo ricominciare …

a(d)

–

di

scrivere la relazione per la riunione ieri sera alle nove.
lavorare sempre fino a tardi.
prendere qualche giorno libero all'inizio di giugno.
restare a casa e riposarmi.
fare sport regolarmente.
andare in palestra, non sarò costante.
praticare uno sport di squadra per essere più motivato.
giocare a calcio, magari dovrei riprovare.
fare qualcosa.

2 Completate le frasi con i seguenti elementi.

> appena – ora – all'inizio – adesso – i primi tempi – poi in futuro – da tempo – dopo –
> per il momento – un anno fa – già – poi

1. Alberto è fortunato: ha .... finito il corso di formazione e ha .... cominciato a lavorare in ospedale. .... non è stato per niente facile, ma .... è contento di essere d'aiuto agli altri.
2. Era .... che Maria e Carlo volevano riprendere a studiare lo spagnolo e così hanno cominciato a frequentare un corso.
3. Gianna si è rimessa a studiare. .... aver finito l'università, di esami non ne voleva più sapere, ma .... ha sentito il bisogno di nuovi stimoli.
4. Siccome Vanessa non riusciva a trovare lavoro, è andata in Svizzera. .... ha un posto a tempo determinato e .... si vedrà.
5. Mario e Lisa erano proprio stufi di abitare in un piccolo paese di provincia. Così .... hanno deciso di trasferirsi a Roma. .... sono stati difficili, ma .... che anche Lisa ha trovato lavoro, hanno pensato addirittura di cercare una casa più grande.

3 Completate le frasi con le seguenti espressioni.

essere d'aiuto a – staremo a vedere – ho pensato di – che te ne pare – ho proprio bisogno di – in futuro si vedrà – mi sono rimessa a – eravamo proprio stufi di – cambiare aria – mi metteva tristezza

1. Ultimamente cominciavo ad annoiarmi, mi mancavano nuovi stimoli, così .... cercarmi una nuova occupazione.
2. .... riposo, ho lavorato troppo questa settimana.
3. .... delle persone che ne hanno bisogno dà tanta soddisfazione, per questo mi piace fare volontariato.
4. .... tornare sempre nello stesso posto, così quest'anno abbiamo deciso di fare una vacanza diversa.
5. Sai, mi è sempre piaciuto insegnare, quindi da quando Matteo va all'asilo .... lavorare.
6. L'idea di trasferirmi all'estero non mi preoccupa, anzi, ho voglia di .... e di conoscere gente nuova.
7. Guarda qui, un libro sulla storia del tango. Potrebbe essere interessante, ...?
8. Vedere tutto questo grigio ...., così ho piantato delle margherite gialle sul balcone.
9. Giulio si è rimesso a studiare il francese, ... quanto dura questa volta.
10. Per adesso sono contento di aver trovato lavoro, ..., magari ci saranno possibilità migliori.

4 Abbinate le espressioni idiomatiche al loro significato.

1. ricominciare da capo	**a** morire
2. finire a gambe all'aria	**b** trasferirsi in un'altra abitazione
3. cambiare bandiera	**c** cambiare l'opinione o una decisione
4. finire sulla bocca di tutti	**d** cambiare opinione o comportamento per interesse
5. cambiare idea	**e** iniziare qualcosa nel modo migliore
6. cominciare con il piede giusto	**f** rifare la stessa cosa partendo dall'inizio
7. cambiare casa	**g** cadere per terra
8. finire all'altro mondo	**h** un'informazione diventata di dominio pubblico

5 Sottolineate la parola corretta.

1. Marta ha sempre sognato di fare la carriera diplomatica e *così/dato che* dopo la maturità ha deciso di frequentare l'Istituto per gli Studi Europei di Gorizia.
2. *Visto che/Perché* Eugenio è molto bravo a suonare le percussioni, ha pensato di offrire dei corsi per i ragazzi dell'oratorio.
3. Il fine settimana siamo andati al mare *siccome/perché* a Bologna c'era un caldo insopportabile.
4. *Siccome/Così* dopo la laurea mi piacerebbe fare un'esperienza di lavoro in Spagna, quest'estate andrò a Salamanca per frequentare un corso di lingua.
5. Sono pediatra in un ospedale, tra poco comincerò un corso per diventare "dottore-clown", *perché/siccome* mi piacerebbe far ridere i bambini e fargli dimenticare per un po' la malattia.
6. *Poiché/Perché* mi hanno offerto un posto a Firenze mi trasferirò lì fra due mesi.

6 Completate i titoli di giornale e le notizie flash con l'ausiliare essere o avere nella forma giusta.

1. **Il nuovo canale televisivo .... iniziato le sue trasmissioni**

2. I dipendenti della metropolitana oggi alle 18 .... cominciato uno sciopero di 72 ore

3. .... iniziato oggi il "Primo Convegno Internazionale di archeologia, arte e storia lucana"

4. **Il campionato di calcio .... finito**

5. **Rossi: "Questo sport .... cambiato e non mi piace più."**

6. .... terminato con un grande successo il concorso "Premio Maturità 2007"

7. Così il web .... cambiato il mercato

8. **Maturità 2007, il count down .... cominciato**

7 Completate con le seguenti parole.

[non … ancora – non … niente – non … proprio – non … nessuno (2 x) – non – … mai (2x) – non … mica (2 x) – non … più – non … nemmeno]

1. Che strano, sono già le otto e .... è ancora arrivato ....
2. Se devo essere proprio sincera, il nuovo divano di Fausto .... mi piace ....
3. Antonio, ti puoi spostare per piacere, ... vedo ....
4. .... sono .... stato all'isola di Giannutri, ma dev'essere un paradiso per chi fa le immersioni.
5. Sandro .... è .... tornato, ma arriverà tra poco.
6. Vivo qui a Rieti da qualche mese, ma finora .... ho conosciuto ....
7. .... è .... vero quello che ha raccontato il prof. Donizelli.
8. Insomma, ... sei .... contento, ti lamenti di tutto. Ma si può sapere cosa vuoi?
9. Rita mi ha fatto aspettare quasi un'ora, e quando è arrivata .... si è .... scusata!
10. Ho conosciuto la moglie di Alessandro. .... è .... antipatica come dici tu!
11. Ieri sera .... siamo .... andati al cinema, eravamo troppo stanchi.

8 Ricostruite il dialogo mettendo le frasi nella sequenza giusta.

1. Ma lei è già iscritta a questa università?	a E basta?
2. Beh, allora deve allegare anche la certificazione che attesta il suo curriculum, con gli esami che ha già sostenuto e i crediti corrispondenti e poi una fotocopia del suo libretto.	b Buongiorno, senta, siccome vorrei cambiare l'indirizzo di studi volevo sapere se basta compilare il modulo scaricabile da Internet o bisogna allegare altri documenti.
3. Sì, e si ricordi che deve consegnare la domanda entro il 26 giugno.	c Certo. La ringrazio.
4. Prego.	d Lettere e Filosofia.
5. Che facoltà?	e Sì, a Studi Filosofici e vorrei passare a Scienze della Comunicazione.

....

9 **a) Leggete questi due moduli. Quale deve compilare la studentessa del dialogo precedente?**

UNIVERSITÀ DEGLI STUDI DI FOGGIA
Segreterie Studenti

Modulo per il cambio di indirizzo di studio

Al Magnifico Rettore
Università degli Studi
FOGGIA

__l__ sottoscritt__ _____

nat/ __ a _____ il _____

residente a _____ via _____

telefono_____, matricola _____, iscritt/__ per l'anno

accademico ___/___ alla Facoltà di _____

corso di Laurea in _____ N.O.

indirizzo di studio _____

CHIEDE

di poter effettuare il cambio dall'indirizzo di studio suddetto al seguente:

_____

dichiara inoltre di non aver effettuato esami caratterizzanti del vecchio indirizzo.

Firma

Foggia, _____ _____

Università degli Studi di Foggia | Marca da |
DOMANDA DI TRASFERIMENTO AD ALTRA SEDE O CORSO DI LAUREA | Bollo |

AL MAGNIFICO RETTORE

Il sottoscritto _____ matr._____
Comune di nascita_____ prov._____
data di nascita _____ residente a _____
via _____ n._____ tel. _____
regolarmente iscritto alla facoltà di _____
corso di laurea in _____ anno in corso_____

CHIEDE

di essre trasferito per l'Anno Accademico 20......./20........
all'Università di_____
corso di laurea in _____

Foggia, _____

(firma dello studente)
_____

**SPAZIO RISERVATO ALLA SEGRETERIA**

_____

_____

_____

Il capo dell'Ufficio   Il Direttore Amministrativo
_____   _____

nulla osta   IL RETTORE
_____

b) Cercate nei moduli la parola corrispondente a …

1. der/die Unterzeichnende ....
2. wohnhaft in ....
3. Formular ....
4. Eingeschrieben ....
5. Studiengang ....
6. Studienjahr ....
7. obengenannt ....
8. gibt an ....
9. eingeschrieben als ordentlicher Student ....

115

10 Completate le citazioni con *basta, bastano, aver bisogno di* e *bisogna*.

1. .... un pizzico di buon senso e una buona amicizia per non
   .... un analista. (Joan Crawford)
2. Non .... guardare, occorre guardare con occhi che vogliono vedere, che credono in quello che vedono. (Galileo Galilei)
3. Per essere poeti, ... avere molto tempo. (Pier Paolo Pasolini)
4. Non .... fare il bene, ... anche farlo bene. (Diderot)
5. La legge è uguale per tutti. .... essere raccomandati[1]. (Marcello Marchesi)
6. Quando i veri nemici sono troppo forti, ...
   pur scegliere dei nemici più deboli. (Umberto Eco)
7. Non .... mai contraddire[2] una donna.
   .... aspettare: lo farà da sola.
   (Humphrey Bogart)
8. .... prendere il denaro[3] dove si trova,
   presso i poveri. Hanno poco, ma sono in tanti.
   (Ettore Petrolini)
9. Non .... avere grandi qualità,
   .... saperle amministrare.
   (François de La Rochefoucauld)
10. I giochi dei bambini non sono giochi, e
    .... considerarli[4] come le loro
    azioni più serie. (Michel de Montaigne)

Vocabolario:
[1]essere raccomandati *über gute Beziehungen verfügen*
[2]contraddire *widersprechen*   [3]denaro *Geld*   [4]considerare *ansehen, betrachten*

11 Qual è l'intruso?

1. impresa – firma – cooperativa – ditta
2. carcere – detenuto – pena – socio
3. pastiglia – pasta – dolce – pasticcino
4. battesimo – matrimonio – fiera – prima comunione
5. cuoco – cameriere – volontario – badante
6. cliente – stand – banco – esperienza
7. lavoro – guadagno – riposo – produzione
8. impiegato – sposato – divorziato – celibe

12 Cosa sapete di Maurizio? Rileggete il testo a pag. 12 e scegliete l'espressione giusta.

Maurizio ha 44 anni, è *celibe/sposato* e ha due figli. È in carcere per *omicidio/rapina*, ma spera di uscire presto grazie alla buona *condotta/condanna*. In carcere ha cominciato a lavorare in una *cooperativa/cooperazione* di cinque *impiegati/soci detenuti* e cinque socie *esterne/estere*. Alla *messa/fiera* "Fa la cosa giusta" c'è anche un loro *stand/negozio* dove Maurizio *accompagna/accoglie* i clienti e gli offre pasticcini di loro *produzione/preparativi*. Nella *sociale/società* cooperativa di catering Maurizio fa l'aiuto cuoco e prepara diversi *piatti/paste*, dagli antipasti ai dolci; ogni tanto *fa/lavora* anche come cameriere. Il loro servizio viene *richiesto/ripreso* per battesimi, prime comunioni e matrimoni, ma anche da aziende, da *assunzioni/associazioni* e dal mondo del no profit. Grazie a quest'attività Maurizio riesce a *mantenere/rimanere* un contatto con la *verità/realtà* esterna al carcere, e anche a *guadagnare/vincere* qualcosa. Appena esce vuole cercare un *posto/possibilità* di lavoro. Sa che ci sono dei *precedenti/pregiudizi* nei confronti dei detenuti, ma la *partecipazione/partita* a questa cooperativa lo ha aiutato a guardare *all'avvenuto/avvenire* con più fiducia. Spera che quest'esperienza renderà meno difficile il suo *reinserimento/rilascio* nella società.

13 Qual è l'espressione corretta? Mettete una x.

1. aderire
- ☐ di un'iniziativa
- ☐ un'iniziativa
- ☐ a un'iniziativa

2. avvalersi
- ☐ nella collaborazione
- ☐ alla collaborazione
- ☐ della collaborazione

3. scontare
- ☐ una pena
- ☐ per una pena
- ☐ ad una pena

4. dare
- ☐ vita di una società
- ☐ alla vita ad una società
- ☐ vita ad una società

5. avviare qualcuno
- ☐ per un reinserimento
- ☐ ad un reinserimento
- ☐ verso un reinserimento

6. partecipare
- ☐ nella cooperativa
- ☐ della cooperativa
- ☐ alla cooperativa

7. cercare
- ☐ ad arrangiarsi
- ☐ di arrangiarsi
- ☐ arrangiarsi

8. mantenere un contatto
- ☐ con la realtà
- ☐ della realtà
- ☐ verso la realtà

9. riuscire
- ☐ di guadagnare qualcosa
- ☐ a guadagnare qualcosa
- ☐ da guadagnare qualcosa

10. avere il compito
- ☐ tra mantenere in contatto
- ☐ di mantenere il contatto
- ☐ a mantenere in contatto

14 Completate il bando di concorso con le forme del passivo al presente e al futuro dei verbi tra parentesi.

PROGRAMMA SOCRATES/ERASMUS

Per l'anno accademico 2009 .... (mettere) a disposizione 48 posti in dieci sedi universitarie europee. I moduli per l'iscrizione al concorso[1] .... (pubblicare[2]) sul nostro sito Internet a partire dal 15 novembre. .... (ammettere) al concorso tutti i candidati iscritti a questa Università. La domanda dovrà essere consegnata[3] entro il 31 gennaio 2008. Per certificare le conoscenze di lingua i candidati .... (invitare) a sostenere un test di lingua. Il test .... (strutturare) in due parti, una scritta ed una orale. Le candidature .... (trasmettere) ai docenti o alle Commissioni. Gli elenchi degli studenti selezionati[4] .... (pubblicare) online sulla pagina web delle Relazioni Internazionali. Solo gli studenti selezionati .... (contattare) direttamente dal Servizio Relazioni Internazionale. Poiché le comunicazioni relative a questa fase .... (inviare) via e-mail, i candidati .... (invitare) a monitorare regolarmente la loro casella di posta elettronica.

Vocabolario: [1]concorso *Auswahlverfahren* [2]pubblicare *veröffentlichen* [3]consegnata *eingereicht* [4]selezionati *ausgewählt*

15 Trasformate le frasi attive in frasi passive scegliendo i tempi adatti.

Rinnoveranno il contratto. → *Verrà/sarà rinnovato il contratto.*

1. Hanno costruito una nuova strada. ....
2. Fanno una grande campagna pubblicitaria. ....
3. Non hanno ancora pagato il conto. ....
4. Assumeranno nuovo personale. ....
5. Informano i clienti sui nuovi prodotti. ....
6. Apriranno un negozio di abbigliamento. ....
7. Hanno compilato il modulo. ....
8. Finiscono il lavoro entro domani. ....

16 Come si chiamano queste associazioni?

> Legambiente – Croce Verde – Emergency

1. .... nasce a Torino nel 1907 per opera di generosi soci fondatori con lo scopo di soccorrere gli infortunati e gli ammalati. I volontari sono impegnati soprattutto nei servizi di trasporto sanitario secondario o soccorso sanitario urgente. Negli ultimi venti anni l'associazione ha operato anche con il servizio di Guardia Medica, ha organizzato il servizio di Guardia Medica Pediatrica e fornisce la struttura per la realizzazione della Guardia Medica Psichiatrica.

2. ...., organizzazione fondata nel 1994 a Milano, si dichiara neutrale rispetto alle parti in causa di qualsiasi conflitto. È presente in Cambogia, Afghanistan, Iraq, Sierra Leone, Sudan costruendo ospedali per i feriti di guerra e per emergenze chirurgiche, centri per la riabilitazione fisica e sociale delle vittime di mine antiuomo e altri traumi di guerra, un centro per la maternità, posti di primo soccorso per il trattamento immediato dei feriti, centri sanitari per l'assistenza medica di base.

3. Nata nel 1980, ... è un associazione ambientalista con 1.000 circoli locali e circa 115.000 sostenitori. Organizza campagne di monitoraggio e di educazione ambientale come il referendum contro il nucleare, e attività di volontariato come "Spiagge pulite".

17 Mettete questi verbi al passato prossimo.

1. mi sveglio *mi sono svegliata* ✳
2. ci laviamo .... ✳
3. vi riaddormentate .... ✳ ✳
4. si trasferisce .... ✳
5. mi faccio vivo/a .... ✳
6. s'informa .... ✳
7. vi integrate .... ✳ ✳

8. si alzano .... ✳ ✳
9. si fa la barba .... ✳
10. ti prepari .... ✳
11. si separano .... ✳ ✳
12. c'incontriamo .... ✳ ✳
13. ti metti in proprio .... ✳
14. mi abituo .... ✳

18 Vi ricordate di Elisa? A Belluno incontra per caso una sua vecchia amica. Completate il dialogo.

	● Ma chi si vede! Elisa! Ciao!
Elisa begrüßt Cinzia und freut sich. Sie fragt, wie es ihr geht.	○ ....
	● Sto bene, grazie. E tu, sei venuta a trovare i tuoi genitori?
Elisa verneint und erklärt, dass sie vor vier Monaten wieder nach Belluno gezogen ist.	○ ....
	● Ah! Allora tuo marito lavora di nuovo qui?
Elisa verneint und sagt, dass sie alleine mit ihren Kindern gekommen ist und ihr Mann am Wochenende kommt.	○ ....
	● Ah, capisco. E tu, hai trovato lavoro?
Elisa erzählt, dass sie in einer Privat- schule Italienisch unterrichtet und ab und zu Übersetzungen macht.	○ ....
	● Bene! E i ragazzi, come stanno?
Elisa berichtet, dass sie sich gut integriert haben und dass vor allem für ihre Tochter der Wechsel sehr positiv gewesen ist.	○ ....

	● Sono contenta per te. Senti, perché non usciamo una di queste sere, così possiamo parlare un po' …
Elisa ist einverstanden und sagt, dass sie sich telefonisch melden wird.	○ ....
	● Allora a presto, ciao!
Auch Elisa verabschiedet sich.	○ ....

19 **Guardate le vignette e raccontate la storia di Federica e Paul con l'aiuto delle seguenti parole.**

acquistare – ambientarsi – gatti – incontrarsi – innamorarsi – mettersi in proprio – ritornare – avere nostalgia di – stufarsi – trasferirsi – aprire un negozio – valigie

20 **Sostituite il gerundio utilizzando le seguenti congiunzioni.**

siccome – perché – se – mentre

1. Lavorando tantissimo tutta la settimana la domenica mi piace dormire fino a tardi.
....
2. Prendendo l'autostrada da Milano arrivi a Como in poco più di mezz'ora.
....
3. Tornando dal lavoro ho incontrato una vecchia compagna di scuola.
....
4. Sono passata in libreria andando a fare la spesa, ma il libro non è ancora arrivato.
....
5. Cercando su Internet troverai sicuramente l'organizzazione di cui ti ho parlato.
....
6. Essendo molto stanco ho preferito tornare a casa in taxi.
....

La comunicazione

Dimmi un po' ...

36 Fonologia.

a) Ascoltate e ripetete le seguenti parole facendo attenzione alla pronuncia della s e della z.

1. sole – essere – tessera – sale – sicuro – assistente – corso – ascensore – scala – ascolto
2. caso – viso – rosa – svelto – uso – chiesa – sbaglio – slitta – sbucciare – vaso
3. alzare – milza – zucchero – zio – agenzia – polizia – silenzio – carrozza
4. pranzo – razzo – organizzare – zaino – zoo – zebra – ozono – zero

b) Ascoltate adesso le frasi.

1. Sotto il sole ascolto l'assistente del corso che sicuro di essere solo aspetta l'ascensore e non sale le scale.
2. Una sposa svelta con il viso di rosa e una blusa rosa slitta in chiesa per caso e rompe un vaso.
3. Zio Ezio in silenzio esce dall'agenzia e va in carrozza alla polizia.
4. Prima di pranzo vado allo zoo dove una zebra corre come un razzo con uno zaino.

---

1 Formate delle espressioni aggiungendo il verbo adatto.

> comunicare, lasciare, parlare (2x), mettere, dare, passare, fare (3x), capirsi, inviare

.... quattro chiacchiere	.... con uno sguardo	.... un gesto
.... per iscritto	.... un messaggio	.... un'e-mail
.... un colpo di telefono	.... delle informazioni	.... al corrente (di)
.... una dichiarazione d'amore	.... sottovoce	.... a quattrocchi

---

2 Completate le frasi sottostanti scegliendo tra le espressioni dell'esercizio 1 e coniugando il verbo nella forma adeguata. Attenzione, in alcuni casi sono possibili più soluzioni.

1. Perché non vieni a trovarmi domani, così finalmente ....
2. Quando arrivo in albergo ti .... per avvisarti.
3. Noi non abbiamo bisogno di tante parole, ci ....
4. Carla, mi .... degli ultimi sviluppi, quando torni dalla riunione.
5. Secondo me, per chiarire tutto con Guido, gli dovresti ....
6. È meglio .... certe decisioni e non a voce.
7. Stefano non risponde al telefono, comunque gli ho .... sulla segreteria.
8. Sì, ragioniere. Le ho già .... con il file allegato.

---

3 Scrivete una conferma di prenotazione usando i seguenti elementi.

> Albergo Aurora,/Abbiamo provveduto/con la presente/ad effettuare/confermiamo la preno-tazione/ Cordiali saluti/dal 20 al 23 maggio/ di € 300/2 camere singole/Giulio e Alberto Bruni/ il versamento dell'acconto/ Spettabile/ sul Vs. c.c./tramite vaglia postale/ trattamento di pensione completa

4 Completate questo invito con le parole sottostanti.

Mostra – presso – invitare – terrà – lieta

La *Framundo*, Gestore Museo
Castello Ducale è .... di ....
S.V.[1] all'inaugurazione della
.... d'Arte Sacra
**San Francesco di Paola tra fede,
Storia e Devozione Popolare**
che si .... sabato 10 marzo
2007, alle ore 18.00 ....
il MUSEO CASTELLO DUCALE di
CORIGLIANO CALABRO

La mostra resterà aperta dal 10 marzo al 20 maggio 2007
Orario di Apertura
09.30-12.30 – 15.30-17.30 – Chiuso Lunedì

- sabato 10 marzo dalle ore 17.30 servizio navetta da Villa Margherita -

[1]S.V. = la Signoria Vostra

5 Giorgio e Luca sono due cari amici di Carlo. Completate il testo con i verbi seguenti usando, a seconda dei casi, la preposizione *di* o la particella pronominale *ne*.

discutere (2x) – essere contento – sapere – parlare – interessarsi – sentir parlare

"Giorgio è quello a sinistra. Lui ed io ....
spesso ...... politica. Con Marco invece, quello a destra,
non .... mai perché lui non ....
.... questo governo e si agita subito.
Però .... tutto ...... cinema e ....
.... per ore. Giorgio non .... cinema
ma ha un'altra passione: i viaggi esotici. Quando
.... un posto che non conosce fa subito
progetti per partire!"

6 Ecco la lista dei buoni propositi di Angela. Completate con la preposizione *a* o *di*.

Nei prossimi giorni …
1. passerò ...... trovare mia cugina.
2. chiederò ...... Rita ...... uscire insieme.
3. cercherò ...... non finire ...... lavorare sempre tardi.
4. eviterò ...... andare ...... letto sempre dopo mezzanotte.

5. proverò ...... smettere ...... fumare.
6. proporrò ...... Claudio ...... andare
   ...... trovare sua madre.
7. aiuterò mia madre ...... imbiancare
   la cucina.

7 Cosa significano le espressioni di sinistra? Scegliete la frase adatta tra quelle proposte a destra.

1. Tu come sei messa?
2. Ti va di venire?
3. Sei già impegnata?
4. Ma certo, figurati!
5. Cerchiamo di non
   fare troppo tardi.

☐ Sei di buon umore?
☐ Vieni tu da noi o veniamo noi da te?
☐ Sei già occupata?
☐ Non è assolutamente un problema.
☐ Cerchiamo di tornare a casa
  piuttosto presto.

☐ Sei libera o hai da fare?
☐ Hai voglia di venire?
☐ Sei già stressata?
☐ Ma certo, che figura!
☐ Cerchiamo di arrivare
  puntualmente.

8 **Ricostruite il dialogo mettendo i numeri delle battute a destra nelle caselle appropriate.**

● Pronto?

○ ☐

● Ciao Stefania! Come va? Tutto bene?

○ ☐

● Guarda, ci verrei volentieri, però venerdì sera ho già un impegno, ho promesso a Valeria di accompagnarla all'aeroporto.

○ ☐

● Sì, va bene! Cosa facciamo, vogliamo incontrarci prima per l'aperitivo?

○ ☐

● D'accordo.

○ ☐

1. Beh, allora facciamo sabato, non c'è problema. Magari cerchiamo di non fare tardi, perché domenica vorrei andare al lago.

2. Allora scrivo un sms a Bea e Pino e gli dico che va bene sabato.

3. Abbastanza bene, grazie. Ti telefono perché venerdì o sabato Bea, Pino ed io vorremmo andare al cinema, a vedere Il Rabdomante. Ti va di venire o sei già impegnato?

4. Direi di sì. Facciamo alle sette e mezza, al bar di fronte al cinema Odeon?

5. Ciao, Carlo. Sono Stefania.

9 **Che cosa potreste proporre ai vostri compagni di classe? Formate delle frasi con gli elementi dati. Attenzione, a volte potete usare sia il presente che il condizionale.**

Esempi: *voi/andare/fare una foto del gruppo? → Vi va/Vi andrebbe di fare una foto del gruppo?*

1. (io) proporre/(noi) incontrarsi prima del corso/prendere un caffè insieme.

....

2. (tu) che dire/andare/cinema/vedere un film italiano?

....

3. (noi) cercare/restare/contatto/quando/(tu) trasferirsi in Italia!

....

4. (io) dire/andare/mangiare una pizza dopo il corso.

....

5. (noi) potere/scambiarsi/tutti/numeri di telefono.

....

10 **Completate il dialogo con i pronomi mancanti.**

● Pronto, sono Amanda.

○ Ehi, ciao Amanda! È da tanto che non .... sentiamo! Come stai?

● Bene, grazie. .... telefono proprio per proporti di uscire con un paio di amici. Che .... dici di andare a mangiare al ristorante giapponese di via Respighi? Il sushi .... piace, no?

○ Certo, questa sì che è un'ottima idea! Quando vuoi andar.......?

● Venerdì sera alle otto. Vengono anche Mario, Gianna e ovviamente Piero, che però .... raggiungerà un po' più tardi.

○ Va benissimo. Senti, tu .... vai in tram o in macchina?

● In tram, la mia macchina è dal meccanico.

○ Allora se vuoi .... vengo a prendere io a casa. Alle otto .... andrebbe bene?

● Grazie, che gentile! Va benissimo. Poi al ritorno .... accompagnerà Piero. Tanto lui abita qui vicino.

○ A proposito di Piero, se .... senti ancora prima di venerdì, ... puoi dire di portar....... il DVD che .... ho prestato?

● Sì, guarda, penso di chiamar....... proprio stasera.

○ Oddio!

● Che c'è?

○ Mi è venuto in mente che venerdì arriva mia cugina da Ascoli!

● Beh, non puoi dir....... di venire con noi?

○ Non sarà un problema per gli altri?

● Ma figurati! Anzi, farà piacere a tutti conoscer....... .

○ Va bene. Allora .... telefono subito e .... chiedo cosa .... pensa.

11 Completate le colonne con l'oggetto, la persona o il luogo corrispondenti ai pronomi.

	chi/che cosa?	a chi?	dove?
Esempio: *Gli piace il gelato al cioccolato.*		*ai ragazzi/alle ragazze*	....
1. La usiamo molto per fare le gite.	*la bicicletta*	....	....
2. Lo regalo al mio amico.	....	....	....
3. Gli ho scritto un'e-mail.	....	....	....
4. Le vedo domani.	....	....	....
5. Le telefono stasera.	....	....	....
6. Ci va da solo in macchina.	....	....	....
7. Li devo lavare.	....	....	....
8. L'accompagno a casa.	....	....	....
9. A Luisa ne vorrei regalare uno di Paolo Conte.	....	....	....
10. Ci torniamo sicuramente l'anno prossimo.	....	....	....

12 Rileggete l'articolo a pagina 24. Cosa significano i termini della colonna a sinistra?
Abbinate le spiegazioni.

1. spaccare a metà		**a**	andare oltre un certo limite
2. un confine invisibile		**b**	occupare sempre più spazio
3. l'analfabetismo tecnologico		**c**	dividere in due parti
4. padroneggiare una cosa		**d**	il primo motivo
5. superare la soglia		**e**	il metodo più usato
6. la ragione principale		**f**	essere capaci di usare bene una cosa
7. farsi largo		**g**	la mancanza di abilità nell'usare il computer
8. il reddito tende a non crescere		**h**	cercare di spendere di meno
9. razionalizzare la spesa		**i**	una linea che divide e non si vede
10. la strada maestra		**l**	le entrate economiche non aumentano

123

13 Italiani: non solo al telefono, ma anche al computer! Sostituite il pronome relativo come nell'esempio.

Nell'Italia del mondo digitale c'è una linea *la quale* (che) spacca il Paese a metà.

1. L'uso del computer e del telefono è l'argomento .... (del quale) parla l'articolo.
2. È aumentato il numero delle famiglie .... (nelle quali) si utilizza Internet.
3. La posta elettronica è una delle ragioni .... (per cui) si fa uso di Internet.
4. Gli utenti, ... (i quali) non sono più soltanto destinatari di Internet, producono sempre più spesso anche contenuti.
5. Le famiglie .... (in cui) c'è più di un utilizzatore di telefonino sono il 90%.
6. L'abbandono del telefono fisso è il modo .... (con cui) molti italiani scelgono di risparmiare.

14 Che rapporto hanno gli italiani con i mezzi di comunicazione?
Formate delle frasi e fate attenzione all'uso dell'articolo.

1. più/90%/italiani/guardare regolarmente/tv
   ....

2. in circa/70%/famiglie/esserci/più di un utilizzatore/cellulare
   ....

3. meno/50%/persone/leggere/settimanali
   ....

4. famiglia italiana/spendere/media/quasi 1000 euro/servizi di telefonia
   ....

5. circa/decimo/popolazione/andare a/concerti di musica classica
   ....

6. quasi/quinto/andare/concerti di altro genere
   ....

7. più/metà/persone/non leggere/libri
   ....

8. circa/40%/leggere/quotidiani
   ....

15 Leggete queste testimonianze. Dove bisogna mettere l'articolo? Dove non è necessario?

1. "Nel tempo libero mi piace leggere, soprattutto ...... gialli. Non leggo ...... giornale, ma guardo ...... notizie su ...... Internet. Come ...... genere musicale preferisco ...... musica classica. Non ascolto quasi mai ...... radio, solo quando sono in ...... macchina."

2. "...... sera, dopo ...... lavoro, in genere siamo stanchi e non abbiamo più ...... voglia di fare niente, quindi guardiamo ...... tv, prima ...... telegiornale e poi quello che capita."

3. "...... mattina appena mi sveglio accendo ...... computer, un po' per ...... abitudine, ma anche per vedere se ...... miei amici sono online, per scambiarci un breve messaggio. Quando esco di ...... casa mi porto ...... i-pod. ...... mio genere musicale preferito è ...... musica tecno. ...... mia madre dice che così mi rovino ...... orecchie, ma non riesco a stare senza."

16 Tommaso lascia un messaggio sulla segreteria telefonica per Kati. Riferite alla vostra compagna d'appartamento il messaggio modificando le parti in grassetto[1].

> *Risponde la segreteria telefonica del numero 83484968. Purtroppo in questo momento siamo assenti. Se volete, potete lasciare un messaggio dopo il segnale acustico.*

"Ciao Kati, sono Tommaso. Questa sera non **posso** venire con te al cinema, perché **mia** madre ha deciso di tornare prima dal mare e così **devo** andare a prenderla alla stazione. Insomma, **mi** dispiace, ma stasera non è proprio possibile. Però, se vuoi, **ci possiamo** vedere domani a casa **mia**. **Io tornerò** dalla palestra verso le sette e mezza. **Possiamo** mangiare qualcosa insieme e poi fare un salto al "Divina". **Aspetto** tue notizie. Ciao e bacioni."

Kati, c'è un messaggio di Tommaso, dice che questa sera non .... venire con te al cinema, perché .... madre ha deciso di tornare prima dal mare e così .... andare a prenderla alla stazione. Insomma, ... dispiace ma stasera non è proprio possibile. Però, se vuoi, ... vedere domani a casa .... Dice che .... dalla palestra verso le sette e mezza e che .... mangiare qualcosa insieme e poi fare un salto al "Divina". .... tue notizie e ti saluta.

Vocabolario: [1]in grassetto *fettgedruckt*

17 a) Leggete l'intervista alla signora Carrisi.

- ● Signora Carrisi, è stato facile imparare ad usare il computer?
- ○ Beh, all'inizio avevo quasi timore di quell'apparecchio, ma dovevo usarlo per il lavoro …
- ● E come ha imparato?
- ○ La mia ditta ci ha offerto un corso di formazione e dopo le prime due o tre volte ho incominciato addirittura a divertirmi.
- ● Che cosa la divertiva particolarmente?
- ○ Mi divertiva particolarmente provare e riprovare ad usare il mouse.
- ● E qual è il suo rapporto con il computer adesso?
- ○ Oggi il computer è diventato la mia passione. Non solo ci lavoro in ufficio, ma ne ho anche uno portatile a casa, che uso esclusivamente per motivi privati.
- ● Potrebbe rinunciare al computer?
- ○ No, assolutamente no. Oggi non riuscirei a immaginare la mia vita senza il computer.

b) Completate il resoconto della testimonianza della signora Paola Carrisi.

Alla domanda se è stato facile imparare ad usare il computer, Paola Carrisi risponde che all'inizio .... quasi timore di quell'apparecchio, ma .... usarlo per il lavoro. Aggiunge che la .... ditta .... un corso di formazione e che dopo le prime due o tre volte .... addirittura a .... Racconta che .... particolarmente provare e riprovare ad usare il mouse. La signora Carrisi dice che oggi il computer .... la .... passione e che non solo ci .... in ufficio, ma ne .... anche uno portatile a casa, che .... esclusivamente per motivi privati. La signora Carrisi conclude dicendo che oggi non .... a immaginare la .... vita senza il computer.

18 Anche Raffaele, un ragazzo di 17 anni, è stato intervistato sull'uso del computer. Leggete la sua testimonianza e trasformatela al discorso indiretto, introducendo le frasi anche con i seguenti verbi.

> continuare – aggiungere – concludere – dire – raccontare

"Per me vivere senza Internet e senza cellulare è impensabile. La prima cosa che faccio la mattina, quando mi alzo, prima di andare al liceo, è leggere i messaggi dei miei amici. E poi con Internet posso ascoltare tutta la musica che voglio e guardare i film. Quando i miei genitori avevano la mia età non c'era ancora il pc e non esisteva Internet. E nemmeno il cellulare! Quando volevano incontrare gli amici, dovevano mettersi d'accordo all'uscita da scuola, oppure dovevano telefonargli da casa. Non avevano la libertà che ho io. Però è anche vero, che i miei nonni non potevano rintracciarli dappertutto. Io per non essere disturbato devo spegnere il cellulare, ma poi rischio di non ricevere le chiamate dei miei amici. Beh, forse anche i miei genitori, senza cellulare, avevano qualche vantaggio."

....
....
....
....
....
....
....
....
....
....

19 Sottolineate la parola giusta.

1. *Se/Quando* la TV aveva pochi canali, la qualità dei programmi a volte era migliore.
2. *Se/Quando* riesci a venire prima, dammi uno squillo.
3. Non sappiamo ancora esattamente *se/quando* partiremo, ma sarà domenica o lunedì.
4. *Se/Quando* stasera piove, non vado a fare jogging.
5. Non posso dire con certezza *se/quando* torno, ma cercherò di non fare troppo tardi.
6. *Se/Quando* mi ripari il computer ti invito a cena.
7. *Se/quando* ci dici quando arrivi, ti veniamo a prendere alla stazione.
8. *Se/Quando* fra due ore la connessione a Internet ancora non funziona, chiamo il servizio assistenza.

20 Qual è la combinazione giusta? Sottolineate.

facilitare	di vita	la vita	**vivere**	buono	bene
fare	tardi	sul tardi	**guardarsi**	in faccia	nella faccia
essere	per giro	in giro	**parlare**	aperto	apertamente
rintracciare	sul cellulare	dal cellulare	**perdere**	tempo	tempi
abitare	lontanamente	lontano	**lasciare**	in pace	nella pace

21 Completate le frasi con le espressioni elencate.

> scrivendoci – concentrandoti – facendogli – regalandole – tenendosi – parlandoci

1. I miei nonni si vogliono ancora molto bene. Vanno sempre a passeggio .... la mano.
2. .... un po' vedrai che potrai risolvere questo problema.
3. Lisa non è arrabbiata con Nino. Anzi, gli è andata incontro .... un bel sorriso.
4. Preferirei discutere la questione solo con te di persona, insomma .... a quattrocchi.
5. Le abbiamo fatto una grande sorpresa, ... un nuovo computer portatile.
6. Abbiamo mantenuto il contatto .... un'e-mail una volta al mese.

22 Scrivete il dialogo.

Fabio sagt seinem Kollegen Sandro, dass er jetzt geht, da er noch einen Termin beim Zahnarzt hat.	● ....
Sandro erwidert, dass er davon gar nichts wusste und er fragt, ob Fabio später wiederkommt.	○ ....
Fabio weiß nicht, ob er das schafft.	● ....
Sandro fragt, warum Fabio ihm nichts davon gesagt hat, dass er früher gehen muss, und ob Fabio vergessen hat, dass um drei Uhr noch eine Besprechung ist.	○ ....
Fabio tut es leid, er hat es wirklich vergessen. Er bittet Sandro, ihn morgen über alles zu informieren.	● ....

23 *Avere* o *essere?* Completate il testo con i verbi al passato prossimo scegliendo l'ausiliare adatto.

Cara Caterina,

ieri non .... potut.... venire. Mi devi scusare, ma è stata proprio una giornataccia[1] dall'inizio alla fine.
È cominiciata male già la mattina, quando mi .... dovut.... alzare prestissimo perché Melissa doveva partire per una gita scolastica, così .... dovut.... portarla al pullman[2] in macchina. Pensando di passare da te dopo il lavoro non .... volut.... andare in ufficio in macchina e così sono tornata a casa, l'ho lasciata in garage e sono andata a prendere la metropolitana. Ma quando ci si mette la sfortuna[3]: alla stazione della metropolitana c'era tantissima gente, perché da mezz'ora non passavano treni per un guasto[4] alla linea.
Così .... dovut.... tornare a casa a riprendere la macchina! Ti puoi immaginare che traffico c'era a quell'ora! Ovviamente sono arrivata in ritardo in ufficio e mi .... dovut.... sentire anche le lamentele del mio capo a cui dovevo urgentemente consegnare una documentazione. La giornata è continuata male perché all'improvviso il computer si è bloccato. Così .... dovut.... restare in ufficio fino alle 8 per finire un lavoro urgente.
E alla fine mi sono addirittura dimenticata di avvisarti che non potevo più venire! Scusami ancora! ☹
Bianca

Vocabolario: [1]giornataccia *schlechter Tag* [2]pullman *Reisebus* [3]sfortuna *Pech* [4]guasto *Panne*

24 Sottolineate il pronome doppio adeguato.

1. Quando ridai i cd a Giuliano? – *Glieli/Me li* riporto la settimana prossima.
2. Ci fai vedere le foto del Cile? – Adesso non ho tempo, ma *te li/ve le* posso spedire più tardi.
3. Sai che ho incontrato Verena? – Sì, *me lo/glielo* ha detto lei l'altra sera.
4. Hai detto a Gaia di non tornare troppo tardi? – Sì, non ti preoccupare, *gliene/gliel'* ho già detto.
5. Se vai al parco, posso venire con te? Certo! – *Te lo/Glielo* faccio sapere.
6. La Signora Assi è malata, non può finire la relazione. – *Se ne/Gliene* può occupare Lei?
7. Oddio! Mi sono dimenticata di portarvi i cd-rom! – Non importa, *ce ne/ce li* porti la prossima volta.
8. Senti, devo andare. Puoi finire tu di inserire questi dati? – Sì, vai pure. *Me ne/Me lo* occupo io.

25 Completate con i pronomi doppi.

1. Ultimamente ho letto un libro molto avvincente, se vuoi .... presto.
2. Non ho fatto in tempo a scrivere l'invito a Guido. .... scrivi tu, per favore?
3. Ragazzi, la signora Terzi ha dimenticato qui gli occhiali da sole. Se ritorna .... date voi?
4. Come mai Aldo sapeva già che cambio lavoro, ... hai parlato tu?
5. In vacanza abbiamo fatto delle foto bellissime. Se volete domani .... facciamo vedere.
6. Mia cugina è una ragazza molto carina, quando vieni da me la prossima volta .... presento.
7. Mamma, ho raccontato a Fausto che il nostro televisore è rotto e mi ha detto che .... può aggiustare lui.

Come e perché si viaggia

Sei in partenza?

37 Fonologia.
Ascoltate e leggete le seguenti frasi che hanno lo stesso contenuto, ma cambiano significato a seconda della parola su cui cade l'accento. Sottolineatela e poi abbinate ogni frase al suo significato.

1. a) Andiamo a mangiare
     il pesce alla Piazzetta?   (allora andiamo, sì o no?)
   b) Andiamo a mangiare
     il pesce alla Piazzetta?   (e non la pizza)
   c) Andiamo a mangiare
     il pesce alla Piazzetta?   (e non al Peschereccio)

2. a) Stasera vado al cinema con Andrea.   (e non a teatro)
   b) Stasera vado al cinema con Andrea.   (e non con Angelina)
   c) Stasera vado al cinema con Andrea.   (e non domani)

3. a) La settimana scorsa ho scritto un'e-mail a Laura.   (e non una lettera)
   b) La settimana scorsa ho scritto un'e-mail a Laura.   (e non a Cinzia)
   c) La settimana scorsa ho scritto un'e-mail a Laura.   (e non solo ieri)

1 Formulate delle domande.

Sie fragen ...

1. ... Ihre Kollegin Anna, ob sie eine Bildungsreise oder einen Urlaub zum Ausspannen gemacht hat.
   ....

2. ... Ihren Freund Marco, ob seine Reise nach Paris eine Geschäftsreise gewesen ist.
   ....

3. ... Ihre Cousine, ob sie bereits am geplanten Studentenaustausch teilgenommen hat.
   ....

4. ... Ihren Nachbarn im Zug, ob er als Pendler unterwegs ist.
   ....

5. ... Ihren Neffen, wo er auf dem Schulausflug gewesen ist.
   ....

2 Una vita in treno. Rileggete l'articolo a pagina 34 e sottolineate la parola giusta.

1. Al terminal del Malpensa Express i pendolari hanno *presentato/analizzato* la loro analisi della situazione e le loro proposte.
2. Su diverse *corse/linee* c'erano ritardi di oltre dieci minuti.
3. Alessandro racconta che era *arrivato/venuto* al lavoro con un ritardo di 65 minuti.
4. Due giorni prima i minuti di *ritardo/anticipo* erano stati 50.
5. Tre giorni prima invece il treno era stato puntuale, ma le carrozze non erano riscaldate e *dimenticava/mancava* anche la luce.

3 Leggete il post di una pendolare e completate con le seguenti espressioni.

gli orari – viaggiatori – tornare a casa – in partenza – arriva da – posto libero – in arrivo – nella carrozza – la stazione – di ritardo – binario – del pendolare – ritorno

Siccome stasera ho fatto tardi al lavoro, devo .... con il treno delle 20.40 che .... Brescia alle 20.30. Sono le 20.15, ho ancora un po' di tempo prima di prendere posto ...., quindi faccio un giretto dentro .... Dopo qualche minuto, uno dei display con .... si accende e mostra l'elenco dei treni .... Sorpresa! Il treno delle 20.40 arriverà con 15 minuti ....! Allora vado a prendermi un trancio di pizza al take away sul piazzale e dopo .... in stazione, che nel frattempo si è riempita di gente. Mi siedo e incomincio a mangiare.

Sono le 20.39. All'improvviso un annuncio: "Si avvisano i signori .... che il treno delle ore 20.40 è .... dal primo ....". Ma come è possibile? Mi metto a correre con la pizza ancora in mano e riesco a salire all'ultimo momento sul treno. Finalmente si ritorna a casa, ma in piedi, perché non c'è più un solo .... Com'è dura la vita ....!

4 Annunci in stazione. Collegate le frasi.

1. Il treno regionale per Alessandria	a augura buon viaggio!
2. L'intercity 4123 proveniente da Venezia ha	b al binario 10 anziché al binario 7.
3. Ricordiamo ai signori viaggiatori di	c subirà un ritardo causa guasto[1] al locomotore.
4. L'Eurostar delle 12.45 arriverà	d verranno soppressi[2] tutti i treni regionali.
5. Causa sciopero del personale viaggiante	e un ritardo di 25 minuti.
6. Trenitalia vi ringrazia e vi	f obliterare[3] il biglietto.

Vocabolario: [1]causa guasto *wegen eines Defekts* [2]verranno soppressi *hier: werden nicht verkehren* [3]obliterare *entwerten*

5 Viaggiare in treno: istruzioni per l'uso. Completate le frasi con i verbi al passivo, usando l'ausiliare *andare*. Fate attenzione al tempo verbale.

rispettare – difendere – prenotare – comunicare – completare

1. La natura ...., i pendolari lo fanno usando i mezzi pubblici.
2. I ritardi ferroviari ...., altrimenti i viaggiatori non possono regolarsi.
3. I lavori alla stazione .... entro novembre, tra due settimane è Natale e la stazione è nel caos più totale.
4. I limiti di velocità .... anche dai treni, solo così sarà garantita la sicurezza dei viaggiatori.
5. I biglietti a "prezzo smart" .... con anticipo, per partire domani ci sono solo quelli regolari.

6 **Ieri, oggi o domani? Scrivete le espressioni di tempo nella sequenza giusta e scegliete poi, nelle frasi che seguono, l'espressione appropriata.**

domani – oggi – l'anno scorso – l'anno prima – la settimana prossima – l'anno prossimo – tre mesi fa – la settimana seguente – ieri – il mese passato – il mese prima – quattro giorni fa – l'altro ieri – dopo-domani – fra tre giorni – due settimane fa – adesso

L'anno prima, ...

....

....

1. L'ingegner Sollazzo *ieri/il giorno prima* non è venuto in ufficio perché *ieri/il giorno prima* era tornato molto tardi da un viaggio d'affari.
2. Dato che *l'anno scorso/l'anno prima* non aveva superato un esame importante mio fratello *l'anno scorso/l'anno prima* ha studiato moltissimo.
3. *Da tre mesi/Fra tre mesi* mio figlio va a scuola, *i mesi prima/i mesi seguenti* non vedeva l'ora di cominciare ma *adesso/il mese passato* si lamenta di non avere tempo per giocare con gli amici.
4. *Due settimane fa/ieri* ho scritto un'e-mail a mia cugina, ma mi ha risposto solo *domani/l'altro ieri* perché aveva tanto da fare

7 **Passato prossimo, imperfetto o trapassato prossimo? Completate le frasi con i verbi della colonna di destra.**

1. Domenica Roberto ed io .... andare a trovare Gianna ma .... per le vacanze il giorno prima.	volere/partire
2. Oggi non .... a completare la relazione perché .... gli appunti a casa.	io – riuscire/ dimenticare
3. Giovedì scorso mia cugina non .... con noi perché qualche giorno prima .... e non .... ancora bene.	partire/ ammalarsi/stare
4. Oggi Fabio per andare al lavoro .... la bicicletta, perché la settimana scorsa .... bloccato nel traffico tutte le mattine.	prendere/rimanere
5. I miei nonni .... un po' stanchi perché .... una lunga passeggiata.	arrivare/fare
6. Giulio ieri .... prima dal lavoro perché nel pomeriggio gli .... un forte mal di testa.	andare via/venire

8 **Completate le frasi con la forma adatta del verbo *farcela*.**

1. Se Alma .... a tornare con il treno delle 17, stasera andiamo al cinema insieme.
2. Mi potresti aiutare a portare queste scatole? Io da solo non ....
3. Su, ragazzi! Se vi impegnate un po' di più .... sicuramente a superare l'esame.
4. Dobbiamo correre altrimenti non .... a prendere il treno.
5. Guido, ... a portare quelle valigie da solo o devo darti una mano?
6. Elsa e Rino hanno detto che se .... vengono con noi al lago.

9 **Guardate gli orari dei treni e completate le frasi.**

Partenza	Arrivo	Durata	N° Treno	Categoria Treno	Info	Acquista
06:23 BRESCIA	07:33 MI LAMB	01:10	2696	R	Dettagli	🛒
06:52 BRESCIA	07:46 MI LAMB	00:54	2710	R	Dettagli	🛒
07:03 BRESCIA	08:15 MI LAMB	01:12	10726	R	Dettagli	🛒
07:28 BRESCIA	08:21 MI LAMB	00:53	2088	R	Dettagli	🛒

1. In genere con il treno .... circa un'ora da Brescia a Milano. — volerci
2. Il treno che parte alle 7.28 .... solo 53 minuti. — metterci
3. Con il treno delle 6.23 .... 70 minuti. — volerci
4. Stamattina il treno è partito da Brescia alle sette, ma un po' prima di Milano si è fermato per 20 minuti: oggi .... di nuovo molta pazienza. — volerci
5. Ieri Luisa ha perso il suo treno e ha preso quello delle 7.03 ma .... quasi 20 minuti in più. — metterci
6. Con il treno delle 7.28 parti 25 minuti dopo ma .... meno tempo che con quello delle 7.03 ed arrivi solo poco più tardi. — metterci

10 Come direste in italiano?

1. Sie fragen, ob Sie eintreten dürfen. ....
2. Sie bitten den Anderen Platz zu nehmen. ....
3. Sie fordern Ihren Gesprächspartner auf zu sprechen. ....
4. Sie bitten, eine Sache zu bedenken. ....
5. Sie sagen, dass es vielleicht besser sei, nichts zu riskieren. ....
6. Sie pflichten Ihrem Gesprächspartner bei. ....
7. Sie sagen, dass etwas sehr gut passt. ....
8. Sie unterstreichen die Dringlichkeit Ihrer Bitte. ....
9. Sie fragen überrascht nach dem Grund für die Neuerung. ....
10. Sie sagen Ihrem Gesprächspartner, dass er sich nicht zu sorgen braucht. ....

11 Completate il dialogo con i verbi mancanti nel tempo e nel modo adeguati.

capire – considerare – dispiacere – metterci (3x) – preoccuparsi – raccomandarsi – tener presente – volerci – volere

● Ingegner Zamboni, Le .... dire che Le ho prenotato un posto sull'Eurostar delle sette.
○ In treno? Non ...., perché non ha prenotato come sempre un volo?
● Lo so, mi ...., ma purtroppo è stato annunciato uno sciopero dei controllori di volo a Linate, forse è meglio non rischiare.
○ E quanto .... l'Eurostar?
● Dunque, ... 4 ore e mezza, arriva a Roma Termini alle 11.30.
○ Mi sembra un po' tardi. .... che la riunione dei delegati è alle 12.00? Da Termini con il traffico che c'è, ... almeno tre quarti d'ora per arrivare. E se poi il treno arriva in ritardo? Non ce n'è uno prima?
● Beh, sì. Ci sarebbe il t-Biz che .... 4 ore, però parte dalla Centrale già alle 6.30. Non è troppo presto per Lei?
○ No, va benissimo. Prenoti pure un posto su quello. Se ne occupi subito, ..., e .... che la riunione durerà fino alle cinque.
● Sì, certo. Non ....

12 Completate le frasi secondo il senso con la forma corretta del verbo.

comprare – preferire – vedere – venire – regalare – trasferirsi – fare – dovere

Esempio: Anna per la laurea ha ricevuto dai genitori un viaggio in regalo. Lei però *avrebbe preferito* una macchina tutta per sé.

1. I miei ex vicini con i soldi dell'eredità hanno comprato un appartamento in centro, io al posto loro .... una villetta in campagna.

2. Ieri sera eravamo troppo stanchi per uscire, altrimenti .... a trovarti.

3. Non dovete lamentarvi se non ci sono più posti in aereo, ... prenotare prima.

4. Mia cugina .... in un'altra città, ma non è riuscita a trovare un nuovo lavoro.

5. Sì, forse io ho sbagliato, ma tu cosa .... al mio posto?

6. Federica non sapeva del compleanno della sua nuova collega, altrimenti le .... sicuramente qualcosa.

7. Io .... volentieri quel film di cui mi hai parlato, ma non lo danno più.

---

13 **Cosa avrebbero potuto fare? Completate con il verbo adeguato e con le parole che vi suggeriscono i disegni.**

Il treno proveniente da Napoli è arrivato con 50 minuti di ritardo, ma i viaggiatori non sono stati avvisati ed hanno continuato ad aspettare al binario. Come avrebbero potuto passare il tempo diversamente?

avrebbero preferito – avrebbe preso – sarebbe andata – sarebbe passato – avrebbe fatto

1. La signora Longo forse .... uno spuntino con ....

2. Suo marito sicuramente .... di fronte alla stazione.

3. I loro nipoti .... curiosare[1] nel negozio di ....

4. Il signor Ricci probabilmente .... in ....

5. Lisa .... a trovare .... che abita accanto alla stazione.

Vocabolario: [1]curiosare *hier: sich umsehen, Dinge anschauen*

---

14 **Che stress partire per un viaggio! Completate il dialogo con il pronome diretto, il verbo *avere* e aggiungete *ce* dove lo ritenete opportuno.**

● Sandra, ... tu i biglietti?

○ Sì, ... presi io. Mannaggia, non ho stampato la conferma dell'albergo!

● Non ti preoccupare, ... io. Senti, piuttosto, non riesco a trovare il mio portafogli! Ma dove .... messo? .... visto da qualche parte?

○ Eh sì, dovresti stare più attento, ... io il tuo portafogli, ... dimenticato sul tavolo. Però adesso sono io a non trovare i miei occhiali. Dove sono finiti? Un attimo fa .... !

● Hai già guardato nella borsa? Forse .... rimessi nella borsa.

○ Ah, sì. Eccoli! Senti, ... tu il numero di telefono dell'agenzia di viaggi?

● No, non .... ma secondo me non ci serve.

15 **Futuro, condizionale presente o condizionale passato? Scegliete la forma corretta del verbo.**

L'anno scorso .... (desiderare) tanto fare un viaggio in Messico. Mi .... (piacere) visitare i siti archeologici della civiltà Maya, e .... (andare) sicuramente a Città del Messico dove abita mia cugina Francesca. Ma Angelo non ne ha voluto sapere di fare un viaggio così lungo. Così quest'anno ho deciso di fare questo viaggio senza di lui. Penso però che viaggiando da sola .... (sentirsi) un po' insicura. Perciò .... (volere) provare a fare un viaggio organizzato, ... (essere) la prima volta nella mia vita. Venerdì sera dopo l'ufficio .... (andare) in agenzia ad informarmi. Ho già consultato alcuni cataloghi ed ho trovato qualcosa che .... (potere) fare al mio caso. Quando .... (sapere) che voglio partire da sola forse Angelo .... (decidere) di venire con me. Ed io ne sarei contenta perché naturalmente .... (preferire) andarci insieme a lui.

16 **Dopo un incidente. Collegate le parole di sinistra con quelle di destra.**

1.	patente	a	della polizza
2.	libretto	b	di targa
3.	cedolino	c	di guida
4.	numero	d	della patente
5.	numero	e	dell'assicurazione
6.	scadenza	f	di circolazione

7.	prendere	g	la freccia
8.	essere	h	i dati
9.	mettere	i	la precedenza
10.	fare	l	col semaforo rosso
11.	dare	m	retromarcia
12.	passare	n	assicurati

17 **Ricostruite il dialogo mettendo i numeri delle battute di destra nelle caselle appropriate.**

● Oddio, che cosa ho combinato[1]!
○ ☐
● Mi scusi, ero distratto.
○ ☐
● Mi dispiace davvero. Lei ha il modulo per la constatazione amichevole?
○ ☐
● Neanch'io. Allora se per cortesia mi dà i suoi dati …
○ ☐
● Grazie. Mi può dire anche il numero della targa?
○ ☐
● Grazie. Ecco, se vuole prendere anche Lei nota dei miei dati, questo è il cedolino e questa è la mia patente.
○ ☐
● Speriamo!

1. BE 773 HI. E questa è la mia patente.
2. No, io purtroppo non ce l'ho. E Lei?
3. Guardi qui, mi ha rotto il paraurti e la luce posteriore.
4. Ah, è assicurato anche Lei con le Generali. Allora forse la pratica sarà più veloce.
5. Certo. Sono assicurata con le Generali. Le faccio vedere il cedolino dell'assicurazione. Il numero della mia polizza è 4331720312.
6. Ma scusi, non ha visto che avevo messo la freccia a destra?

Vocabolario: [1]combinare *anstellen*

18 **In macchina. Sottolineate la forma verbale giusta.**

1. C'è un rumore strano quando freno, devo *far/lasciar* vedere la macchina da un meccanico.
2. Si vede che sei stanco, *fa/lascia* guidare me.
3. Devo *far/lasciar* riparare il faro: ho messo una nuova lampadina, ma non funziona ancora.
4. Secondo me è proprio ora di *far/lasciar* cambiare le gomme, mi sembrano abbastanza consumate.
5. Attento, *fa/lascia* passare quella macchina che ha la precedenza!
6. Dal meccanico mi hanno *fatto/lasciato* aspettare due ore. E pensare che avevo preso un appuntamento!

19 Completate con la desinenza dell'aggettivo.

Gabriele quest'anno vuole andare in vacanza da sol..... . Ha 17 anni, ma secondo me è ancora immatur..... . Per viaggiare da sol..... bisogna essere anche responsabil....., Gabriele non lo è. Mia nipote Aurora invece ha solo 16 anni, però è una ragazza già molto matur..... per la sua età. L'anno scorso è andata da sol..... in Francia, a lavorare in un ristorante di Annecy e ne è tornata entusiast..... . "Sai zia – mi ha detto – senza i genitori si diventa più autonom..... . Non è stato facile stare lontan..... da casa e dai miei amici, ma ho imparato anche tant..... cose. Per essere dispost..... a fare questo tipo d'esperienza, bisogna anche essere apert....., curios..... e interessat..... a tutto quello che è nuov..... e divers...... ."

20 Scrivete le parole nelle colonne opportune.

controllore di volo – cofano – treno – coincidenza – partenza – corsia – aeroporto – targa – carrozza – volo – aereo – terminal – volare – stazione – pilota – binario – coda – patente – volante – pendolare – autostrada – conducente – controllore

....
....
....
....
....
....
....

21 Completate con le espressioni adeguate.

perdersi il meglio – programmare itinerari – spirito d'adattamento – viaggio lampo – il meno possibile – troppo di fretta – avere pregiudizi – parlare la lingua

Il mese scorso sono stato in Norvegia. Ho vinto un premio della ditta: cinque giorni a Bergen e Oslo. Insomma un .... Mi è piaciuto, anche se non è il viaggio che farei io in genere. Infatti io sono abituato a documentarmi bene prima di partire, per non rischiare di .... Invece questa volta non ho dovuto nemmeno .... perché era tutto organizzato dalla a alla zeta e avendo solo 5 giorni, molte cose sono state visitate .... Non è proprio una cosa che di solito mi piace fare. In un paese straniero cerco di essere turista .... e di mostrare un certo .... Non è stato difficile fare l'ultima cosa, visto che eravamo solo in hotel a quattro stelle. Ma non sono entrato in contatto con la gente del luogo. Secondo me è importante cercare di essere aperti e disponibili e soprattutto non .... nei confronti del paese e della gente. Però stavolta le uniche persone che ho conosciuto erano quelle del gruppo! Infine la lingua: quando vado in un paese straniero, mi piace poter .... locale, saper dire almeno qualcosa per comunicare con la gente. Beh, stavolta con il norvegese non è stato proprio possibile. Per fortuna che lì parlano tutti benissimo l'inglese.

22 Rileggete il testo di attività 29 a pagina 41. Cosa racconta Terzani? Mettete le frasi in ordine cronologico.

☐ Deve lavare i piatti dalla mattina alla sera.
☐ Capisce che viaggiare è la sua passione.
☐ Lui e il suo amico dormono nell'ostello.
☐ I ragazzi vanno alla stazione per comprare un giornale svizzero.
☐ Partono in autostop per la Francia.
☐ Tutti i compagni invidiano i due amici per la loro avventura.
☐ Passa alla pulizia dei pavimenti dell'albergo.
☐ Fanno tutti i documenti necessari.
☐ Quando arrivano c'è un signore che gli dice dove sistemarsi.
☐ Tornano passando per la Germania.

23 Sottolineate le forme verbali che appartengono al passato remoto.

avrebbe	imparò	dicesti	ebbe	credetti	scelga
scoprii	fui	avremmo	traducono	dà	arrivasti
letto	farò	saltarono	tornammo	terresti	sappi
andammo	direste	sarai	verrei	partì	prese
lavorai	cercò	bevevi	rimasero	fece	di'
esce	prenda	piaccio	scappaste	vissuto	invitarono

24 Rileggete il brano di pag. 43, cercate le frasi corrispondenti nel testo e scrivetele di seguito.

1. Firenze gli era piaciuta molto.
....

2. Ricordava i luoghi di quand'era bambino e non capiva il perché.
....

3. Pedalando si guardava intorno e osservava con attenzione ogni cosa.
....

4. La padrona lo aveva obbligato con modi gentili.
....

5. Pietro e Claudia salutavano gli altri clienti e scambiavano con loro solo qualche parola.
....

6. Lars era contento di come stava andando il suo viaggio.
....

25 Guardate l'illustrazione ed inserite le parole al posto giusto.

> fanalino – ruote – sedile – freno – pedali – manubrio

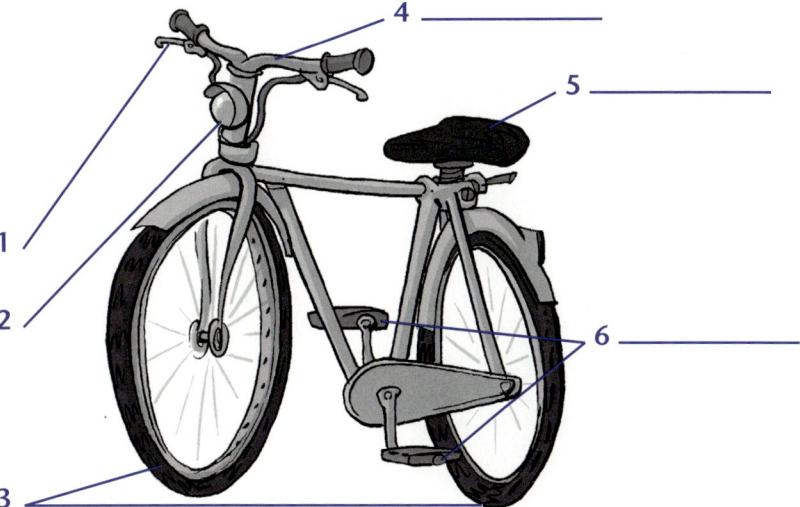

135

Modi di vivere e di abitare

Come ti trovi?

38 **Fonologia.** Ascoltate i seguenti scioglilingua, poi leggeteli e ripeteteli ad alta voce.

1. Nove navi nuove navigavano, una delle nove non voleva navigare.
2. Tre tigri contro tre tigri, contro un tram contro un treno.
3. Trentatré trentini entrarono a Trento tutti e trentatré trotterellando[1].
4. Sopra la panca la capra[2] campa, sotto la panca la capra crepa.
5. Settantatré struzzi[3] di stanza a Stresa stracchi[4] strimpellavano[5] strani strumenti.
6. Andavo a Lione cogliendo cotone, tornavo correndo cotone cogliendo.
7. Tre tozzi di pan secco in tre strette tasche stanno.
8. Sul tagliere l'aglio taglia, non tagliare la tovaglia, la tovaglia non è aglio, se la tagli fai uno sbaglio.

Vocabolario:
[1]trotterellare *trippeln* [2]capra *Ziege* [3]struzzo *Strauß* [4]stracco *matt* [5]strimpellare *klimpern*

1 Completate la tabella con le parole mancanti.

sostantivo	verbo	sostantivo	verbo	sostantivo	verbo
l'abitazione	abitare	lo spostamento		la tendenza	
lo sfogo			accedere		transitare
il taglio		la rinuncia		la responsabilità	
il trasferimento		la percezione		l'impedimento	
	distare		scegliere	l'inizio	

2 Leggete cosa dicono Lorenza e Sergio e completate con le seguenti espressioni.

> tagliato fuori – di renderla mia – avremmo impedito – questione di comodo – mi sfogo – tendo a – da sempre – mi sono reso conto – in mezzo – libera di fare

1. Praticamente posso dire di vivere in centro ...., a parte una breve interruzione, quando sono andato a vivere da solo e ho cercato casa in periferia, perché gli affitti erano più bassi. Ma là mi sentivo .... dalla vita culturale e dopo poco .... che preferivo vivere in centro. Mi è sempre piaciuto uscire di casa e trovarmi subito .... alla gente e al traffico. Così dopo un anno, quando mi sono sposato, sono tornato qui. Adesso abbiamo due figli che vanno a scuola con i figli dei miei ex-compagni. Fa uno strano effetto. Per un momento io e mia moglie avevamo pensato addirittura di trasferirci in un'altra città, ma poi .... ai nostri figli di frequentare la scuola e gli amici di sempre e siamo rimasti qui.

2. Io vivo in questa casa da pochi mesi, non ho avuto ancora il tempo .... del tutto. Sono andata a vivere da sola perché mi sono dovuta trasferire per lavoro. Fino a 26 anni sono rimasta a casa con i miei genitori. Del resto io ero sempre .... quello che volevo. I miei genitori sono persone molto tolleranti, tuttavia sono sempre uscita poco. Questione di carattere, anche adesso che vivo sola .... stare tanto a casa nei momenti liberi. Non frequento molta gente, l'unica persona con cui .... è mia sorella. Lei mi manca molto. È più grande di me, ma vive ancora con i miei genitori e ammette[1] di farlo per una ....

Vocabolario:
[1]ammettere *hier: zugeben*

3 A quali sostantivi potete abbinare i seguenti aggettivi? Cercate di trovare tutte le combinazioni possibili.

> comodo – lungo – indipendente – unico – libero – solo – pratico – provvisorio – tradizionale – vuoto – originale – precario

un vita *comoda*	un lavoro	un appartamento ....
....	....	....
....	....	....
....	....	....
un'idea	una persona	una scelta ....
....	....	....
....	....	....
....	....	....

4 Cercasi – Vendesi – Affittasi. Completate gli annunci.

> cucina – camere – condominiali – tranquilla – affittasi – vicinanze – villetta – bagno

Affittasi QUARTIERE MONTESACRO
zona .... monolocale – arredato – angolo cottura – 500 € spese .... comprese

VENDESI
.... Via Roma mq 95
ingresso, soggiorno, 2 ...., cucina, bagno, balcone – cod: rv 132

CERCASI
■ periferia – appartamento o .... – soggiorno – .... – 3 camere – doppi servizi – terrazzo o giardino – garage

....
centro 3 vani – cucina – .... – balcone – ripostiglio
Immobiliare – **tel. 06/3158873**

5 C'è posta per te! Completate la mail di Alessandra con i seguenti sostantivi nella forma adatta al singolare o al plurale.

[
agenzia immobiliare – amico – annuncio – balcone – cartello – casa – centro – Internet – macchina – mezzo pubblico – monolocale – periferia – provvigione – stabile – via – camera – quartiere
]

Cara Alessandra,
mi hai chiesto come mi trovo a Palermo. Abbastanza bene, anche se non sono soddisfatto della mia abitazione. Infatti da qualche settimana sto cercando ancora .... Adesso abito in un .... ma vorrei trovare qualcosa di più grande, magari due .... e cucina, possibilmente anche un .... Vorrei andare via da questo ...., perché non mi piace vivere in .... Spero di trovare qualcosa più vicino al ...., anche perché non ho la .... e quindi devo prendere i .... per muovermi. Però è difficile. Ho messo degli .... sul quotidiano locale, leggo quelli su ...., ho chiesto aiuto ad .... e colleghi, la sera giro per le .... del centro per vedere se ci sono .... affissi ai portoni degli ...., ma finora non ho ancora trovato niente di adatto. Forse dovrei incaricare un'....................., però in questo caso dovrei pagare la .... Se riuscirò a trovare qualcosa, te lo farò sapere.
Baci e abbracci
Tommaso

6 Che confusione! Rimettete in ordine le battute del dialogo.

● Abicom Buongiorno.
○ ......
● Mi può dire il codice?
○ ......
● L'appartamento a Foppolo?
○ ......
● Anche per tutto l'anno, al momento è libero.
○ ......
● Dunque, c'è l'ingresso, il soggiorno con la cucina a vista, due camere da letto e il bagno.
○ ......
● No, c'è l'aspiratore.
○ ......
● Sì, certo.
○ ......
● È autonomo, signora.
○ ......
● Sì, c'è un giardino condominiale e l'appartamento ha anche un bellissimo terrazzo.
○ ......
● 650 € al mese.
○ ......
● Sì, signora.
○ ......
● No, è a carico del proprietario. Ma bisogna pagare una cauzione pari al 20% dell'affitto.
○ ......
● Va bene, arrivederci.

1. E quant'è l'affitto al mese?
2. Oh, è molto alto. Ma sono comprese anche le spese condominiali?
3. Il bagno ha la finestra?
4. Buongiorno, mi chiamo Raboni, telefono per un annuncio sulla vostra rivista.
5. E l'appartamento è completamente ammobiliato?
6. Va bene. Senta, il riscaldamento è autonomo o centralizzato?
7. Ah, bene, bene. Ma nell'annuncio c'è scritto che c'è un giardino ...
8. Ancora una domanda: bisogna pagare una provvigione?
9. Ho capito. Allora ci rifletto ancora un po' e poi eventualmente Le telefono per andarlo a vedere.
10. Esatto. Volevo sapere per che periodo è possibile affittarlo.
11. Sì, WE 355.
12. Mi può dire esattamente com'è l'appartamento?

7 Completate con la forma irregolare del comparativo.

1. buono – più buono/*migliore*
2. cattivo – più cattivo/.....................
3. alto – più alto/.....................
4. basso – più basso/.....................
5. grande – più grande/.....................
6. piccolo – più piccolo/.....................

8 Un appartamento deludente, mi aspettavo di meglio! Completate le frasi con le seguenti espressioni.

> più grande – buone – migliore – inferiore – meno caro – più piccolo – migliore – peggiori

Gregorio è andato a vedere un appartamento, ma ne è rimasto molto deluso, perché …

1. ci sono i fornelli elettrici, ma secondo lui la cucina a gas è ....
2. si aspettava un appartamento .... e ....
3. pagherebbe un affitto .... ai 700 € mensili, ma l'appartamento costa 850 €.
4. l'appartamento non era in .... condizioni e comunque in condizioni .... del suo.
5. il terrazzo era la parte .... , ma la casa era un buco.
6. nella cucina tutto è .... di quello che pensava.

9 Sottolineate la forma giusta del comparativo e del superlativo.

1. Questo è il quartiere *migliore/superiore* della città.
2. Il monolocale che abbiamo visto ieri era *più piccolo/minore*.
3. Quest'agenzia è *più buona/migliore* di quella in centro.
4. La mansarda di Lucio è molto *maggiore/più grande* della mia.
5. Non andateci, è uno dei *peggiori/più bassi* ristoranti della città.
6. La distanza della casa dal centro era *maggiore/più alta* del previsto.
7. L'appartamento di Lia è di 135 mq, il nostro di 120 mq, quindi il suo è *maggiore/più grande*.
8. Se c'è o meno l'ascensore per noi è una cosa di importanza *minore/più piccola*.
9. Questo negozio vende dei mobili meno cari, ma di qualità *inferiore/più piccola*.
10. L'appartamento è a un piano *superiore/maggiore* in confronto a quello che abbiamo visto ieri.
11. Il mio giardino è *maggiore/più grande* del vostro.

10 Rispondete.

Circa 50 sono una cinquantina. Circa …

10	... *una decina*	60	....
12	....	90	....
15	....	100	....
30	....	1000	....

11 Enrico si sta laureando in Scienze Politiche. Cosa farà in futuro?
Collegate le frasi di sinistra con quelle di destra.

1. Quando si sarà laureato
2. Quando avrà trovato un lavoro
3. Quando avrà una casa tutta sua
4. Quando Milena si sarà trasferita da lui
5. Quando avranno finito i lavori
6. Quando saranno tornati dalla vacanza

a andrà a vivere da solo.
b partiranno per una vacanza.
c chiederà a Milena di andare a vivere con lui.
d cercherà un lavoro.
e faranno altri progetti per il futuro.
f faranno dei lavoretti alla casa.

12 Futuro semplice o futuro anteriore?

1. Nostra figlia e il suo ragazzo stanno cercando un appartamento. Quando l'.......................... (trovare) probabilmente .... (sposarsi) e questa casa .... (essere) più vuota. Ma non importa perché noi .... (trasferirsi) in campagna, non appena .... (finire) di ristrutturare la casa. Fra due anni mio marito .... (andare) in pensione e .... (noi/potere) finalmente viaggiare liberamente, dedicarci al giardinaggio e goderci la bella vita.

2. .... (io/tornare) in ufficio solo quando .... (guarire) completamente. Non ne posso più del tanto lavoro e dell'atmosfera sempre tesa. ....(io/essere) più tranquillo solo quando .... (firmare) il contratto con la nuova ditta. Quando .... (cambiare) lavoro, ... (dare) una grande festa e .... (invitare) tutti gli amici.

13 Da due settimane nessuno ha notizie di Angela. Gli amici cominciano a preoccuparsi. Ricostruite le loro frasi.

Esempio: partire/viaggio lampo   Sarà partita per un viaggio lampo.

1. stufarsi/nostra compagnia   ....
2. andare a trovare/genitori/Svizzera   ....
3. cambiare/numero del cellulare   ....
4. andare vivere/altra città   ....
5. innamorarsi/ragazzo/noi/non conoscere   ....
6. mettersi finalmente/preparare/esami   ....
7. cominciare/lavorare/avere poco tempo   ....
8. passare voglia/andare/discoteca ogni sera   ....

14 Abbinate i sostantivi agli aggettivi corrispondenti.

1.	indagine		5.	cittadino	
2.	assistenza		6.	pista	
3.	raccolta		7.	trasporto	
4.	soggiorno		8.	codice	

a	ciclabile	e	italiano
b	differenziata	f	pubblico
c	telefonica	g	medica
d	stradale	h	temporaneo

15 Vi ricordate di Francesco? Sottolineate il termine giusto.

Francesco non *si sente/trova* un vero cittadino di Bologna, perché *guarda/vede* il suo soggiorno come una fase *temporanea/temporale*. Il primo anno l'università *riempiva/completava* tutta la sua giornata e la *serata/sera* usciva con gli amici, andavano nei *locali/luoghi* o nelle discoteche e in fondo viveva quasi in un *mondiale/mondo* a parte. Invece da quest'anno la situazione è *cambiata/corretta*, perché Francesco ha *finito/cominciato* a fare *volontariato/lavoro* in un doposcuola con ragazzi, per la maggior parte *immigrati/trasferiti*, delle scuole medie e superiori. Per lui sono questi i cittadini bolognesi con cui ha maggiori *comuni/contatti*. Ma sta *svolgendo/aprendo* ancora un'altra attività: *aiuta/collabora* con la Provincia per fare *studi/indagini* telefoniche e quindi deve *incontrare/intervistare* i cittadini sui *dubbi/problemi* della città, come il traffico, l'*inquinamento/avvenimento* o l'immigrazione. Questa *esperienza/esigenza* lo ha aiutato a capire che, *anche/malgrado* si abiti nella stessa città, si può vivere in tanti *modi/modalità* differenti. Dice di non avere mai *incuriosito/riflettuto* sui doveri ed i *diritti/leggi* di un cittadino, ma secondo lui un diritto di tutti è quello all'assistenza *salute/medica* mentre un dovere a cui pensa subito è la raccolta *differenziata/dettagliata*.

16 Indicativo e congiuntivo. Qual è la forma del congiuntivo?

senti	date	riflettete	fate ....
ho	dice	è	devo ....
incontriamo	vedono	sanno	apri ....
volete	teniamo	capisco	uscite ....
vanno	piace	sta	puoi ....

17 Trasformate le frasi. Non dimenticate di usare il congiuntivo!

Esempio: Forse Gianna torna più tardi stasera. → *Credo che Gianna torni più tardi stasera.*

1. Probabilmente costruiscono un nuovo centro commerciale.
   Pare che ....
2. La gente dice che non sono mai sufficienti.
   Sembra che ....
3. Secondo me nel quartiere mancano un cinema e una biblioteca.
   Penso che ....
4. Se non sbaglio ci sono stati dei progetti, ma non hanno ancora realizzato niente.
   Credo che ....
5. Per me questo è un errore.
   Penso che ....
6. Dovrebbero pensare al futuro di questo quartiere.
   Trovo che ....
7. Deve rimanere un luogo dove la gente vive volentieri e bene.
   Spero che ....

18 Ancora congiuntivo! Completate.

Angela pensa che il suo amico Francesco non .... (sentirsi) un cittadino di Bologna perché vive in quella città soltanto da due anni. Lei e Francesco sono rimasti ottimi amici, nonostante .... (vedersi) molto poco, da quando Francesco si è trasferito a Bologna. Lei crede che ultimamente Francesco .... (essere) piuttosto impegnato, perché non telefona più spesso come un tempo. Pensa che adesso oltre all'università .... (stare) facendo anche volontariato e che .... (occuparsi) di ragazzi immigrati.

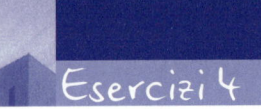

Angela trova che questa esperienza gli .... (dare) molta soddisfazione. Poi ha sentito che Francesco collabora anche con il comune di Bologna, pare che .... (intervistare) i cittadini sui problemi della città. Malgrado .... (loro/essere) così distanti e .... (avere) solo rare occasioni di vedersi, Angela è legata a Francesco. Trova che ora .... (lui/fare) una vita migliore e più responsabile di prima, quando passava il tempo solo tra università e uscite con gli amici.

19 Dalla parte dei cittadini: completate le loro opinioni con "di" o "che" e le forme adatte del verbo.

1. Marco crede   .... (essere) troppo costoso vivere a Roma.
                        .... (guadagnare) abbastanza per potersi comprare una casa.
                        .... Mariella non .... (avere) più voglia di vivere a Bologna.

2. Lorenzo pensa   .... (smettere) di studiare.
                        .... i suoi compagni .... (laurearsi) prima di lui.
                        .... il volontariato .... (essere) una esperienza che matura.

3. A Carla sembra .... ogni cittadino .... (avere) diritti ma anche doveri.
                        .... poca gente .... (fare) la raccolta differenziata nella sua città.
                        .... (rispettare) l'ambiente più di altri suoi amici.

4. I Vitrò credono   .... (avere) diritto all'assistenza medica gratuita.
                        .... il loro vicino .... (fare doposcuola) ai bambini immigrati.
                        .... il loro nipote .... (passare) troppo tempo in discoteca.

20 E voi rispettate l'ambiente? Completate il testo con le seguenti espressioni.

energia
raccolta
contenitori
sacchetti
farmaci scaduti
plastica
ambiente
rinnovabili
imballaggi

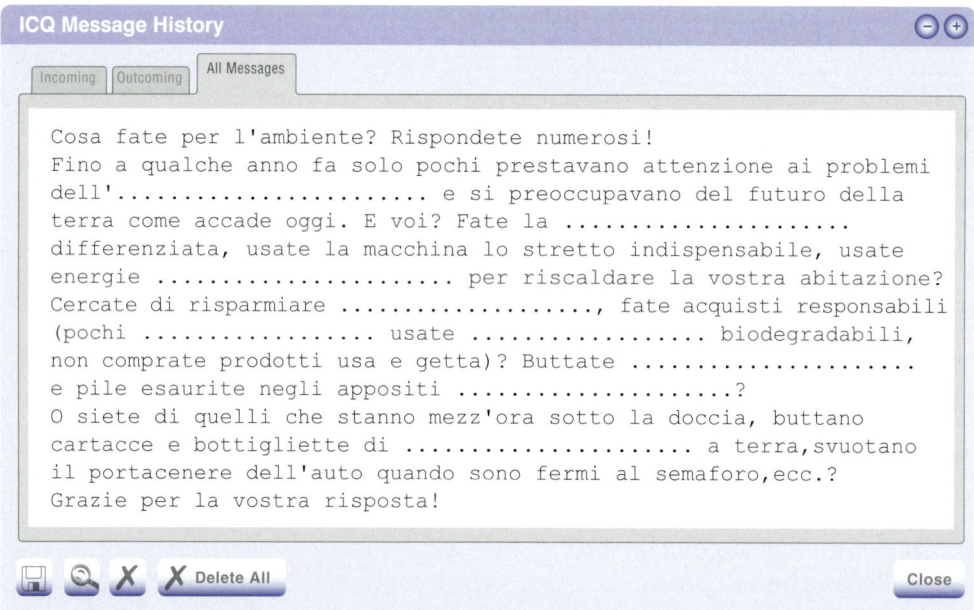

ICQ Message History

Incoming | Outcoming | All Messages

Cosa fate per l'ambiente? Rispondete numerosi!
Fino a qualche anno fa solo pochi prestavano attenzione ai problemi dell'...................... e si preoccupavano del futuro della terra come accade oggi. E voi? Fate la .... differenziata, usate la macchina lo stretto indispensabile, usate energie .... per riscaldare la vostra abitazione? Cercate di risparmiare ...., fate acquisti responsabili (pochi .... usate .... biodegradabili, non comprate prodotti usa e getta)? Buttate .... e pile esaurite negli appositi ....?
O siete di quelli che stanno mezz'ora sotto la doccia, buttano cartacce e bottigliette di .... a terra, svuotano il portacenere dell'auto quando sono fermi al semaforo, ecc.?
Grazie per la vostra risposta!

Delete All   Close

21 Sottolineate le forme del participio passato e trasformate le frasi come nell'esempio.

Esempio: Ecco il discorso scritto dal direttore per l'apertura della fiera. → *... che ha scritto il direttore*

1. Se vuoi ti faccio leggere un romanzo ungherese tradotto da mia sorella → ....
2. La piscina finanziata dal comune sarà inaugurata[1] il mese prossimo. → ....
3. Ti piace la casa progettata dall'architetto Nanni? → ....
4. La fabbrica ristrutturata nel 2004 oggi è un centro culturale. → ....
5. Come ti sembra il progetto presentato alla riunione dall'ingegner Belli? → ....
6. Nel parco allestito dal comune l'anno scorso ci sono delle belle piante → ....

Vocabolario: [1]inaugurata *eingeweiht*

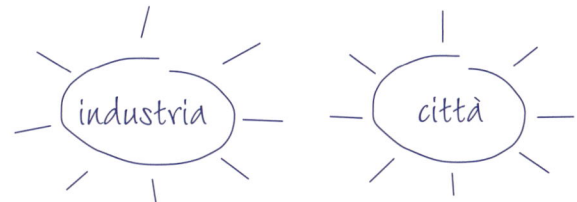

22 Rileggete il testo dell'attività 26 a pagina 53 e cercate tutte le espressioni riguardanti l'industria e la città.

industria — città

23 Cosa pensa il signor Fumagalli dei nuovi lavori e dei progetti del comune? Completate.

> sia stata – abbiano – sia stato approvato¹ – si diano – abbia deciso – costruiscano

Pare che il comune ultimamente .... di far fare alcuni lavori davvero urgenti. Sembra che .... intenzione di mettere qualche albero lungo via Roma: ho visto che hanno cominciato a portare le piante. Sono contento che il progetto di costruire delle case sull'area della fabbrica abbandonata .... Ma non mi sembra necessario che .... un nuovo centro sociale: perché quello esistente non va più bene? Temo che .... una decisione sbagliata. Ma la cosa più importante è che finalmente .... da fare per rendere questa città più vivibile!

Vocabolario: ¹approvare *genehmigen*

24 Quali delle seguenti intenzioni vengono espresse dalle frasi? Scrivete le lettere corrispondenti nelle caselle.

a descrivere qualcosa
b manifestare soddisfazione
c esprimere un'opinione
d motivare una scelta
e mostrare timore o preoccupazione
f esprimere dispiacere
g mostrare sorpresa

1. Sono contento che finalmente abbiano preso una decisione.
2. Temo che non sia stata la soluzione giusta.
3. La mia casa non è grande, ma molto luminosa ed accogliente.
4. Trovo che qui il traffico e l'inquinamento siano aumentati notevolmente negli ultimi anni.
5. Mi sono trasferito in campagna perché la vita è tranquilla.
6. Non sono proprio d'accordo. Io la penso diversamente.
7. Trovo che sia un dovere di tutti fare degli sforzi per salvare l'ambiente.
8. Temiamo che Sandra non riesca a pagare le spese condominiali, sono molto alte davvero!
9. Mi dispiace, ma la casa è già stata affittata.
10. Ma davvero Fabio ha comprato una villetta?! E dove li ha trovati i soldi?
11. Ah! E così il comune ha deciso di ristrutturare la biblioteca? Finalmente!
12. Dunque, c'è una cucina, il soggiorno e la camera con il bagno.
13. Guarda! Hanno chiuso il centro sociale! Ma tu lo sapevi?
14. Ho paura che l'appartamento sia troppo piccolo quando ci sarà anche il bambino.

25 Rileggete il testo sulla famiglia Starnazza e completate le frasi secondo il senso.

1. La famiglia Starnazza era una coppia
2. Nessuno dei loro vicini aveva mai trovato il loro comportamento
3. La signora era casalinga a tempo
4. Maria Pia era un tipo
5. Durante le giornate aveva abitudini
6. Alle sette la coppia cenava
7. Margherita Sponza, un'amica d'infanzia di Clemente, era fioraia
8. Da qualche giorno marito e moglie erano

a irregolare
b metodico.
c silenziosamente.
d fisse.
e normale.
f ambulante.
g spariti.
h pieno.

Cultura e tempo libero

Che facciamo di bello?

1 Quali espressioni si riferiscono allo sport, quali alla musica e alla lettura? Completate le colonne.

a)
> cantante – saggio – acquatici – ritornello –
> arrampicata – squadra – gialli – palestra –
> nuoto – cuffie – strofa – trama – narrativa –
> compositore – pallavolo – fumetto –
> racconto – immersioni – rivista – sci –
> canzone – classica – rock – quotidiano

sport	musica	lettura
....	....	....
....	....	....
....	....	....
....	....	....
....	....	....
....	....	....
....	....	....
....	....	....

b) Come trascorrono il loro tempo libero Daniele e la sua ragazza? Completate l'intervista scegliendo le espressioni tra quelle dell'esercizio 1a.

Io lavoro molto al computer, quindi nel tempo libero ho bisogno di muovermi. Due volte alla settimana vado in .... dopo il lavoro, se fa bel tempo ogni tanto faccio un'............................ in montagna. In inverno amo molto lo ...., ma in estate mi piacciono anche gli sport .... come il .... Vado spesso in piscina e appena posso vado al mare, dove faccio anche delle .... La mia ragazza invece è un tipo più tranquillo. Ha giocato alcuni anni in una .... di pallacanestro, adesso però dice che allo sport preferisce le attività culturali. Ama molto leggere, sia saggi che libri di ...., ma non legge mai i ...., perché poi non riesce a dormire. Tutti e due abbiamo in comune la passione per la musica, soprattutto per quella .... Il nostro .... preferito è Ligabue, andiamo a tutti i suoi concerti e conosciamo ogni sua .... A me piace talmente che lo ascolto tutte le sere ad altissimo volume con le ....

2 Iscrivetevi a un corso di nuoto. Completate con le seguenti espressioni.

> nuoto – le iscrizioni –
> I partecipanti –
> istruttori – informazioni –
> bambini – la piscina –
> adulti – attività – corsi

Corsi di Nuoto per l'anno 2007/08

Si comunica che sono aperte .... per partecipare ai corsi di nuoto che si terranno presso .... comunale di Paderno Dugnano. I corsi cominceranno il giorno 3 ottobre e termineranno il giorno 30 maggio. Sono possibili le seguenti tipologie: corsi per .... (3-5 anni), ... per ragazzi (6-14 anni), per .... e .... di aquagym, acquaerobic, nuoto agonistico[1] e .... sincronizzato. .... saranno seguiti da .... qualificati. Per .... e iscrizioni rivolgersi alla nostra sede o telefonare al seguente numero telefonico: 029184919

Vocabolario: [1]agonistico *Wettkampf-*

3 Come si dice in italiano?

1. Ach, übrigens, Gabriella war heute hier. ....
2. Genau, sie müsste jeden Tag hingehen. ....
3. Das könnte man tun, oder? ....
4. Gut, du hast mich überzeugt. ....
5. Sicher, warum nicht? ....
6. Das könnte in der Tat eine Lösung für uns sein. ....
7. Es genügt, wenn du sie hinbringst. ....

4 Sottolineate nei dialoghi l'espressione corretta.

1. ● Ieri ho visto Cinzia in centro.
   ○ *A proposito/Altrimenti*, lo sai che non lavora più alla Fimi?
   ● *Appunto/Allora* avrà trovato un posto come istruttrice di nuoto per i bambini! Era il suo sogno.
   ○ Sì, però non *so se/crede che* abbia fatto la scelta giusta. Adesso non avrà più uno stipendio fisso.
   ● E poi non è un lavoro sicuro. *Ma/Anzi* è molto precario.
   ○ *Mi hai convinto/Hai ragione*, è proprio quello che penso anch'io.

2. ○ *Basta/Che ne dici* se chiediamo a Mauro di venire in Sardegna con noi?
   ● Mah, *credi/è importante* che gli piacerà fare trekking?
   ○ Certo, *perché no/in effetti*? L'anno scorso ha fatto l'Alta Via delle Dolomiti!
   ● *Mah/Ah, è vero!* Me n'ero scordata.

5 Viva le preposizioni! Completate il testo con *per, da, a, di* con o senza l'articolo.

Alice è un'amichetta .... Serena. L'anno scorso dopo la fine .... anno scolastico ha partecipato .... Campus Estivo. Le è piaciuto molto e quest'anno vuole tornarci. Anche la mamma .... Serena pensa .... iscrivere sua figlia .... Campus e ne parla .... suo marito. Gli dice che i bambini lì giocano e fanno attività sportive, come il nuoto .... esempio. Aggiunge che altrimenti Serena dovrebbe stare sempre .... sola .... casa .... nonna. Serena sarebbe felicissima .... partecipare .... Campus perché potrebbe giocare anche .... pallacanestro, il suo sport preferito. Accompagnare la bambina non sarà un problema. Potrà farlo sempre la mamma, il papà andrà .... riprenderla il martedì e il giovedì. Se qualche volta non potranno andarci, chiederanno .... qualcuno .... farlo .... loro.

6 Carla divide l'appartamento con Alessio, uno studente. Lei lavora tutto il giorno e oggi è arrabbiatissima con lui. Leggete il foglietto che gli ha scritto e scegliete l'aggettivo o il pronome indefinito corretto.

Non è possibile che *ogni/alcuni* giorno lasci in giro *qualche/tutte* le tue cose! Ti ho pregato *diverse/tutte* volte di essere più ordinato. In cucina c'era *qualche/tutta* mela, non ce ne sono più, sono scomparse … E sul tavolo c'erano *ogni/alcuni* libri che non trovo più, dove sono andati a finire? E poi, se non vai neppure all'università perché non fai almeno *qualche/ogni* altra cosa e non cerchi di mettere in ordine il bagno (è il tuo turno!) invece di stare *qualsiasi/tutta* la giornata davanti alla tv. E se non puoi fare a meno di guardarla scegli almeno un *altro/qualche* canale, ci sarà senz'altro *ogni/qualcosa* di più interessante di quegli stupidi reality show! A stasera!
Carla

7 Cosa fanno, cosa hanno fatto o cosa faranno queste persone? Completate con l'aiuto dei seguenti verbi e delle illustrazioni.

> suonare – comprare – studiare – fare una vacanza – giocare – laurearsi – andare a sciare

1. Credo che Antonio da bambino ....
2. Pare che Fabio l'anno prossimo ....
3. Mi sembra che la figlia di Grazia .... a Parigi.
4. Pensiamo che i nostri vicini la prossima estate ....
5. Mi pare che Giuseppe .... tutte le domeniche.
6. Dubito che Roberta .... prima dell'autunno.
7. Penso che la mia collega .... il fine settimana passato.

8 I pensieri della nonna di Serena. Completate le frasi nei fumetti aiutandovi con i seguenti verbi nella forma appropriata.

> annoiarsi – praticare – giocare – divertirsi – guardare – accettare – restare – partecipare – avere bisogno – venire

Mia figlia crede che Serena da me .... troppo la tv, ma non è vero. Pensa che Serena .... di fare più movimento, anche secondo me è importante che la bambina .... un po' di sport. Perciò sono contenta che Serena fra due settimane .... al Campus Estivo. È giusto che lei .... con i suoi amici.

Serena teme che io .... delusa se non viene da me e spera di .... a trovarmi la sera.

È possibile che l'anno scorso qui da me Serena .... un po' e immagino invece che al Campus .... molto.

Dubito che mio genero ieri .... subito di mandare la bambina al Campus, ma alla fine come sempre mia figlia lo avrà convinto.

9 Peccato che ... Abbinate in modo da formare delle frasi.

1. Peccato che	a facciate qualche partita, prima di partecipare al torneo[1].
2. Però è strano che	b Raffaella non sia potuta venire a giocare a tennis.
3. È importante che	c tu parta subito se vuoi arrivare in tempo agli allenamenti[2].
4. Se vuoi frequentare il corso di judo, bisogna che	d Guido non abbia invitato anche Laura alla sua festa di laurea.
5. Forse è meglio che	e non abbiano ancora finito di costruire il nuovo centro sportivo.
6. È una vergogna che	f ti iscriva entro la prossima settimana.

Vocabolario: [1]torneo *Turnier*   [2]allenamenti *Training*

10 Leggete i seguenti dialoghi e completate con *ci, ne* o i pronomi oggetto diretto e indiretto.

1. ● Bisogna passare alla "Piazzetta" per prenotare il tavolo per sabato, …… volevo fare io dopo il lavoro, ma non so se …… riesco, visto che abbiamo una riunione nel tardo pomeriggio.
   ○ Non ti preoccupare, …… vado io dopo la palestra, il ristorante è lì vicino. Dopo volevo ancora fare una salto da Elena. A proposito, Miranda ha raccontato che Enzo ed Elena si sono lasciati. Io non …… sapevo niente!
   ● Ma non creder……, racconta sempre un sacco di bugie. Senti, se passi da Elena, perché non …… porti la Playstation di Rino? Elena ha chiesto se poteva aver…… per suo nipote che viene a trovarla.
   ○ Ma no! Rino …… gioca quasi ogni giorno, è uno dei suoi giochi preferiti.

2. ● Allora pensi di venire in palestra domani sera?
   ○ Guarda, sono pieno di lavoro, però non vorrei rinunciar……, perché …… ho proprio bisogno. Però, volevo chiederti un favore, non so se faccio in tempo ad andare a prendere i biglietti per Milan-Atalanta.
   ● Ma dai, …… penso io. Del resto …… volevo anche invitare.
   ○ Ah, grazie! Senti un'altra cosa, secondo te, vale la pena di chiedere a Mauro e Lino se …… danno una mano ad organizzare la partita tra i colleghi? Ti ricordi, l'anno scorso avevamo detto di ripeter…… .
   ● Ma certo, sono gentilissimi. Lo faranno molto volentieri, …… puoi contare.

11 Quali sport sono raffigurati dai pittogrammi?

………… ………… ………… ………… ………… ………… ………… …………

………… ………… ………… ………… ………… ………… …………

12 Abbinate le seguenti espressioni alle loro spiegazioni:

1. il popolo dei pigri	**a** fare sport
2. crescere a dismisura	**b** le persone che hanno partecipato all'inchiesta
3. il campione intervistato	**c** tutta la gente che evita il movimento
4. praticare un'attività fisica	**d** dopo il secondo in classifica si mette
5. se pur di misura, è stato superato	**e** aumentare notevolmente
6. al terzo posto della graduatoria si colloca	**f** è stato leggermente oltrepassato

13 Gli italiani e lo sport. Completate le frasi con *di* o *che*.

1. Secondo le statistiche gli italiani oggi fanno meno sport …….. un tempo. Anche i bambini spesso preferiscono guardare la tv piuttosto …….. fare un po' di movimento. Eppure una volta si muovevano molto più …….. oggi. Infatti sarebbe meglio per loro giocare all'aria aperta …….. stare sempre fermi.

2. Forse molti pensano che lo sport sia più faticoso …….. divertente. È infatti strano che il calcio, che una volta era lo sport più amato, sia meno praticato …….. prima. Però la gente fa più ginnastica e le palestre sono frequentate addirittura più …….. campi di calcio. E pare anche che gli italiani amino più nuotare …….. andare in bicicletta.

14 Scrivete nelle righe le parti del corpo indicate tra parentesi.

braccia
collo
gambe
mani
naso
occhi
piedi
spalle
testa

1 ....
2 ....
3 ....
4 ....
5 ....
6 ....
7 ....
8 ....
9 ....

15 Ecco alcuni modi di dire in cui si usano le parti del corpo. Completate le frasi e abbinatele poi al loro significato.

capelli – bocca – piede – mano – occhio – gamba

1. Mettersi le mani nei ....
2. Costare un .... della testa.
3. Essere una persona alla ....
4. Fare il passo più lungo della ....
5. Tenere il .... in due scarpe.
6. Restare a .... asciutta.

☐ costare tantissimo   ☐ essere cordiali e semplici
☐ essere disperati   ☐ fare o decidere qualcosa che va oltre le proprie possibilità
☐ non ricevere niente   ☐ tenere aperte due possibilità

16 Meglio una dieta o un po' di sport? Completate il dialogo con le seguenti espressioni, coniugando il verbo nella forma adeguata.

fare un po' di jogging – andare in piscina – fare una vita – farlo – muoversi di più – praticare qualche sport – frequentare un corso – avere voglia – dipendere – correre – cambiare modo di vivere – sentirsi meglio

● Allora vieni con noi al ristorante domani?
○ No, mi dispiace, ma ho deciso di fare una dieta. Da quando ho smesso di fumare sono ingrassato di quasi 10 chili.
● Ma non credo che .... solo dal fumo. Secondo me .... troppo sedentaria[1]. Stai sempre seduto qui in ufficio, dovresti .... Ti farebbe bene .... o andare in palestra.
○ Ma quando, scusa? La sera torno a casa stanco morto. Pensi che io .... di andare in palestra?
● E chi dice che devi farlo la sera? È sufficiente che tu .... il fine settimana.
○ Sì, e cosa dovrei fare, secondo te?
● Beh, perché non provi a ....? In fondo basta che tu .... un'oretta due volte alla settimana, e vedrai che ....

Vocabolario: [1]sedentario *wenig Bewegung machend*

○ No, il jogging in autunno proprio no. Non sono il tipo che ama correre anche sotto la pioggia.

● Eh, quante scuse! Ma non capisci che è importante che tu ....?
   La dieta da sola non basta. Allora se non vuoi fare jogging perché non ....?

○ Scherzi? Non so nuotare!

● Ma scusa, è sufficiente che .... e in poche settimane puoi imparare.

○ No, guarda, lo sport non fa per me. Preferisco mettermi a dieta.

● Contento te.

17 **A quali parole corrispondono le spiegazioni? Sottolineate la parola corretta.**

1. campi di erba e fiori: *boschi/prati*
2. essere stanco e volere dormire: *avere sonno/avere un sogno*
3. pensare con nostalgia: *piangere/rimpiangere*
4. montagna bassa: *collina/roccia*
5. persona che non ragiona: *pazzesca/matta*
6. persona che cammina in modo difettoso: *zoppa/nervosa*
7. in buona salute: *robusto/sano*
8. una cosa poco intelligente: *stupidaggine/curiosità*
9. camminare in fretta e a salti: *sollecitare/trottare*
10. fuoco spontaneo: *grigliata/incendio*

18 **Cosa si racconta nel brano di Pavese? Collegate le parti di sinistra con quelle di destra.**

1. Le ragazze, nonostante	a si comportassero così perché erano giovani.
2. Speravano che	b si accorgessero se lei era triste.
3. La gente pensava che le ragazze	c fossero stanche, spesso tornavano tardi.
4. Un'amica di Ginia trovava che	d ci fosse un pezzo di strada da percorrere al mattino.
5. Ginia non voleva che gli altri	e fosse stupido dormire.
6. Ginia era contenta che	f succedesse qualcosa di eccitante al ritorno.

19 **Ancora congiuntivo! Completate il paradigma dei seguenti verbi.**

essere	fare	dire	bere	stare
io	io facessi	io	io	io stessi
tu fossi	tu	tu	tu	tu ....
lui/lei fosse	lui/lei	lui/lei	lui/lei	lui/lei ....
noi	noi facessimo	noi	noi bevessimo	noi ....
voi	voi	voi diceste	voi	voi ....
loro	loro	loro	loro	loro ....

20 **Com'è difficile essere adolescenti! Completate l'intervista con i verbi tra parentesi.**

Allora … io ho due sorelle: Martina che ha tre anni meno di me e Giuliana che invece ne ha tre di più. Quando avevo sedici anni e Martina tredici, lei era molto invidiosa di quello che facevo. Mi vedeva uscire con i miei amici e sperava che io la .... (invitare) a venire con noi. Cominciavo a tingermi i capelli e a truccarmi e lei voleva che mia madre le .... (permettere) di fare la stessa cosa. Scrivevo un diario e lei si aspettava che le .... (leggere) qualcosa. I miei mi avevano regalato un motorino per la promozione e Martina pretendeva che io glielo .... (prestare) quando i miei genitori non c'erano. Ma anch'io ero un po' invidiosa di Giuliana che era più grande di me. Lei, per esempio, aveva già la patente e volevo che mi .... (portare) in giro con lei, ma questo succedeva raramente. Allora sognavo che .... (venire) abbassata l'età per fare la patente e che non si .... (dovere) aspettare i diciott'anni. Mi sembrava che due anni ....

149

(essere) un'eternità. Giuliana poteva star fuori fino a tardi ed io che dovevo tornare sempre prima di mezzanotte ritenevo che tutto ciò .... (essere) ingiusto. E poi le vacanze! Giuliana poteva farle con la sua compagnia ed io, che non ero ancora maggiorenne, speravo che mamma e papà mi .... (lasciare) andare con lei. Ma loro erano irremovibili[1] e così ho dovuto aspettare ancora due anni prima di andare in campeggio da sola con la mia migliore amica.

Vocabolario: [1]irremovibile *unerschütterlich*

21 Indovinate il significato di questi proverbi.

1. *Amico è uno che ti conosce eppure ti vuole bene.*
2. *Dall'amico o parente, non comprare e non vendere niente.*
3. *Non c'è migliore specchio dell'amico vecchio.*
4. *I veri amici sono come le mosche bianche.*
5. *Amici a scelta, e parenti come sono.*
6. *Si può vivere senza fratelli ma non senza amici.*

a Si può diventare amici di chi si desidera mentre spesso si è parenti anche di chi non si vuole.
b È meglio non fare nessun genere di affari con amici o parenti.
c È difficile trovare degli amici sinceri.
d Anche se conosce i nostri difetti un amico per noi prova lo stesso affetto.
e Chi non ha amici è più solo di chi non ha parenti.
f Un vecchio amico ci dice sempre la verità.

22 Andiamo al cinema! Completate con le seguenti parole.

> Anno – Durata – Genere – Regia –Trama – Attori

....

Il film si ispira alla storia di Luca Flores, scritto da Ivan Cotroneo & altri. Luca Flores, pianista di enorme talento, arriva in Italia dopo l'infanzia in Mozambico, si diploma in pianoforte con il massimo dei voti e scopre il jazz, che gli permetterà di esprimere il suo estro creativo ai livelli più alti. Innamoratosi di Cinzia, una ragazza conosciuta nel locale in cui ha esordito, Luca raggiungerà presto il successo e comincerà a suonare con i jazzisti di maggior fama, fra cui Chet Baker; ma qualcosa dentro di lui comincia progressivamente a logorarsi, e né la sua arte, né tanto meno l'affetto della sua famiglia, riusciranno a salvarlo …

.... Kim Rossi Stuart, Jasmine Trinca, Michele Placido, Paola Cortellesi, Sandra Ceccarelli, Roberto De Francesco, Claudio Gioè

.... Riccardo Milani

.... 2007

.... 1:44:00

.... Drammatico

23 Qual è l'intruso?

1. mostra	2. divertente	3. regista	4. teatro	5. suonare
film	triste	usuraio	ufficio	cantare
conferenza	comico	attore	cinema	ascoltare

24 Realtà o possibilità? Abbinate le frasi ipotetiche.

1. Se Salvo non andasse al festival di Mantova
2. Se domani torno a casa prima
3. Se finissi di lavorare verso le cinque
4. Se Luisa facesse un po' di jogging
5. Se veniste con noi a cena
6. Se mi piacesse l'opera
7. Se il concerto non finisce tardi
8. Se mi regalassero i biglietti per il concerto di Jovanotti

a possiamo andare allo Zelig.
b trascorrerebbe qualche ora all'aria aperta.
c ti accompagnerei a vedere il Rigoletto.
d sarebbe fantastico.
e torno a casa con il tram.
f potremmo programmare le prossime vacanze.
g resterebbe a casa a far niente.
h farei in tempo ad andare alla presentazione dell'ultimo libro di Culicchia.

25 La linea telefonica è molto disturbata. Ricostruite la telefonata coniugando i verbi tra parentesi al periodo ipotetico.

● Pronto?
○ Ciao Gianni, sono Dina.
● Ehi Dina! Tutto bene?
○ Abbastanza, grazie. Dopodomani se tutto .... (andare) bene .... (io/dare) l'ultimo esame in storia dell'arte. E tu?
● Benissimo! Sono in partenza per Mantova. Partecipo come volontario al Festival della Letteratura.
○ Bello! Se .... (io/avere) tempo lo .... (fare) anch'io.
  Senti, a proposito di attività culturali, ti ho chiamato per chiederti se hai voglia di venire con me al concerto dei Negramaro, giovedì prossimo.
● Giovedì? Mannaggia[1]! Giovedì il mio amico Aurelio fa la festa di laurea. Mi dispiace.
  Se .... (io/potere) ci .... (venire) di corsa! Ma ormai gli ho promesso di andarci ... Ma hai già i biglietti?
○ Sì, è proprio questo il problema. Giorgia ci teneva tanto ad andarci, ma adesso ha saputo che dovrà accompagnare il suo capo ad un congresso.
● E a Romeo hai già chiesto. So che a lui piacciono un sacco!
○ Beh, veramente prima avevo chiamato proprio lui che .... (essere) anche felicissimo di andarci, se non .... (lui/dovere) lavorare. È di servizio al pronto soccorso.
● Che sfortuna. Senti, se mi .... (venire) in mente qualcuno te lo .... (fare) sapere.
○ Ok, grazie. Ci sentiamo!

Vocabolario: [1]mannaggia *Mist*

26 Qual è il plurale?

la farmacia		il collega		l'ipotesi	
la cuffia		la foto		la bici	
la musica		lo sport		l'immersione	
il turista		il dubbio		l'attività	
il bosco		l'abitudine		il pub	
la mano		il cinema		l'autobus	
la ciliegia		lo zio		lo sci	

Lavoro, tecnologia, salute

Come te la cavi con ...?

1 **Qual è l'intruso? Cancellate la parola che non fa parte del gruppo.**

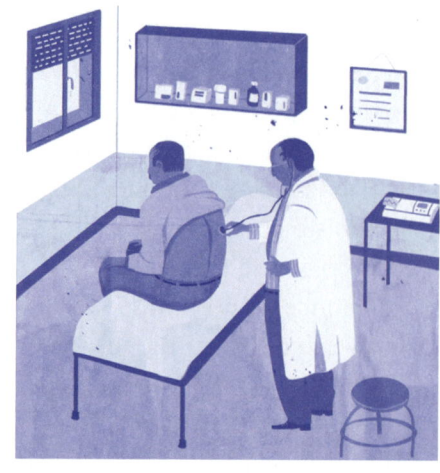

1. computer	**2.** salvare	**3.** tesi
cartella	accendere	contabilità
file	fotografare	relazione
penna	stampare	documentazione
documento	scaricare	lettera commerciale

2 **Un colloquio di lavoro. Collegate le frasi.**

1. Ho bisogno di un lavoro, accetterò il posto
2. Comunque vada il colloquio
3. Marco è sempre disponibile
4. Ti chiederanno la conoscenza dell'inglese
5. Conosci qualcuno che possa spiegarmi
6. Auguro ad ognuno che il lavoro
7. Chiunque cominci a lavorare nel nostro reparto
8. In ditta non c'è nessuno che sappia

a nota che c'è un'ottima atmosfera.
b qualsiasi cosa gli si chieda.
c qualunque stipendio mi offrano.
d come si fa il video-curriculum online?
e installare il nuovo programma.
f possa essere gratificante.
g in qualsiasi ditta tu faccia domanda.
h ti consiglio di non perdere la fiducia.

3 **La patente per il computer. Completate con i verbi tra parentesi nei tempi e nei modi adeguati.**

Che cos'è la Patente Europea del Computer?

"Sa usare il computer?" è la domanda che si sente .... (fare) chiunque ....
(cercare) oggi un lavoro. La risposta a questa domanda è spesso generica, quasi mai precisa.
Se noi invece .... (chiedere) a qualcuno se sa guidare l'automobile, si ....
(ottenere) come risposta un sì o un no, che significa so o non so fare tutto ciò che è richiesto per
ottenere la patente di guida. Nella società odierna[1], qualunque .... (essere) la nostra
formazione e in qualsiasi luogo si .... (presentare) una domanda di lavoro, verranno
richieste anche precise conoscenze informatiche. Per questo da poco .... (introdurre[2])
la European Computer Driving Licence (ECDL), ossia la "Patente Europea di Guida del
Computer" con cui .... (essere) possibile definire in modo preciso che cosa vuol
.... (dire) saper usare il computer. Ovunque si .... (conseguire[3]), l'ECDL
attesta che la persona .... (avere) il minimo delle abilità necessarie per poter lavorare
col personal computer – in modo autonomo o in rete – in un'azienda, un ente pubblico[4], uno
studio professionale, ecc.
L'ECDL è una iniziativa del CEPIS (Council of European Professional Informatics Societies),
l'ente che .... (riunire) le associazioni europee di informatica. L'Italia è uno dei
17 Paesi membri.

ridotto e adattato da: http://www.prometheo.it/ecdl/patente.html

Vocabolario: [1]società odierna *heutige Gesellschaft* [2]introdurre *einführen* [3]conseguire *erlangen, absolvieren*
[4]ente pubblico *öffentliche Einrichtung*

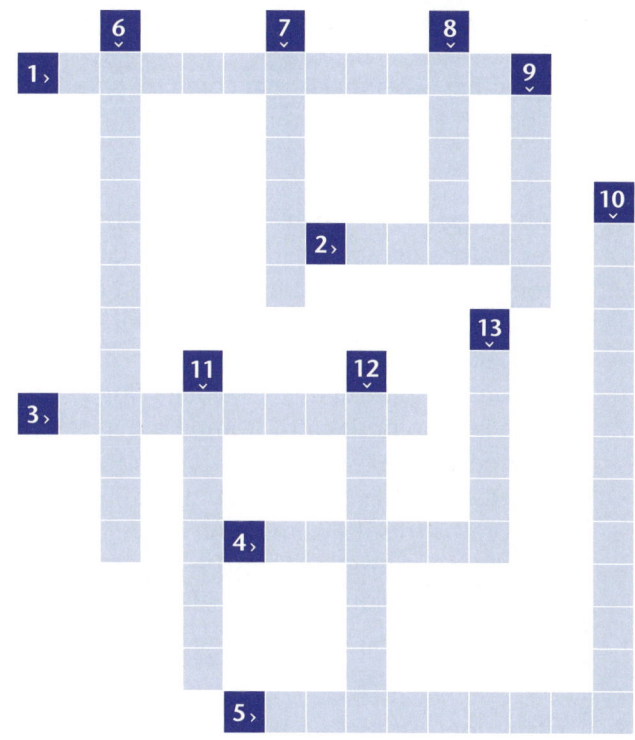

4 Parole crociate in ufficio!

1. Con questo attrezzo si uniscono i fogli con dei punti di metallo.
2. È un apparecchio con cui si possono riprodurre documenti o fotografie da salvare in un file.
3. Sono di metallo o di plastica e si usano per tenere insieme i fogli.
4. Si usa per scrivere, ma non è una penna.
5. Questo strumento serve a riprodurre sulla carta un documento del computer.
6. Serve per fare i buchi nei fogli.
7. Sulle sue pagine ci sono i giorni dell'anno. Si usa per prendere nota o fissare appuntamenti.
8. Con questo prodotto si possono attaccare i fogli di carta o altro.
9. Può essere di metallo o di plastica e serve per scrivere.
10. Si utilizza per raccogliere fogli, documenti, lettere ecc.
11. Si usano per tagliare.
12. Ha molti tasti con le lettere dell'alfabeto, i numeri e altri segni.
13. Serve per cancellare qualcosa scritta a matita.

5 Un capo famiglia che dà ai nervi. Trasformate le frasi come nell'esempio.

Esempio: Giorgia, dove hai comprato il nuovo portatile? *Il nuovo portatile, dove l'hai comprato?*

1. Hai chiesto lo sconto? ....
2. Ragazzi, avete preso voi le forbici? ....
3. Luca, hai spento il computer? ....
4. Chi ha usato la colla? ....
5. Chi ha visto i miei occhiali? ....
6. Anna, dove hai messo la mia agenda? ....
7. Chi ha finito la carta della stampante? ....

6 Maschile o femminile? Aggiungete l'articolo indeterminativo.

...... comunicazione	...... spillatrice	...... informazione	...... relazione
...... file	...... mouse	...... settore	...... portatile
...... documentazione	...... situazione	...... calcolatrice	...... stage
...... stampante	...... affermazione	...... motore	...... giornale
...... alimentazione	...... cellulare	...... dimensione	...... frase
...... esame	...... abitudine	...... raccoglitore	...... mensile
...... iscrizione	...... perforatrice	...... fotocopiatrice	...... televisione
...... produzione	...... attore	...... istruttore	...... settimanale

7 Quali tra gli oggetti elencati corrispondono alle definizioni?

> scanner – beamer – macchina fotografica digitale – stampante – personal computer – cellulare

1. A proiezione terminata evitare assolutamente di staccare l'alimentazione elettrica, fino a quando il ventilatore di raffreddamento della lampada non si sia spento spontaneamente. Inoltre l'apparecchio non deve essere spostato a lampada calda. ....

2. La nuova BenQ DC E720 è dotata di sensore CCD da 7 Megapixel, zoom ottico 3x, ottiche Pentax SMC (Super Multi-Coating) e di un display LTPS da 2,5 pollici. Tutto inserito in un corpo in alluminio satinato. Supporta una sensibilità fino a 1200 ISO, i formati di output 3:2, 16:9 e 4:3 per la visione delle immagini su carta stampata o in televisione; inoltre, la funzione Picture Bridge consente la stampa diretta tramite una stampante compatibile senza passare dal PC. ....

3. Il Samsung SGH F700 è estremamente compatto (104 millimetri di altezza, 50 millimetri di larghezza) e soprattutto sottilissimo, con i suoi 16,4 millimetri di spessore.
La tastiera permette di gestire perfettamente la messaggistica (e-mail, sms), mentre il display è di grandi dimensioni, di tipo LCD TFT con la risoluzione di 440x240 pixel e capace di visualizzare 262.000 colori. ....

8 Chattiamo! Completate la chat con le battute di Giusi.

	Enzo scrive:	Ciao Giusi!
Giusi grüßt zurück.	*Giusi scrive:*	....
	Enzo scrive:	Come stai?
Ihr geht es recht gut, sie genießt die letzten Tage am Meer, bevor sie mit dem Praktikum beginnt. Sie fragt Enzo, wie es ihm geht.	*Giusi scrive:*	....
	Enzo scrive:	Benissimo! Figurati, sono a Parigi! Da tre settimane!
Giusi fragt, was Enzo dort tut.	*Giusi scrive:*	....
	Enzo scrive:	Lavoro in un albergo e faccio un corso di francese.
Giusi freut sich für ihn und fragt, wie lange er noch dort bleiben wird.	*Giusi scrive:*	....
	Enzo scrive:	Fino al termine del corso, ancora tre settimane.
Giusi fragt, ob er dann nach Bologna zurück kommt.	*Giusi scrive:*	....
	Enzo scrive:	Eh sì, purtroppo! Mi piacerebbe rimanere, ma devo anche preparare gli esami ...
Giusi antwortet, dass ihr im Moment die Prüfungen vollkommen egal sind, damit hat sie erst in drei Monaten wieder zu tun.	*Giusi scrive:*	....

9 Completate i dialoghi con le forme corrette di *cavarsela, andarsene, fregarsene, prendersela, farcela.*

1. ● Come va il corso d'inglese?	○ Mah, per il momento .... abbastanza bene.
2. ● Come mai si è arrabbiata Sara?	○ Boh, lo sai che lei .... sempre per niente.
3. ● Siete rimasti ancora molto alla fiera?	○ No, ... quasi subito anche noi.
4. ● Non vorrai mica uscire così? Cosa dirà la gente?	○ Lo sai che .... di quello che dice.
5. ● Domenica è venuto anche Fabio con voi?	○ No, purtroppo ha perso il treno e non ....
6. ● Allora l'esame di fisica com'è andato?	○ Insomma, direi che .... abbastanza bene.
7. ● Andate a sciare con questo brutto tempo?	○ Ma sì, chi ....!
8. ● Lele e Gina sono già andati via?	○ Sì, secondo me .... perché nessuno parlava con loro.

10 Vi ricordate di Simone? Mettete una x accanto alle affermazioni che corrispondono al testo di pagina 76.

Simone …
1. ha cominciato ad usare il computer da piccolo.
2. per usare la tastiera del computer ha bisogno di un caschetto con un'asta.
3. è stato obbligato a fare l'esame di maturità.
4. se non avesse avuto il computer non si sarebbe laureato facilmente.
5. è stato aiutato a diventare autonomo da persone a lui vicine.
6. si faceva fare i compiti dai compagni.
7. anche in futuro sarà capace di agire da solo.
8. sente di essere come le altre persone, ma di avere altre abilità.

11 Laurea triennale o specialistica? Completate il dialogo con i verbi a lato.

● Ciao Paolo.	
○ Ciao, come va? Da quando hai cominciato a lavorare non ti si vede più.	
● Guarda, se .... di non avere più tempo libero, ... a studiare ancora per un po'. Scherzi a parte, mi trovo bene. Tu invece a che punto sei con gli esami?	sapere/ continuare
○ Dunque, se tutto va bene a ottobre mi laureo anch'io.	
● E poi? Continui con la specialistica?	
○ Non lo so. Si sentono pareri contrastanti. Tu cosa mi consiglieresti?	
● Mah, credo che se .... che spesso i geologi junior vengono preferiti dalle società, non .... subito la specialistica. Se .... dopo tre anni, forse .... lo stesso un posto interessante.	sapere fare laurearsi/trovare
○ Io invece a volte penso che se .... indirizzo dopo il primo anno, non .... così tanto tempo e .... già .... i miei studi. Comunque adesso credo che ci dovrò riflettere ancora un po'. Ma cambiamo discorso, tu ci sarai alla festa di Gabriele?	cambiare perdere/ concludere
● No, purtroppo me l'ha detto troppo tardi. Se mi .... prima, ci .... sicuramente, anzi anche Sandra ci .... andare, ma ormai abbiamo preso un impegno che non possiamo più disdire.	invitare andare/volere

12 Chiara festeggia la sua laurea. Cosa dicono i suoi amici? Completate le loro affermazioni con i seguenti verbi.

impegnarsi – laurearsi – insistere – iscriversi – sapere – studiare – potere – trasferirsi – scegliere – cominciare – fare – conoscere

1. Se . . . . di più adesso . . . . anch'io.

2. Se i miei genitori non . . . ., non . . . . all'università.

3. Se io . . . . come è difficile fare l'insegnante, ... qualcos'altro.

4. Se . . . . studiare a Cosenza, non . . . . a Napoli.

5. Se . . . . la laurea triennale, adesso . . . . già . . . . a lavorare.

6. Se non . . . . un anno di Erasmus a Montpellier, non . . . . Pierre.

13 Ipotesi probabili, improbabili o impossibili? Mettete una x.

	realizzazione		
	probabile	improbabile	impossibile
1. Fabiana avrebbe potuto finire l'università quest'anno se avesse studiato di più.	☐	☐	☐
2. Se la riunione non dura tanto, forse ce la faccio a fare la spesa dopo il lavoro.	☐	☐	☐
3. Se foste più motivati, otterreste risultati migliori.	☐	☐	☐
4. Se Valerio fosse stato più convincente, ce l'avrebbe fatta ad avere l'aumento di stipendio.	☐	☐	☐
5. Se me lo dicevi, ti aiutavo a completare la relazione.	☐	☐	☐
6. Se riuscissi a dare tre esami in due mesi, potrei laurearmi a ottobre.	☐	☐	☐
7. Se gli impegni me lo permettessero, prenderei una settimana di vacanza.	☐	☐	☐
8. Se ci fosse stata più collaborazione tra i colleghi, il progetto sarebbe partito.	☐	☐	☐

14 Un'iniziativa importante. Scegliete la preposizione giusta.

La "Bottega dell'Aquilone" è un laboratorio dove puoi trovare originali manufatti *da/di* vario tipo realizzati nell'ambito *sulle/delle* attività
della/nella Fondazione Aquilone Onlus *da/di* persone *di/con* disabilità, bambini e adolescenti, anziani, famiglie e *da/a* tanti volontari.

Alla/Dalla Bottega dell'Aquilone trovi un ampio assortimento *di/
da* bomboniere e sacchetti *per/in* confetti, ideali *in/per* ogni occasio-
ne, articoli *da/a* regalo *a/in* vetro o *da/in* legno lavorato, originali e adatti *con/ad* ogni pensiero.

Puoi visitarci senza impegno e scegliere *a/con* tutta calma vari tipi *di/da*
materiale, colori, decorazioni *in/di* diverso genere, oppure commissionare
prodotti *su/con* misura, *per/in* colori e forme desiderati.
I volontari e le persone *da/con* disabilità che partecipano *sul/al* progetto
saranno lieti *di/per* accoglierti e *di/per* consigliarti *con/per* il meglio.
Il ricavato verrà interamente devoluto *in/a* sostegno *alle/delle* attività
rivolte *a/da* disabili, anziani, famiglie, bambini ed adolescenti.

La Bottega Dell'Aquilone, Milano

15 Sapete scrivere una lettera commerciale? Completate con le seguenti parole.

> superiori
> Restando in attesa
> sconti
> Oggetto
> Gentili
> Responsabile
> catalogo
> preghiamo
> inviamo
> Spett.le
> saremmo grati

F.LLI SIMONAZZI – VIA FOSSE ARDEATINE 18 – 45031 ARQUÀ POLESINE – ROVIGO

.... Zanini s.r.l.
Ufficio Vendite
Viale dell'Industria 86
I-24068 Seriate (Bergamo)

Arquà Polesine, 18 giugno 2007

.... : Richiesta catalogo pezzi di ricambio e condizioni
di pagamento.

.... Signori,
Vi .... se ci voleste inviare il Vs. nuovo ....
dei pezzi di ricambio con il relativo listino prezzi indicandoci gli eventuali
.... che potreste praticare per quantità ....
ai 100 pezzi.
Vi .... cortesemente di comunicarci anche le Vs. condizioni
di pagamento così come i termini di consegna della merce e anche se questa
sarà coperta da assicurazione durante il trasporto.
.... di un Vs. gentile riscontro Vi ....
distinti saluti.

Patrizia Ronchi
.... Ufficio Acquisti

16 In ufficio. Completate le frasi coniugando i verbi tra parentesi al modo opportuno.

1. Vi saremmo grati se ci .... (spedire) gli articoli mancanti entro la fine del mese.
2. Sarebbe importante che alla riunione .... (essere) presente anche l'avvocato Tozzi.
3. Saremmo contenti se .... (potere) continuare la collaborazione con la vostra agenzia.
4. Sarebbe bene che Lei ci .... (richiamare) il più presto possibile.
5. Vorremmo che un tale errore non si .... (ripetere).
6. Mi farebbe piacere se .... (noi/andare) a cena con la nuova stagista.
7. Il direttore desidererebbe che ci .... (voi/fare) un'offerta più conveniente.
8. Preferirei che .... (voi/mandare) un fax.

17 Un reclamo al telefono. Sottolineate le espressioni corrette.

● Ditta Tacconi, *buongiorno/ciao*. Sono Rosi.
○ Buongiorno, sono Annalisa De Stefani della Pac. *Mi passa/Mi dia* l'ufficio vendite, *prego/per cortesia*?
● Sì, un attimo. *Deve aspettare/Attenda* in linea.
✦ *Dimmi!/Pronto?*
○ Buongiorno, sono Annalisa De Stefani ...
✦ Ciao Annalisa, sono Valeria. Come va?
○ Bene, grazie. Senti, ti *telefono/richiamo* perché abbiamo un problema.
✦ *Dimmi tutto/Raccontami*!
○ *Certo/Dunque*, noi avevamo ordinato 80 lampade, ma ne sono arrivate solo 30. Come mai?
✦ Un *tempo/attimo* che controllo. *Guarda/Vedi,* abbiamo fatto la consegna allo spedizioniere ieri.
○ Ieri?! Ma avevo scritto che era urgente! Adesso questo ci causa dei bei problemi con i clienti!
✦ Valeria, sono *desolata/arrabbiata*, ma prima non era possibile.
○ Già, ma dopodomani chiudiamo per ferie.
✦ Senti, *facciamo/diciamo* così: adesso chiamo lo spedizioniere e gli dico che è molto urgente.
○ D'accordo, ma chiamalo subito però.

18 Ricordate la telefonata di Patrizia Ronchi alla ditta Zanini? Dopo la telefonata, Anna si lamenta con la sua collega. Cosa le dice?

1. La merce *sarebbe arrivata* (arrivare) in tempo, se la Ronchi .... (mandare) l'ordine prima.
2. Se ci .... (essere) i pezzi di ricambio in magazzino, li .... (noi/consegnare) subito.
3. Se il magazziniere .... (essere) più attento, ... (lui/notare) immediatamente che mancavano gli articoli.
4. L'........................ (io/dire) sicuramente allo spedizioniere se .... (io/ricordarsi) che la loro ditta avrebbe chiuso per ferie.
5. Se .... (io/parlare) del ritardo alla Ronchi, sicuramente .... (disdire) l'ordine.
6. Se .... (loro/disdire) l'ordine, li .... (noi/perdere) come clienti.
7. Se .... (lei/inviare) l'ordine per e-mail, non .... (pervenire) così tardi.

19 Leggete il seguente articolo su un'importante impresa italiana.

Vocabolario:
[1]successo *Erfolg*
[2]ago ipodermico *Spritzennadel*
[3]siringa *Spritze*
[4]sanitario *Gesundheits-*
[5]soprannome *Spitzname*
[6]fatturato complessivo *Gesamtumsatz*
[7]obiettivo *Ziel*
[8]sindacale *gewerkschaftlich*

Accompagniamo i bambini in un percorso di crescita
La storia del gruppo Artsana è prima di tutto quella di un uomo, nato a Monte Olimpino sul confine italo-svizzero e capace di creare in poco più di cinquant'anni un gruppo industriale i cui prodotti seguono ogni fase dell'attesa e poi della crescita di un bambino.
La storia di Pietro Catelli non è solo quella di un successo[1] imprenditoriale. È l'affermazione di una centralità del bambino che ha ispirato in ogni momento la filosofia, l'immagine e la comunicazione dell'azienda. Alla testa del Gruppo, insieme a Pietro Catelli che conserva la carica di Presidente ci sono i tre figli: Francesca Catelli, Coordinatore della marca Chicco e Direttore della comunicazione, Enrico, Direttore della logistica e degli acquisti, e Michele, Direttore generale.
"Tutto inizia – racconta Francesca Catelli – nel secondo dopoguerra quando mio padre fondò una piccola azienda per la produzione di aghi ipodermici[2], termometri e siringhe[3]. Le tre grandi aree dove si concentrano i numerosi marchi del Gruppo Artsana sono quello sanitario[4], del bambino e cosmetico. Il marchio Chicco nasce invece nel 1958, insieme con il figlio maggiore, Enrico, il cui soprannome[5] dette il nome alla nuova azienda. Il fatturato complessivo[6] è di circa 1.260 milioni di Euro, sempre in crescita anche negli ultimi anni. Dal 1998, è stato definito dall'Azienda un proprio Codice di Condotta che ha l'obiettivo[7] di garantire il rispetto dei diritti umani e sindacali[8] fondamentali, e la tutela dell'ambiente".

Chicco è un marchio sicuramente conosciuto in tutto il mondo ...
"Le ragioni di questo successo sono tante, a cominciare dal fatto che questo marchio abbraccia tutti i bisogni del bambino dall'attesa al suo ingresso alle scuole elementari e nell'accompagnare la sua crescita si dà l'obiettivo di risolverne tutte le necessità. In altre parole, Chicco si propone come una guida che accompagna il bambino e i suoi genitori in questo viaggio che è poi il processo di crescita, materiale e spirituale, di ogni individuo".
ridotto e adattato da: Ticino Welcome 03/2004

a Indicate con una x se le affermazioni sono vere o false.

	vero	falso
1. Pietro Catelli ha fondato la ditta circa 50 anni fa.	☐	☐
2. I suoi figli lavorano con lui nell'azienda come responsabili di diversi settori.	☐	☐
3. Inizialmente la ditta produceva cosmetici.	☐	☐
4. Nel 1958 Catelli dette un nuovo nome alla Artsana, che da allora si chiama Chicco.	☐	☐
5. L'azienda è in continua crescita.	☐	☐
6. L'azienda cerca di garantire i diritti sindacali e umani ai propri dipendenti.	☐	☐
7. La Chicco fabbrica dei prodotti per salvare l'ambiente.	☐	☐
8. I prodotti della Chicco si concentrano sui bambini fino ai sei anni circa.	☐	☐

b Ora rileggete il testo e scrivete di seguito tutte le parole che riguardano l'azienda ed il mondo del lavoro.

....

....

....

20 Ho bisogno di una medicina ... Completate le frasi.

> queste gocce oculari – un antistaminico – una pomata – una compressa[1] – un antidolorifico –
> degli antidolorifici

1. Se ti bruciano gli occhi, perché non prendi ....?
2. Ho un mal di schiena terribile. Potresti andare in farmacia a prendermi ....?
3. So che sei allergico al pelo dei gatti. Prima di andare da Claudio dovresti prendere ....
   perché lui ha tre gatti in casa.
4. Dopo l'operazione ho dovuto prendere per molto tempo ....
5. Anna ha il mal di testa, hai .... per lei? Un'aspirina o qualcosa di simile?
6. Mio figlio ha una forte irritazione alla pelle. Sta usando .... ma finora non gli ha
   fatto alcun effetto.

Vocabolario: [1]compressa *Tablette*

21 Leggete questo contributo a un forum on-line sul tema "Lavoro e salute". Completate con *prima* e *dopo*, aggiungendo *che* o *di*, se necessario.

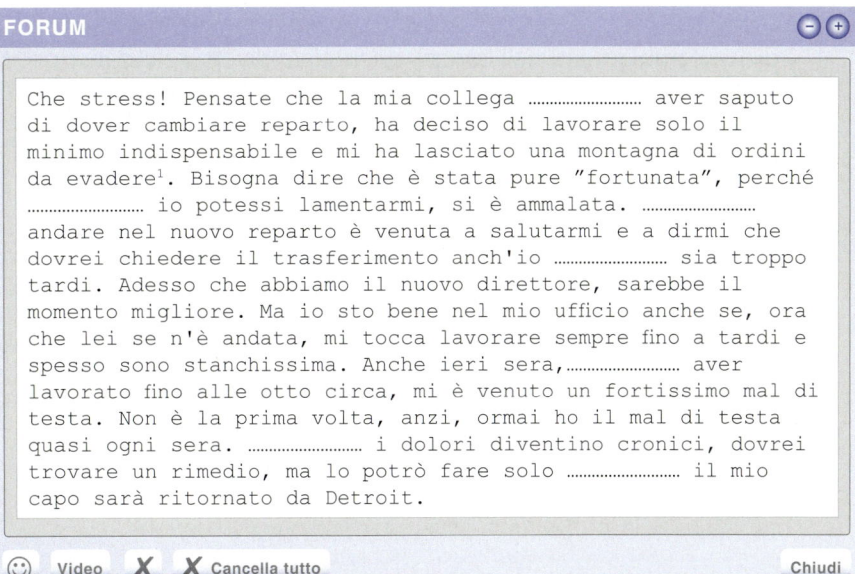

FORUM ⊖ ⊕

Che stress! Pensate che la mia collega .... aver saputo di dover cambiare reparto, ha deciso di lavorare solo il minimo indispensabile e mi ha lasciato una montagna di ordini da evadere[1]. Bisogna dire che è stata pure "fortunata", perché .... io potessi lamentarmi, si è ammalata. .... andare nel nuovo reparto è venuta a salutarmi e a dirmi che dovrei chiedere il trasferimento anch'io .... sia troppo tardi. Adesso che abbiamo il nuovo direttore, sarebbe il momento migliore. Ma io sto bene nel mio ufficio anche se, ora che lei se n'è andata, mi tocca lavorare sempre fino a tardi e spesso sono stanchissima. Anche ieri sera, ... aver lavorato fino alle otto circa, mi è venuto un fortissimo mal di testa. Non è la prima volta, anzi, ormai ho il mal di testa quasi ogni sera. .... i dolori diventino cronici, dovrei trovare un rimedio, ma lo potrò fare solo .... il mio capo sarà ritornato da Detroit.

☺ Video ✗ ✗ Cancella tutto Chiudi

Vocabolario: [1]evadere (un ordine)
einen Auftrag erledigen

159

Politica, storia e società

Come eravamo e come siamo

1 Siete bravi in storia? Scrivete sopra i testi a quali
avvenimenti riportati a pag. 86 al punto 2 si riferiscono.

1

Nel 1979 un deputato verde, Daniel Brélaz, entrò a far parte del Parlamento nazionale della Svizzera. Due anni più
tardi, quattro rappresentanti dei Verdi vennero eletti depu-
tati al Parlamento belga. Ma il grande successo avvenne
nel 1983, quando i verdi tedeschi riuscirono a conquistare 28 seggi nel Parlamento nazionale. Oggi i partiti verdi
fanno parte anche del Parlamento Europeo.

2

Venne costruito nella notte tra il 12 e il 13 agosto 1961
per fermare la continua emigrazione verso la parte
occidentale della città e cadde il 9 novembre 1989.

4

Due naufragi nel giro di poche ore non
bastano a fermare chi sta cercando una
nuova vita. 259 migranti sono arrivati
questa mattina sull'isola di Lampedusa.

3

Non da tutti accettata con entusiasmo, è
diventata realtà dal 1° gennaio 2002 per
gli abitanti di dodici paesi europei.

2 Caccia all'errore. Trovate le espressioni sbagliate, sottolineatele e riscrivete le frasi in modo corretto.

1. Dopo la seconda guerra mondiale, con una rivoluzione, l'Italia passa dalla monarchia alla repubblica.
....

2. La Fiat 500 e la Vespa diventano dei simboli dell'"autunno caldo" italiano.
....
....

3. Nel 1969 gli impiegati statali scendono in piazza per ottenere maggiori diritti e cominciano una lunga
serie di scioperi.
....

4. I grossi cambiamenti nell'Europa orientale e diversi scandali, i cui protagonisti sono uomini politici,
cambiano il panorama politico italiano. Quasi tutti i partiti esistenti eleggono nuovi leader.
....
....

3 Raggruppate le seguenti parole in quattro campi lessicali.

partito – emigrati – manifestare – approvare – senatore – chiusura – protestare – varare –
apertura – ratificare – deputato – immigrante – referendum – camera – sciopero – pacifista

parlamento	legge	confine	manifestazione
....	....	....	....
....	....	....	....
....	....	....	....
....	....	....	....

4 Lo sapevate? Completate le frasi con il pronome relativo "cui" e l'articolo determinativo appropriato.

> il cui (2x) – la cui (2x) – i cui (2x) – le cui

1. L'Italia, ... nome ufficiale è *Repubblica Italiana*, è nata nel 1861 come monarchia ed è diventata repubblica parlamentare nel giugno del 1946.
2. I Reali di Savoia, ... numerose residenze si trovano a Torino, erano originari della Borgogna.
3. La Repubblica Italiana, ... capitale è Roma, ha più di 59 milioni di abitanti.
4. Fa parte dell'Italia anche il comune di Campione d'Italia, ... territorio si trova nella Svizzera italiana.
5. Il Paese, ... nomi più poetici sono il *Belpaese* (per il clima e le bellezze naturali ed artistiche), la *Penisola* o lo *Stivale* (per la forma geografica), si estende su più di 300 000 km².
6. Le cinque regioni a Statuto speciale, ... maggiore autonomia è spesso dovuta a motivi linguistici, sono il Friuli Venezia Giulia, il Trentino Alto Adige, la Valle d'Aosta, la Sicilia e la Sardegna.
7. La bandiera italiana o il Tricolore, ... colori sono il verde, il bianco e il rosso, nasce nel 1797 a Reggio Emilia.

5 Abbinate ai verbi elencati le espressioni che ne completano il significato.

1. approvare		a	ad una manifestazione
2. segnare		b	pacificamente
3. manifestare		c	dalla monarchia alla repubblica
4. ottenere		d	in piazza
5. partecipare		e	una legge
6. passare		f	maggiori diritti
7. scendere		g	la fine

6 Quali sostantivi derivano dai seguenti verbi? Cercateli nel riquadro.

> aprire
> cadere
> eleggere
> emigrare
> entrare
> fondare
> manifestare
> muovere
> mutare
> nascere
> scioperare
> unire

M	A	N	I	F	E	S	T	A	Z	I	O	N	E
A	U	A	E	L	E	Z	I	O	N	I	A	Z	M
R	N	S	R	E	A	P	E	R	T	U	R	A	I
C	I	C	F	O	N	D	A	T	O	R	E	I	G
A	O	I	C	M	U	T	A	M	E	N	T	O	R
E	N	T	R	A	T	A	B	C	A	D	U	T	A
Z	E	A	M	O	V	I	M	E	N	T	O	E	T
M	O	S	S	O	A	S	C	I	O	P	E	R	O

7 Le parole di un immigrato straniero in Italia. Completate con i verbi tra parentesi al passato prossimo.

.... (lasciare) il mio paese tre anni fa. Non mi .... (dispiacere) andare via anche se .... (dovere) lasciare là la mia famiglia. Volevo offrirle un futuro migliore, ma purtroppo nel mio paese non esistono ancora tante possibilità di lavoro e perciò sono partito. In Italia le prime settimane .... (avere) qualche difficoltà, ma fortunatamente avevo dei contatti con alcuni connazionali che vivevano già qui e così .... (bastare) pochi mesi per ambientarmi e dopo poco tempo .... (trovare) anche un lavoro che mi piace. Certo, mi .... (servire) molto imparare l'italiano ed .... (valere) la pena frequentare un corso. Dopo due anni mia moglie e mio figlio mi .... (raggiungere). Il bambino l'.................... (io/iscrivere) subito in prima elementare, in questo modo .... (potere) frequentare immediatamente bambini della sua età e la vita qui gli .... (piacere) subito. Da pochi mesi .... (cominciare) la terza elementare. Mia moglie invece all'inizio aveva pochissimi contatti e non parlava neanche un po' d'italiano. Poi final-mente .... (io/riuscire) a con-vincerla ad iscriversi ad un corso offerto dal comune, che .... (lei/finire) da poco di frequentare.

8 Ma come parlano? Completate i dialoghi inserendo le seguenti espressioni.

> dipende da – lo so perfino – spiegati meglio – fuori dal mondo – che diavolo di roba –
> a forza di – te ne rendi conto – quella specie di – farci caso

1. ● Nonna, hai visto il mio i-pod?
   ○ L'i-pod? .... è?
   ● Ma dai, nonna! È .... walkman, quell'apparecchio che uso per ascoltare la musica.
   ○ E allora ...., scusa. Dimmi che stai cercando il walkman.
   ● Ma non è un walkman!

2. ● Io i giovani non li capisco più. Quando sono partito per venire da te, la figlia della mia vicina mi ha augurato "buon weeky". Io le ho risposto "grazie", ma non ho mica capito cosa vuol dire. Tu lo sai?
   ○ Giovanni, ma sei proprio ....! Vuol dire buon fine settimana, ... io che di figli non ne ho.

3. ● Anna, forse tu non ...., ma quando parli usi un sacco di parole straniere.
   ○ Che esagerato! .... quello che devo dire, se parlo di lavoro a volte sono costretta ad usarle perché non ci sono termini simili in italiano.
   ● No, guarda, prova a .... e ti accorgerai che le usi anche in altre situazioni.
   ○ Sei anche tu uno di quelli che dice che .... usare termini stranieri dimenticheremo la nostra lingua?

9 Quando uno ... Completate il testo con la forma impersonale "si" o "uno" laddove è più opportuno.

Al giorno d'oggi non ...si... capisce più niente quando la gente parla. È vero che al lavoro a volte ...... è quasi costretti ad usare dei termini inglesi, ma è altrettanto vero che a volte ...... usano le parole straniere anche quando ci sono degli equivalenti in italiano. I giovani, soprattutto, ne fanno un vero e proprio abuso. Non capisco perché a scuola non ...... faccia niente per abituare i ragazzi a parlare come ...... dovrebbe e non solamente come ...... vuole. Io sono del parere che se ...... usano troppe parole straniere ...... finisce per dimen-ticare la propria lingua. Non solo, ma ...... rischia anche di farla scomparire. Mia figlia, naturalmente dice che esagero e mi fa notare che anch'io, pur criticando quest'uso spropo-sitato[1] di termini stranieri, qualche volta dico delle parole inglesi senza nemmeno accorgermene.

Vocabolario: [1]spropositato *unverhältnismäßig, übertrieben*

10 **Indicativo, congiuntivo o infinito? Completate il racconto di Chiara con l'uso corretto delle forme verbali e la preposizione *di*, se necessario.**

« Guarda, Alessandra, oggi mi sento come se non .... (dormire) tutta la notte, malgrado ieri sera .... (andare) a letto alle 10 e .... (addormentarsi) anche subito. Credo .... (prendere) freddo al meeting e la sera .... (mangiare) un kebab che mi .... (rimanere) sullo stomaco. Mi sento come se .... (fare) una grande abbuffata[1], nonostante non l' .... (mangiare) tutto. Tra l'altro mi sembra che mi .... (stare) venendo il raffreddore, perciò è possibile che .... (essere) anche per questo che .... (sentirsi) così stanca. E come se non .... (bastare), stasera .... (esserci) anche una riunione al centro sociale per organizzare la manifestazione di sabato che forse .... (durare) parecchio. Se .... (andare) avanti fino a tardi temo......................... (crollare[2]). Forse sarà meglio che .... (fermarsi) a comprare qualcosa da mangiare perché i miei sono in vacanza e il frigo è vuoto. Ma ora .... (bisognare) cominciare a studiare, altrimenti qui non si .... (concludere) più niente e credo che ce ne .... (volere) di tempo prima che .... (io/riuscire) a finire tutta questa traduzione. »

Vocabolario: [1]abbuffata *Völlerei*   [2]crollare *zusammenklappen*

11 **Leggete le testimonianze di alcuni emigrati italiani all'estero, intervistati da una redattrice del programma radiofonico italiano e trasformatele nel discorso indiretto.**

Esempio: *Antonio racconta che suo padre è partito dal Friuli per andare a lavorare in Belgio . . .*

Antonio, 45 anni: "Mio padre negli anni '50 è partito dal Friuli per venire a lavorare in Belgio. Io sono nato qui e non ho mai vissuto in Italia, però da bambino ci andavo spesso in vacanza. Dopo la pensione i miei genitori sono tornati a vivere in Italia."
....
....
....

Raffaele, 65 anni: "Ho lasciato il mio paese nel 1963. Allora i treni erano carichi di emigranti. I primi anni qui in Francia sono stati difficili, gli unici contatti che avevo con i francesi erano sul lavoro. Poi ho conosciuto Martine e ci siamo sposati. Adesso sono in pensione e potrei tornare al mio paese. Ma qui ho i miei figli, i nipotini e dopo tutti questi anni ormai mi sento un po' francese anch'io."
....
....
....

Graziella, 52 anni: "Sono venuta a Brighton perché mio marito lavorava nella pizzeria di uno zio. Non volevo restarci, non capivo la lingua e non conoscevo nessuno. Era terribile. Due anni dopo mio marito ha aperto una pizzeria sua ed io ho cominciato ad aiutarlo. Adesso viviamo qui da 27 anni e abbiamo uno dei migliori ristoranti della città. Ci piace stare qui, ma quando andremo in pensione torneremo a Torre del Greco, dove abbiamo costruito una villetta."
....
....
....

12 Ricordate il racconto di pagina 91? Ricostruite l'ordine cronologico delle frasi.

☐ Elisa ha detto che, se si fosse sposata, non avrebbe lasciato partire il marito.
☐ La madre ha quasi cominciato a piangere.
☐ Elisa ha lanciato uno sguardo arrabbiato a sua madre.
☐ La madre ha cominciato ad elencare i sacrifici che il padre faceva per la famiglia.
☐ La madre ha letto ai figli la lettera del loro padre mentre stavano pranzando.
☐ La madre ha risposto che anche lei aveva cercato di convincere il padre a restare.

13 Scegliete a lato la frase corretta corrispondente al discorso diretto.
Attenzione! In due casi sono corrette entrambe le frasi.

Discorso diretto	Discorso indiretto	
Disse:	Mi disse ...	
1. "Guido tornerà fra due giorni."	☐	che Guido tornerebbe due giorni dopo.
	☐	che Guido sarebbe tornato due giorni dopo.
2. "Non parta a quest'ora! C'è molto traffico."	☐	di non partire a quell'ora.
	☐	che non partissi a quell'ora.
3. "Mio nonno era di origine albanese."	☐	che suo nonno sarebbe stato di origine albanese.
	☐	che suo nonno era di origine albanese.
4. "Avevo comprato il biglietto prima di partire."	☐	che aveva comprato il biglietto prima di partire.
	☐	che comprava il biglietto prima di partire.
5. "Voglio che mio figlio faccia una vita migliore."	☐	che voleva che suo figlio faceva una vita migliore.
	☐	che voleva che suo figlio facesse una vita migliore.
Chiese:	Ci chiese ...	
6. "Siete stanche di vivere in questa città?"	☐	se eravamo stanche di vivere in quella città.
	☐	se eravamo state stanche di vivere in quella città.
7. "Vi sembra giusto quello che state facendo?"	☐	se ci sembrasse giusto quello che stavamo facendo.
	☐	se ci sembrava giusto quello che stavamo facendo.
8. "Come mai Enrica vuole studiare all'estero?"	☐	come mai Enrica aveva voluto studiare all'estero.
	☐	come mai Enrica volesse studiare all'estero.

14 Promesse da marinaio[1]! Leggete cosa aveva promesso Franco ai suoi genitori prima di emigrare all'estero e trasformate le frasi dal discorso diretto al discorso indiretto.

Franco
"Non ho voglia di partire e mi dispiace lasciarvi soli. Ho cercato un posto dappertutto e ho capito che qui non troverò mai un lavoro dignitoso. Ma non dovete preoccuparvi per me. Vi telefonerò tutte le settimane e vi manderò una parte del mio stipendio. Tornerò e sposerò Tina quando avrò trovato un lavoro. Vorrei passare la mia vita con lei. L'ho detto anche ai suoi genitori."

I genitori

Avevi detto che non .... voglia di partire e che .... soli, che .... un posto dappertutto e .... che .... non .... mai un lavoro dignitoso. Avevi aggiunto che non .... per .... perché .... tutte le settimane e .... una parte del .... stipendio. Avevi promesso che .... e .... Tina quando .... un lavoro perché .... la .... vita con lei. Avevi perfino aggiunto .... ai suoi genitori. E noi abbiamo creduto a tutto. Invece ci hai telefonato solo i primi mesi, non ci hai mai mandato soldi, ti sei sposato con una straniera e non ci hai neppure invitato al matrimonio.

Vocabolario: [1]promesse da marinaio *leere Versprechungen*

15 Rileggete il dialogo tra Chiara ed Armando a pagina 90 e completate il testo coniugando i verbi tra parentesi in modo appropriato.

Armando ha detto a Chiara di ... *muoversi* .... (muoversi) se ... *voleva* .... (volere) essere accompagnata al treno, perché lui .... (essere) già in ritardo. Chiara ha chiesto a suo padre di .... (aspettare) perché non .... (trovare) la bandana. Suo padre voleva sapere cosa .... (essere) e la figlia ha spiegato che .... (essere) quella specie di fazzoletto blu che lei .... (avere) sempre in testa. Armando le ha risposto che l'......................... (vedere) sul divano e ha chiesto a Chiara perché quella cosa non .... (chiamarsi) più fazzoletto.
Sua moglie lo ha interrotto chiedendo a Chiara se domenica .... (tornare) per cena. Chiara le ha risposto che non lo .... (sapere) e che .... (dipendere) da quando .... (finire) la riunione. Le ha detto di non .... (aspettare) perché magari .... (mangiare) un kebab con i suoi amici.
Il padre ha osservato che per capirla .... (volerci) un dizionario e ha domandato se i professori a scuola non .... (dire) niente agli studenti. Chiara però ha obiettato che forse suo padre non .... (rendersene) conto, ma che .... (essere) sempre così, che anche lui probabilmente .... (usare) tante parole straniere senza farci più caso. Suo padre le ha risposto che le .... (usare) solo se non .... (esistere) dei termini equivalenti in italiano. Chiara gli ha fatto notare che non .... (essere) vero, che una volta lo .... (sentire) dire al suo collega che .... (avere) un black out e che non .... (ricordare) più la password. Per interrompere la discussione la mamma di Chiara ha fatto notare a entrambi che se avessero continuato a discutere Chiara avrebbe rischiato di perdere il treno.

16 Minoranze in Italia. Segnate con una x quali delle seguenti lingue appartengono a minoranze linguistiche presenti in Italia.

☐ sloveno		☐ spagnolo	
☐ francoprovenzale		☐ greco	
☐ slovacco		☐ albanese	
☐ catalano		☐ ladino	
☐ ucraino		☐ olandese	
☐ tedesco		☐ croato	

Capisseto ladìn?

E kupton gjuhën shqipe?

Comprens el català?

17 Intervistiamo Naiaga! Ricordate il brano che parla dell'esperienza dell'immigrato senegalese a Marzano? Completate la seguente intervista.

Sie begrüßen Naiaga und fragen ihn, woher er stammt.	● .... ○ Sono senegalese.
Sie erläutern, dass er die ersten Jahre mit fünf Landsleuten in einem Haus auf dem Land gewohnt hat und fragen, wie das Haus war und wie es ihm dort gefiel.	● .... ○ Era un casolare immerso in un boschetto circondato da campi. In lontananza si vedevano le colline con i vigneti. Fuori il paesaggio era molto bello, ma dentro non c'era né acqua né elettricità e mancavano pure le finestre.
Sie fragen, ob sie schon Arbeit hatten, als sie dort hin zogen.	● .... ○ Sì, avevamo trovato tutti un posto nelle fabbriche della zona.
Sie fragen, wie es dazu kam, dass er und die anderen in ein Landhaus in einem so schlechten Zustand eingezogen sind.	● .... ○ Perché nessuno voleva darci una casa in affitto. Avevamo chiesto aiuto anche al comune e al parroco, ma non ci avevano dato una mano nemmeno loro.
Sie möchten wissen, wo die Männer vorher wohnten.	● .... ○ Dormivamo in un albergo vicino alla stazione di Trieste e facevamo i pendolari ogni giorno per andare a Manzano a lavorare.
Sie fragen Naiaga, wo er jetzt lebt.	● .... ○ Adesso abito con mia moglie e i miei figli in un appartamento all'ultimo piano di un condominio di ex case popolari.
Sie fragen, ob die Wohnung gemietet ist.	● .... ○ No, l'ho comprato facendo un mutuo ventennale.
Sie fragen, ob Naiaga noch in der selben Fabrik arbeitet.	● .... ○ No, ho un'azienda con cinque dipendenti che gestisco in società con un friulano.

18 Passato prossimo o passato remoto? Completate le frasi in modo corretto.

> furono – abbiamo venduto – emigrò – hanno potuto – è tornata – hanno cominciato – hanno acquistato – fece – si trasferì – emigrarono

1. Il mese scorso .... la casa che il mio bisnonno .... costruire negli anni '20.
2. Caterina .... dal Canada da alcuni mesi. Quando .... a Montréal negli anni '50 era poco più di una bambina, ma ha sempre mantenuto un forte legame con il suo paese d'origine.
3. Quando mio padre .... a Milano per cercare lavoro, il Veneto era una regione di emigranti, invece adesso molti immigrati stranieri in questa regione .... cominciare una nuova esistenza.
4. Dal paesino dei miei suoceri negli anni '60 .... molte persone e tantissime case vennero abbandonate. Da una decina d'anni molti turisti stranieri .... a comprare queste case e a restaurarle.
5. I cinesi .... certamente tra i primi immigrati stranieri in Italia. La loro comunità a Milano esiste da circa un secolo e nel frattempo .... molti immobili in alcuni quartieri della città.

19 Completate il brano collocando l'aggettivo nella posizione corretta.

adatto – alcuni – alimentari – altra – commerciale – elementare – familiare – tanta – italiani – negative – piccolo – più ricche e produttive – popolari – primi – ultimo – pochi

Sonia è argentina, ma abita in Emilia Romagna, una delle ....X...........regioni *più ricche e produttive* d'Italia. Quando è venuta in Italia suo marito ci viveva già da .... anni ....
Aveva lavorato sodo facendo il pendolare e alloggiando per un po' di tempo in un ....
appartamento .... con suo fratello che era venuto in Italia con lui. Poi aveva cominciato a cercare una casa tutta per sé. Dopo le prime .... risposte .... era riuscito
a trovare un .... appartamento .... alle esigenze della sua famiglia,
all'..................... piano .... di un condominio di ex .... case ....
ed aveva potuto chiedere finalmente il .... ricongiungimento[1] .... Sonia
i .... tempi .... era rimasta a casa ad occuparsi dei bambini che dovevano
essere inseriti nella ....scuola ....
D'..................... parte .... aveva anche anche lei..................... voglia ....
di cominciare a lavorare. Essendo un tipo estroverso, si lamentava di avere .... contatti
.... con altre persone. Ma da quando il marito ha rilevato[2] l'..................... attività
.... di .... generi .... di un suo connazionale, lo aiuta in negozio
ed è contenta di parlare con i .... clienti .... che vanno da loro a fare la spesa.

Vocabolario: [1]ricongiungimento *Zusammenführung*   [2]rilevare *hier: übernehmen*

20 Leggete le seguenti frasi e segnate con una x quelle che corrispondono alle intenzioni evidenziate in neretto.

riferire cosa ha detto una persona	
1. La mia amica ha raccontato che a casa parlano sempre in dialetto.	☐
2. Penso che mio fratello non conosca molto la storia europea.	☐
3. Mia madre mi ha riferito nei dettagli cosa ha scritto lo zio del Belgio.	☐
4. Ho l'impressione che la mia collega preferirebbe rimanere a lavorare nel nostro reparto.	☐
5. Alessio mi ha chiesto se volevi venire anche tu al concerto di Giorgia.	☐

spiegare o chiedere spiegazioni	
1. Non ho capito cosa vuol dire.	☐
2. Armando non me ne ha parlato.	☐
3. Scusi, può ripetere? Non ho capito.	☐
4. Allora spiegati meglio!	☐
5. Questo termine significa …	☐

collocare un avvenimento storico e politico nel tempo	
1. Il re dovette andare in esilio nel 1946 quando nacque la Repubblica.	☐
2. Credo che le manifestazioni operaie dell'"autunno caldo" abbiano avuto luogo nel 1969.	☐
3. Andrea ieri ha partecipato alla manifestazione degli studenti.	☐
4. Ma quando è caduto il muro di Berlino?	☐
5. Al referendum per confermare la legge sul divorzio mio padre aveva votato sì.	☐

raccontare la propria storia	
1. Sono nato in un villaggio del Senegal e sono venuto in Italia quando avevo 18 anni.	☐
2. I miei vicini sono ritornati al loro paese.	☐
3. Dopo la laurea mio marito ha trovato un lavoro a Torino, così io mi sono traferita con lui.	☐
4. Ma lo sai che alla tv hanno fatto vedere il tuo capufficio?	☐
5. I miei nonni volevano che mio padre studiasse medicina, invece lui è diventato insegnante.	☐

Ma tu ci credi?

1 Raggruppate le parole in due campi lessicali e scegliete per ognuno il titolo adatto tra i seguenti: oroscopo, viaggio, fantascienza, teatro.

rotta – scena – svoltare – tragitto – travestirsi – personaggio – destinazione – interpretare – tirare dritto – ruolo

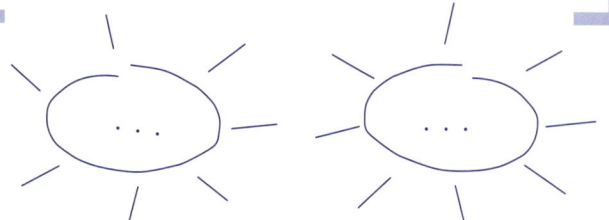

2 Quante combinazioni sono possibili? Collegate le espressioni del mouse e del computer e aggiungete, se necessario, articolo e preposizione.

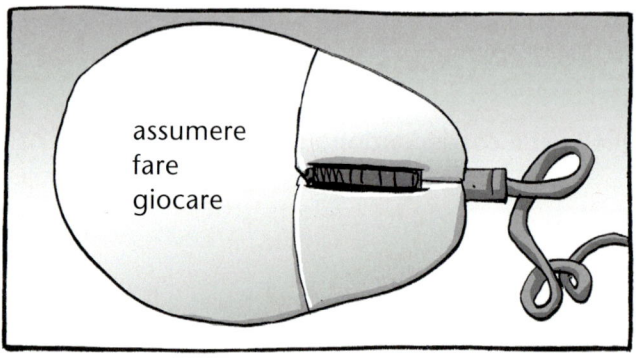

assumere
fare
giocare

ruolo	pallavolo
caratteristiche	lotto
computer	personale
confusione	nomignolo
carte	

....
....
....
....
....

3 Mondi irreali. Completate il testo con i seguenti verbi.

ha dato – ci rifugiavamo – ha capito – si travestiva – preferiva – leggeva – odiava – era – guardavo – ero – ha lasciata – piacevano – c'era – dovevamo – ho fatto – diceva – interpretava – è rimasta

"Non mi piace fare giochi al computer e non .... mai .... un viaggio virtuale, quando .... un ragazzino non .... neanche il computer. Io allora .... sempre i film di fantascienza. La mia serie preferita .... Star Trek. A mia sorella Clara invece quei film non .... proprio. Lei .... recitare, così durante le feste di compleanno .... e noi invitati .... indovinare quale personaggio .... Mia sorella Teresa, che .... i film di fantascienza e non .... mai .... la passione di Clara per la recitazione, ... che tutti e due .... in un mondo irreale. Senza accorgersi di quanto fosse irreale il suo! Dovete sapere, infatti, che Teresa .... tutti i giorni l'oroscopo e questa mania le .... sempre .... Pensate un po' che quando il fidanzato l'.......................... lei .... la colpa a un gatto nero che le aveva attraversato la strada! Da allora si fa leggere le carte."

4 Ricordate il racconto del gioco insolito? Completate le parole.

Claudia e suo padre si erano inventati un gi................... con cui si divertivano la mattina, quando il papà accompagnava la figlia a scu................ . Impostavano sul navig............... satel................ come destinazione l'indi................ della scuola, ma poi non seguivano le indic................ date dalla vo.................... femminile. Disubbidivano sistematicamente agli ord.................... che indicavano il trag.................... più breve. Quando la voce ad esempio diceva di svol................ a destra, le rispondevano che purtroppo non avevano seguito le indicazioni correttamente, e tiravano dri................ . Così il navigatore si confo..............., si metteva a ricalcolare il trag................ , e la figlia si divertiva e rideva. Dopo aver reimpostato, la voce riprendeva a dare le indic................, che loro continuavano a non seguire, continuando a scusarsi con lei dicendo o che non era poss.................... girare o che non ne avevano voglia. Così prendevano in giro quell'aggeggio che andava in confu............... ma che, senza protestare, con una specie di pazi...............digitale, ripeteva sempre le stesse cose, senza alternative e senz'altra salv............... possibile che rompersi.

5 Completate i dialoghi con le seguenti espressioni. Attenzione all'uso corretto dei tempi verbali.

insistere – confondersi – disubbidire sistematicamente – impostare come destinazione – voce antipatica – contraddire – tono perentorio – ripetere – replicare – rispondere – rompersi (2x) – indicare il tragitto – protestare – intransigente[1] – discutere – continuare

1. ● Senti, spiegami un po' come si usa il navigatore satellitare.
   ○ Guarda, è facilissimo. Bisogna solo .... il luogo che si vuole raggiungere e basta. Per me è comodissimo. Io ho un pessimo senso dell'orientamento e quando non avevo il navigatore .... spesso. Tu invece come fai?
   ● Beh, le poche volte che devo recarmi in un posto che non conosco, mi affido a un programma online. Anche lì basta digitare il punto di partenza e di arrivo e il programma ti .... che puoi stampare.

2. ● Non so più cosa fare con mia figlia. Qualsiasi cosa le dica di fare, lei .... Non serve proprio a un bel niente usare con lei un ....!
   ○ Cosa vuoi, è l'età. Sembra che il loro compito sia quello di .... sempre tutto ciò che gli viene detto. È il loro modo di .... contro noi grandi. Cerca di non essere troppo ...., è importante continuare a .... con loro e bisogna fare in modo che i rapporti non .... Vedrai che passerà.

3. ● Non ne posso più di Gianni. .... a telefonarmi e .... a chiedermi se voglio uscire con lui. Quando sento quella .... che .... continuamente le stesse cose non so che farei.
   ○ Anche con me ci ha provato, sai? Ma ogni volta che me lo chiedeva .... sempre che avevo altri impegni. Ma tu perché gli ...., scusa?
   ● Perché non lo riconosco, chiama sempre come anonimo. Comunque stamattina mi è caduto il cellulare e .... e sta' sicura che questa volta cambio numero.

Vocabolario: [1]intransigente *unnachgiebig, streng*

6 Quali parole contengono un prefisso? Sottolineatele.

dispiacere	indiretto	scomparire
discutere	indovinare	sbagliato
distante	indomani	sconosciuto
disubbidire	indipendente	spettacolo
disoccupato	informale	sconto

connazionale	rileggere	impaziente
contento	rifare	immenso
concittadino	rispettare	illustrazione
contenitore	riascoltare	irritazione
connettere	risparmiare	irreale

7 Un viaggio nel passato. A quali articoli si riferiscono i seguenti titoli? Abbinateli.

1. ## Ecco come si salta nel passato

2. ## Viaggio virtuale nella Roma antica

3. ## Il Parco della Preistoria

4. ## Via Francigena: sulle orme dei pellegrini in cammino verso Roma

A "I cammini del cielo": così si chiamavano gli itinerari dei pellegrini medievali, mossi dalla fede verso Roma, San Giacomo di Compostela o Gerusalemme.
Questa via proveniva dalla Francia, discendeva la Valle di Susa e raggiungeva Torino.

B A chi non piacerebbe poter tornare indietro nel tempo? Magari per non ripetere più gli errori o rivivere bei momenti? Questa possibilità potrebbe diventare realtà: le leggi della fisica lo permettono.

C Potrete camminare per le strade dell'Urbe tardo-antica e incontrare personaggi e luoghi storici. La simulazione ricostruisce per la prima volta in maniera virtuale 31 monumenti e 7 mila edifici dell'epoca.

D Gli animali e gli uomini preistorici, ricostruiti con metodi scientifici a grandezza naturale, sono distribuiti lungo l'itinerario in ordine cronologico ed evolutivo e si presentano così come erano, viventi, milioni di anni fa.

8 Il miracolo di San Gennaro. Leggete il seguente testo e scegliete la forma corretta del verbo.

»Oggi ho incontrato Pasquale. Pensavo che *fosse/sarebbe* partito per Napoli solo la settimana prossima, invece partirà domani perché oltre a far visita alla famiglia, vuole assistere alla festa di San Gennaro. Lui credeva che io *l'avrei saputo/lo sapessi* già.
Era convinto che Giulio me lo *avesse/avrebbe* detto. Io speravo che Pasquale *sarebbe/fosse* venuto con noi al concerto, mi sembrava che ci *tenesse/avesse tenuto* tanto. Non sapevo invece che Pasquale *fosse/fosse stato* tanto legato alle tradizioni della sua città. Finalmente ho capito in cosa consiste il miracolo di San Gennaro. Io non ci credo, ma se Pasquale una volta mi *avesse chiesto/chiedesse* di andare a vedere la festa con lui, forse ci andrei. »

9 **San Nicola di Bari. Ricostruite il dialogo inserendo le seguenti battute al posto giusto.**

a E quand'è esattamente?	**d** Grazie, volentieri. Ma cosa fanno, una messa?
b La festa di San Nicola? Ma che festa è?	**e** Ma San Nicola è lo stesso che era in Turchia?
c Quindi è una festa religiosa.	**f** Il 30 aprile.

● Olga, quando tornerai da Minsk?

○ …

● Ah, che bello! Allora farai in tempo a vedere la festa di San Nicola.

○ …

● Eh, già, tu non la conosci. È la festa del Patrono di Bari. Commemora l'arrivo delle reliquie del santo qui a Bari intorno al 1080 …

○ …

● Sì, sostanzialmente è religiosa. Però come tutte le feste religiose, è legata anche a diverse tradizioni e oggi è un appuntamento culturale irrinunciabile.

○ …

● Dal 7 al 9 maggio. Devi venirci assolutamente, sai? Potresti venire con noi.

○ …

● Beh, certo, ci sarà anche quella, anzi, ce ne sarà più di una. Però ci sarà anche un corteo storico. Si porta anche la statua in mare e verso sera si riporta sulla terraferma con una processione attraverso la città.

○ …

● Brava! Sul calendario la sua festa è il 6 dicembre. Una volta portava anche i regali ai bambini, ma oggi sono pochissimi quelli che osservano ancora questa tradizione.

10 **Indicate con una crocetta tutte le combinazioni possibili.**

1. Mi sembrava che	☐	**a** Maria fosse tornata la settimana prima.
	☐	**b** Maria sarebbe tornata pochi giorni dopo.
	☐	**c** Maria sia tornata ieri.
2. Credevamo che	☐	**a** nostro figlio partecipasse alla festa.
	☐	**b** si diverta alla festa.
	☐	**c** avesse mangiato troppo alla festa.
3. Non sapevi che	☐	**a** Lucio sarebbe stato napoletano?
	☐	**b** Lucio fosse così legato alle tradizioni?
	☐	**c** Lucio avesse suonato al concerto di Natale?
4. Temevate che	☐	**a** non sarebbe avvenuto il miracolo?
	☐	**b** verrebbe poca gente alla processione?
	☐	**c** i vostri amici si fossero dimenticati di venire?
5. Sapevo che	☐	**a** era importante per loro.
	☐	**b** Anselmo non conosceva la storia.
	☐	**c** voi foste partiti due giorni prima.
6. Speravano che	☐	**a** ci fermassimo qualche giorno di più.
	☐	**b** cambieremmo idea.
	☐	**c** saremmo andati con loro al concerto.
7. Pensavano che	☐	**a** gli racconterei la storia.
	☐	**b** dicessi come stavano le cose.
	☐	**c** non avrei voluto conoscere le cause.
8. Era dell'opinione che	☐	**a** quell'uomo fosse un po' superstizioso.
	☐	**b** sarebbe stato difficile convincerlo a stare a casa.
	☐	**c** voleva partecipare alla processione.

11 Non sapevo che ...
Completate il racconto di Bruno.

« Sapevo che il mese scorso .... (esserci) la Festa dell'Uva nel paese dei miei
nonni, ma non sapevo esattamente a che ora .... (cominciare) le manifestazioni.
Non ero nemmeno sicuro che .... (fare) la sfilata dei carri con l'uva, perché mi
ricordavo che l'anno scorso .... (esserci) dei problemi per ottenere l'autorizzazione.
Ignoravo del tutto che mio nonno quest'anno .... (essere) tra gli organizzatori
della festa e non immaginavo che .... (dimenticarsi) di invitarmi ... »

12 La sagra del pesce a Pozzallo. Ricostruite il testo collegando le frasi delle due colonne.

1. Le sagre alimentari, oltre a dare la possibilità
ai turisti di conoscere le zone della Sicilia

2. Molteplici sono le attività delle feste:
dai giochi tradizionali

3. A Pozzallo, splendida cittadina in riva al mare,
dall'11 al 13 agosto si tiene una delle sagre

4. La manifestazione si svolge attorno ad una
enorme padella[1] dal diametro[2] di 4 metri

5. Il pesce, appena fritto viene posto sui vassoi
e servito da decine di camerieri

6. Durante la manifestazione gli spettatori sono
intrattenuti[3]

http://www.comune.ragusa.it

Vocabolario: [1]padella *Bratpfanne* [2]diametro *Durchmesser*
[3]intrattenere *unterhalten* [4]artigianato *Handwerk*
[5]indiscusso *unbestritten*

a ai partecipanti, fino a quando anche l'ultimo
pesce viene offerto alle persone in attesa.

b all'esposizione dei prodotti di artigianato[4] locale,
dai concerti folcloristici agli spettacoli teatrali.

c con musica orchestrale, cantanti, lotterie di
pesce e bancarelle d'ogni genere.

d dove il pesce (seppie, calamari, gamberoni e polpi)
è il protagonista indiscusso[5] di questa serata.

e e i prodotti dell'isola, possono considerarsi
un momento di incontro in cui si festeggia il
piacere del mangiar bene con l'augurio di una
buona produzione alimentare.

f più caratteristiche della provincia di Ragusa:
"la sagra del pesce".

**13 Indovinate la città! Completate con *mentre* o *durante* e indicate sulla cartina il nome della città
e il numero della frase relativa.**

1. .... passeggiavo per il centro ho sentito
i colpi di cannone che annunciavano il miracolo.

2. .... il Carnevale si possono ammirare delle
bellissime maschere in tutta la città.

3. Le guardie del Tiranno e i popolani ribelli si affrontano
.... la battaglia delle arance.

4. Siamo arrivati proprio .... passavano i carri
allegorici con le caricature degli uomini politici.

5. .... l'inaugurazione della stagione teatrale
della Scala davanti al teatro ci sono spesso manifestazioni
di protesta.

6. .... la festa di San Nicola a maggio si svolge
anche una processione.

7. .... la festa de "La Chiave di Cichino" il borgo
torna ad essere una città medievale con gli artigiani, i cantastorie ed i maghi che popolano le vie del paese.

14 Tra poco è Natale! Trasformate le frasi come nell'esempio.

Che stanchezza! È mezzanotte e sono sfinito, perché oggi che è la vigilia di Natale come al solito c'era un sacco da fare.

1. Mentre rientravo dal lavoro mi sono ricordato che dovevo ancora comprare un regalo per mia moglie.
Durante il rientro dal lavoro mi sono ricordato che dovevo ancora comprare un regalo per mia moglie.
2. Mentre viaggiavo in macchina sull'autostrada c'è stato un incidente.
....
3. Mentre sostavo davanti alla stazione in attesa dei miei suoceri un vigile voleva farmi la multa.
....
4. A casa mentre ci scambiavamo saluti e convenevoli¹ è andata via la corrente.
....
5. Mentre cenavamo c'era una grande confusione perché c'erano anche tanti bambini.
....
6. Mentre giocavamo tutti a tombola mia figlia si è messa a piangere perché non vinceva mai.
...............................*della tombola*..
Finalmente adesso sono andati tutti a casa ed io posso andare a dormire. Buon Natale!

Vocabolario: ¹convenevoli *Höflichkeiten*

15 Di cosa si tratta? Leggete le definizioni e indovinate la parola.

1. Gioco d'azzardo, in cui vengono estratti cinque numeri dall'1 al 90 e dato un premio a chi ne abbia indovinati uno o più: ....
2. Credenza popolare secondo la quale un avvenimento può influenzare il futuro di una persona: ....
3. Festa popolare con fiera e mercato, dedicata a un prodotto di stagione o a un raccolto: ....
4. Oggetto simbolico a cui si assegna il potere magico di procurare felicità, benessere, fortuna: ....

16 Paese che vai, usanza che trovi. Secondo voi porta fortuna o sfortuna? Mettete una x.

1. toccare ferro ☺ ☹
2. incontrare uno spazzacamino ☺ ☹
3. trovare un quadrifoglio ☺ ☹
4. passare sotto una scala ☺ ☹
5. rompere uno specchio ☺ ☹
6. incrociare le dita ☺ ☹
7. veder cadere una stella ☺ ☹
8. aprire l'ombrello in casa ☺ ☹

17 Babbo Natale e la Befana. Fate una breve descrizione scritta dei due personaggi con le informazioni sottostanti.

vestito di rosso – una vecchietta – su una scopa – porta i doni su una slitta – vola di tetto in tetto – la notte tra il 5 e il 6 gennaio – scende dal camino – barba bianca – toppe¹ alla sottana² – lascia dei dolcetti in una calza – porta il carbone ai bimbi cattivi – lascia i doni sotto l'albero – la notte della Vigilia di Natale

Vocabolario: ¹toppe *Flicken* ²sottana *Rock*

....
....
....

173

18 Conoscete la festa di Santa Lucia? Sottolineate la forma verbale corretta.

Nonostante *sia/è* quasi dappertutto Babbo Natale oggi a portare i doni, in molte province dell'Italia settentrionale per i bambini la festa di Santa Lucia, il 13 dicembre, è ancora la festa più importante che *esista/esiste*. È il caso dei bambini di Lenna, in provincia di Bergamo. La sera del 12 dicembre, si fa un grande falò[1] e la gente *scende/scendono* in piazza. Ci *sono/siano* bancarelle di dolci e di torte, e lavoretti fatti a mano preparati dalle mamme di Lenna. Una donna vestita da Santa Lucia sale su un carretto e lancia caramelle[2] a tutti. Più tardi si *facciano/fanno* i fuochi d'artificio e si *mangiano/mangino* le caldarroste[3] con il vin brulé. Prima che *arrivasse/arrivi* la mezzanotte tutti tornano a casa. I bambini *preparino/preparano* sulla finestra la letterina, il fieno[4] per l'asinello, delle arance per Santa Lucia e poi *vanno/vadano* di corsa sotto le coperte affinché S. Lucia non li *trovi/trova* svegli al suo arrivo. Poi *arrivi/arriva* il 13 dicembre, il giorno più bello che *c'è/ci sia*: Santa Lucia la notte ha portato i doni e la mattina dopo non si *vada/va* a scuola.

Vocabolario: [1]falò *großes Feuer anlässlich eines Festes* [2]caramella *Bonbon* [3]caldarroste *heiße Maronen* [4]fieno *Heu*

19 Il *si* impersonale: completate le frasi con l'ausiliare *essere* e l'accordo del participio.

Si . . .
    ......è..... andati.... alla festa
    .... guardat.... la sfilata
    .... comprat.... i regali
    .... arrivat.... a casa
    .... aspettat....
    .... venut.... troppo tardi

    .... uscit.... con gli amici
    .... avut.... molto da fare
    .... sces.... dalle macchine
    .... vist.... le manifestazioni
    .... ascoltat.... il concerto
    .... stat.... al cinema

20 A casa nostra si è sempre festeggiato così. Collegate le frasi.

A casa nostra ...

1. la vigilia di Natale si è giocato
2. la mattina del 25 dicembre ci si è scambiati
3. ogni anno il giorno di Natale si è mangiato
4. il cenone di Capodanno si è concluso sempre
5. per Carnevale si sono preparate
6. a Carnevale grandi e piccini ci si è mascherati
7. il giorno di Pasqua ai più piccoli si sono regalate
8. invece a Pasquetta si è fatta spesso

a con lo zampone[1] e le lenticchie[2].
b le chiacchiere[3] e le frittelle[4].
c le uova con la sorpresa.
d per andare alla sfilata.
e i regali di Natale.
f sempre a Tombola.
g una scampagnata con parenti ed amici.
h il panettone.

Vocabolario: [1]zampone *gefüllter Schweinsfuß* [2]lenticchie *Linsen* [3]chiacchiere *Karnevalsgebäck* [4]frittelle *Schmalzgebäck*

21 Andiamo a teatro a vedere "Il Ciambellone". A chi si riferiscono le seguenti affermazioni? Segnatelo con una crocetta.

	Berta	Nicola
1. Dice di vivere volentieri in campagna.	☐	☐
2. Preferisce il mare alla campagna.	☐	☐
3. Ritiene che per i bambini la campagna sia migliore del mare.	☐	☐
4. Afferma di avere cinque figli.	☐	☐
5. Ha solo un figlio.	☐	☐
6. Si diverte a vedere i suoi figli giocare all'aria aperta.	☐	☐
7. Ha una casa di dimensioni incerte.	☐	☐

22 Cruciverba teatrale. Inserite le parole richieste dalle definizioni.

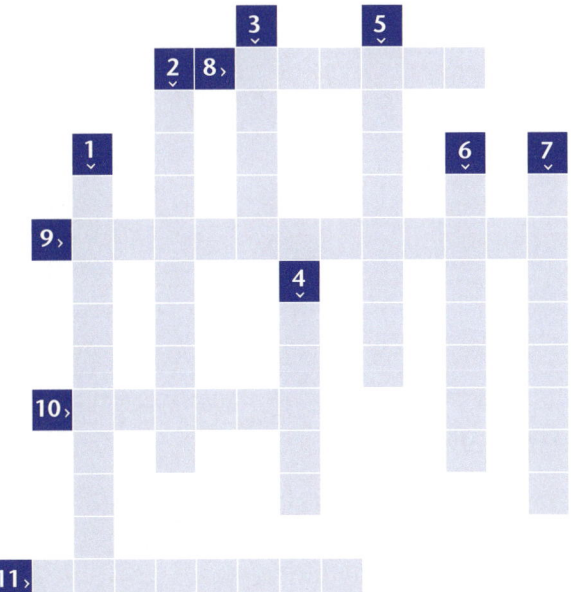

1 chi assiste ad una rappresentazione teatrale
2 bisogna comprarlo prima della rappresentazione
3 parte laterale dalla quale si può assistere allo spettacolo
4 componimento musicale
5 opera teatrale drammatica
6 tendone di stoffa che viene chiuso o aperto sul palcoscenico all'inizio e alla fine della rappresentazione e tra un atto e l'altro
7 opera teatrale solitamente a lieto fine
8 superficie con poltrone per il pubblico
9 lo spazio dove si svolge la scena
10 interprete di rappresentazioni teatrali
11 sostenere un ruolo in una rappresentazione teatrale

23 Chi sono i personaggi di queste favole?

La sirenetta – Biancaneve – Cappuccetto rosso – Il gatto con gli stivali – Pinocchio – Cenerentola

1. Era la più bella di tutte alla festa del principe, ma se ne andò a mezzanotte: ....
2. Non sapeva che la vecchietta che le regalò la mela fosse la regina cattiva: ....
3. Non immaginava che il lupo avesse mangiato la nonna e si fosse messo nel suo letto: ....
4. Era un animale che riuscì a far diventare ricco il suo padrone: ....
5. Non credeva che il suo naso sarebbe cresciuto ogni volta che diceva una bugia: ....
6. Viveva sul fondo del mare e a quindici anni si innamorò del principe che comandava una nave: ....

24 Vi ricordate il sogno di Dacia Maraini? Sottolineate nel testo i termini giusti.

Dacia Maraini sogna spesso che sta rappresentando un testo teatrale e deve dire una *battuta/barzelletta* ma non le viene in mente. Gli attori aspettano la sua *risata/frase* per continuare. Allora lei viene presa da una *paura/agitazione* cieca e disperata. Cerca nella *tasca/memoria* la battuta ma non la trova. A quel punto si sveglia in preda al *nervosismo/panico* con la gola stretta per *l'angoscia/la sete*. Eppure lei ama il teatro e considera *l'apertura/la grandezza* del sipario un momento di grande emozione. Prima di tutto come *ascoltatrice/spettatrice* e poi come *autrice/lettrice*.

25 Ricordate il racconto della porta screpolata? Completate.

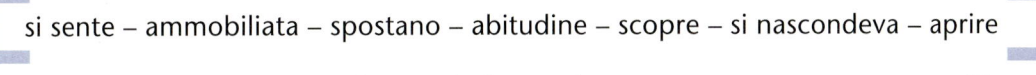

si sente – ammobiliata – spostano – abitudine – scopre – si nascondeva – aprire

1. Per mettere la nuova carta da parati gli operai .... una libreria.
2. Dietro la libreria .... una porta bianca di legno senza la maniglia.
3. Quando riesce ad .... la porta il protagonista scopre una stanza arredata.
4. Egli aveva acquistato la casa già ....
5. Il protagonista prende l'................................ di ritirarsi nella stanza.
6. Una volta chiusa la sua porta, non .... neanche il telefono.
7. Dopo un po' il protagonista .... che in quella stanza il tempo non passa.

Test B1 (Unità 1-6)

(39) 1 Comprensione selettiva di un testo orale
Ascoltate la registrazione e mettete una x alle affermazioni corrette.

Punti:

1. La Liguria in passato ha avuto rapporti con ...
   ... gli svedesi. ☐
   ... gli arabi. ☐
   ... i persiani. ☐
2. Il dialetto ligure ...
   ... è un dialetto puro. ☐
   ... contiene molte parole di origine straniera. ☐
   ... è abbastanza comprensibile. ☐

Punteggio
totale 2.
Risultato
personale:
...... /2

(39) 2 Comprensione dettagliata di un testo orale
Ora leggete il seguente testo e sottolineate l'espressione giusta.

Mi chiamo Chiara e vengo da Genova. Genova *è vicino alla/fa parte della* Liguria, che è una regione, secondo me, *bellissima/interessantissima*. È stretta fra le *montagne/rocce* e il mare e forma un *golfo/arco*. Ci sono un sacco di *scogli/monti* e per fare il bagno è estremamente *divertente/difficile*, però l'acqua è sempre molto *pulita/mossa* e molto ricca di *minerali/pesci*. La mia *regione/città* mi manca molto, e mi manca molto la *pizza/focaccia*, mi manca mangiare tanto *pesce fresco/fritto misto* e mi manca ovviamente la pasta al *pesto/pesce*. La ... il dialetto della mia regione è molto *strano/complicato*, la Liguria è sempre stata una terra che ha comunicato con arabi, con portoghesi, con tutto il *mare/bacino* del Mediterraneo e quindi il dialetto ha subito *influssi/influenze* di tutte le lingue. È un dialetto infatti molto complicato, è difficilissimo da *scrivere/parlare* ...

Punteggio
totale 16.
Risultato
personale:
...... /16

(40) 3 Comprensione globale di un testo orale
Ascoltate la registrazione e mettete una x alle affermazioni corrette.

1. La persona
   ☐ descrive i suoi quadri preferiti.
   ☐ racconta di una mostra che ha visitato.
   ☐ presta la sua voce all'audioguida di un museo.

2. La collezione descritta si trova
   ☐ tutta a Trento.
   ☐ in parte a Rovigo.
   ☐ in parte a Rovereto.

3. Si parla di una corrente artistica
   ☐ nata negli anni Venti.
   ☐ del ventesimo secolo.
   ☐ di cui sono esposte venti opere.

4. Nei dipinti vengono raffigurati principalmente
   ☐ la natura ed il paesaggio.
   ☐ le metropoli ed il progresso tecnico.
   ☐ l'uomo e la società.

Punteggio
totale 4.
Risultato
personale:
...... /4

(40) 4 Comprensione dettagliata di un testo orale
Riascoltate e completate il testo.

Attraverso una .... di manifesti, i futuristi proclamano la rottura con l'arte .... ed esaltano il mito della ...., della velocità e del .... Il caos della ...., le folle che avanzano, i .... e le auto che sfrecciano, costituiscono le nuove .... della pittura futurista. Nel Manifesto del 1909 Marinetti afferma provocato-

Punteggio
totale 12.
Risultato
personale:
...... /12

riamente che l'.................... è più bella della "Nike di Samotracia", il .... della scultura greca antica .... al museo del Louvre. I principali .... di questa prima .... del Futurismo sono Giacomo Balla, Umberto Boccioni, Carlo Carrà e Gino Severini.

5 Vocabolario, espressioni e strutture
Completate le parole del testo.

Federalberghi: "La metà degli italiani questa estate non andrà in vacanza"

TORINO – Più della metà degli italiani, ovvero i.............. 51%, quest'anno non va in vacanza. È quanto risulta da un'inda.............. compiuta da Federalberghi e Confturismo ad inizio estate per monitorare l'andamento del mercato. Sarà infatti il 47,3% (risp.............. al 49,5% dell'estate 2006) della popolazione adulta che si appresta a fare, o ha già fatto, vacanze da giugno a settembre dorm.............. almeno una notte fuori casa. Il che significa che sono "solo" 22,4 milioni gli italiani che andr.............. in vacanza questa estate rispetto agli olt.............. 23,4 milioni del 2006. I motivi per i qua.............. così tanti italiani non si muov.............. di casa, saranno dovuti addirittura nel circa 40% dei casi a motivi economici. Il 22,2% enuncia motivi di salute, il 14,1% dichiara impegni di lavoro e l'11,8% parla di motivi famil.............. . Se la previsione di 1 milione di italiani in meno in vacanza quest'anno dove.............. rivelarsi corretta, alla fine della stagione estiva il turismo risc.............. di perdere una cifra tra i 12 ed i 15 milioni di pernottamenti. Tracollo in vista anche per il giro d'aff.............. del turismo estivo (spesa media a persona comprensiva di viaggio, allo.............., ristorazione e divert..............). Nel dettaglio, per la vacanza principale in Italia verr.............. spesi in media a persona 695 euro rispetto ai 780 euro del 2006 (-11%). Per la vacanza oltreconfine la spesa media procapite si attesterà invece sui 1212 euro rispetto ai 1220 euro del 2006.

ridotto e adattato da: www.lastampa.it

Punteggio totale 15. Risultato personale:
...... /15

6 Vocabolario, espressioni e strutture
Leggete il testo e completate le parole.

Marina, volon.......... presso l'ufficio SOS di Milano, racconta: Volontariato, realtà alla quale ho sempre pensato immaginando il periodo in c.......... avessi avuto del tempo libero da mettere a disposizione degli altri. Quel momento è venuto ed eccomi qui a "fare volontariato", come s.......... usa dire oggi, nell'uffi.......... Promozione e Comunicazione dell'Associ.......... SOS Italia. Essere volontaria, seco.......... me, vuol dire essere disposta a fare un po' di tutto, cioè essere dispon.......... anche per le p.......... piccole cose. Allora un giorno si piegano i moduli del conto corr.......... da inserire nei "Quaderni" che raccontano a grandi linee la storia SOS nel mondo, la volta dopo c'è l'urgenza della spedizione di una comunic.........., perciò, forza con le etichette degli indirizzi! E già che ci siamo, con i francobolli (lavoro più che delizioso visto come appiccicano poi le dita!). Così proseguendo arriva il giorno in cui si inseriscono nel computer i dati delle schede piuttosto che quello in cui biso.......... eliminare dati obsoleti e ormai inutili. L'impor.......... è fare tutto volentieri e non sare.......... proprio possibile il contrario visto l'ambiente in cui sono finita! Lo staff perennemente indaffarato riuscirebbe a far sentire a suo agio anche un extraterrestre che per caso fini.......... in sede. Cerco in questo mo.......... di essere utile ai nostri bambini, che hanno biso.......... di aiuto ma prima di tutto di amore e di una famiglia. Per loro, direttamente, non potrei fare molto sia per la distanza dei villaggi da Milano sia perché un tale impe.......... comporterebbe anche una specifica preparazione che io di certo non ho. Allora mi accontento di essere una loro nonna a distanza che l.......... aiuta in una maniera dive.......... e che dice: "Possibile che non ci s.......... qualche altra nonna che ha un po' di tempo per loro?"

www.sositalia.it

Punteggio totale 20. Risultato personale:
...... /20

7 Comprensione globale di un testo scritto
Leggete il seguente testo e mettete una crocetta accanto all'affermazione corretta.

L'articolo parla del problema
1. dei corsi universitari troppo affollati. ☐
2. del numero insufficiente degli alloggi per gli studenti. ☐

L'articolo
3. espone il problema. ☐
4. propone delle soluzioni del problema. ☐

Gli autori dell'articolo
5. hanno raccolto alcune testimonianze dirette. ☐
6. si sono basati su statistiche già esistenti. ☐

Punteggio totale 3. Risultato personale:
...... /3

INCHIESTA TRA GLI STUDENTI UNIVERSITARI DI MILANO E ROMA

Affitti e ricatti, l'odissea dei fuori sede
**Fino a 400 euro per un posto letto. Tutto rigorosamente in nero.
Anche quando ad incassare è un finanziere**

MILANO – Trilocale di 90 metri quadrati zona Buenos Aires - Porta Venezia, 1.350 euro al mese; appartamento di 100 mq vicinanze Precotto, 1.100 euro più le spese; ampia mansarda quartiere Bicocca, 4 posti letto, 1000 euro. Questi sono solo alcuni dei prezzi del mercato immobiliare milanese. Perlomeno quello ufficiale, che si può ricavare dalle proposte online di uno dei principali operatori del settore.

TUTTO IN NERO – Nella realtà, invece, le cose stanno un po' diversamente, soprattutto se si parla di alloggi destinati agli studenti fuori sede. In questi casi le cifre, tutte rigorosamente in nero, possono anche raddoppiare perché contando sulla scarsa disponibilità di posti nei pensionati universitari, molti proprietari di immobili hanno preso l'abitudine di non offrire la locazione dell'appartamento, bensì del singolo posto letto, con cifre che arrivano anche a 400 euro al mese per una sistemazione da condividere con altre quattro o cinque persone.

IL CARO-LETTO – Lo confermano la nostra prova sul campo (ci siamo finti studenti per agganciare alcuni proprietari) e le testimonianze che abbiamo raccolto in questi giorni nei principali atenei di Milano e Roma, dove migliaia di studenti, in particolare matricole, sono proprio in questi giorni alle prese con la ricerca di un tetto sotto cui vivere in concomitanza con l'avvio del nuovo anno accademico. È il caso ad esempio di Andrea S., studente fuori sede proveniente da Sondrio, e dei suoi tre coinquilini che tutti i mesi sono costretti a sborsare 1200 euro per condividere un appartamento di 60 metri quadri con un solo bagno e una sola camera in zona Lambrate - Città Studi. O quello di Giovanna M., 22 anni, di Serravalle Scrivia, al secondo anno di Ingegneria, che paga 450 euro per una stanza singola escluse le spese. O, ancora, quello di Silvia F., 19 anni, della provincia di Cremona, matricola di Lettere alla Statale che non ha ancora trovato una soluzione dopo aver visitato una dozzina di appartamenti. […] Emblematico anche il caso di Lucrezia, 22enne della provincia di Brescia, che dopo una lunga serie di vicissitudini è approdata ad un modesto appartamento non lontano dalla sua facoltà (Scienze Naturali alla Bicocca) dove è costretta a dividere con altre due studentesse un'unica stanza di tre metri per tre. Tre lettini uno di fianco all'altro.[…] La situazione non è molto diversa a Roma. […]

IL BORSINO DEGLI ALLOGGI – Insomma, un quadro davvero desolante. La situazione non è nuova, da anni si parla degli abusi subiti dai giovani costretti a studiare lontano da casa e che non riescono a trovare posto negli alloggi universitari, nei pensionati o nei campus delle università. Statistiche ufficiali sul fenomeno non ne esistono. […]

www.corriere.it

8 Comprensione dettagliata di un testo scritto
Segnate con una crocetta quali affermazioni corrispondono al testo precedente.

1. I prezzi degli appartamenti in affitto nelle offerte online non sempre corrispondono alla realtà. ☐
2. Chi studia in una città diversa dalla propria trova facilmente un posto in uno studentato. ☐
3. Spesso si è costretti a prendere in affitto, anziché una stanza, solo un posto letto. ☐
4. Gli autori dell'articolo sono studenti. ☐
5. Sono soprattutto gli studenti del primo anno che hanno difficoltà a trovare un alloggio. ☐
6. Lucrezia deve dormire in una stanza con altre studentesse. ☐
7. È da poco tempo che esiste il problema degli alloggi per gli studenti. ☐
8. È stata realizzata una statistica ufficiale per valutare il problema. ☐

Punteggio
totale 4.
Risultato
personale:

...... /4

9 Comprensione dettagliata di un testo scritto
Leggete il seguente testo e cercate i sinonimi per:

1. qualche volta ....
2. facili ....
3. rilevante ....
4. zone ....
5. suggerimenti ....
6. ricominciare ....
7. vuol dire ....
8. cominciare ....
9. usate ....
10. basta ....
11. ridà ....
12. malgrado ....
13. provocare ....
14. avrà luogo ....

Punteggio
totale 14.
Risultato
personale:

...... /14

E per cominciare solo 15 minuti

Con l'arrivo della primavera molte persone decidono di riprendere a fare movimento per recuperare la forma fisica, talvolta un po' trascurata nei freddi mesi invernali. La corsa e il jogging rappresentano una delle attività sportive più diffuse e più semplici da praticare. Ecco alcuni consigli di Giuseppe Magni, Anestesista rianimatore e medico sanitario della Stramilano, la più importante manifestazione podistica cittadina d'Italia che si svolgerà a Milano il prossimo 6 Aprile:

– Praticare la corsa nelle aree verdi dei parchi, dove la qualità dell'aria è migliore.
– Correre sulla terra o sull'erba, evitando i percorsi asfaltati. Una superficie troppo dura, infatti, rischia di causare micro traumi alle articolazioni del piede, del ginocchio e dell'anca, causando fastidiose infiammazioni.
– Vestirsi nel modo più adatto al clima della stagione. Ciò significa coprirsi bene quando fa freddo, nonostante la sensazione di calore prodotta dallo sforzo fisico. Indossare indumenti leggeri e far respirare la pelle con il clima caldo.

– Verificare che le scarpe utilizzate permettano di ammortizzare i passi della corsa.
– Non correre a digiuno, né a stomaco pieno. Un'alimentazione regolare e varia aiuta l'attività sportiva.
– Reidratare il corpo durante la corsa, bevendo spesso liquidi ma a piccoli sorsi.
– Meglio respirare più dal naso che dalla bocca. Questo permette di umidificare l'aria, e di riscaldarla in caso di clima freddo, così da evitare l'eccessiva secchezza della gola.
– Fare stretching prima della corsa riscalda i muscoli, evita dolorosi strappi e contrazioni muscolari durante lo sforzo.
– Fare stretching alla fine della corsa rilassa e restituisce elasticità ai muscoli dopo lo sforzo.
– Per iniziare, correre per un tempo di circa 15 minuti. Con il tempo aumentare a 30 minuti, 45 fino a un'ora. Per mantenere una buona forma fisica è comunque sufficiente correre 30 minuti, 2-3 volte alla settimana.

www.repubblica.it/salute

10 Comprensione globale di un testo scritto
Abbinate ad ogni trafiletto il titolo corrispondente.

A Gli e-book faranno lo zaino più leggero
B Università, al via le preiscrizioni sul web fino al 28 aprile
C Iscrizioni, boom degli istituti tecnici
D E tra gli universitari italiani decolla il prestito per le tasse

1

....

ROMA Il ministero della Pubblica Istruzione ha reso noti i primi dati riguardanti le preiscrizioni per l'anno scolastico 2008/09. Dalle statistiche emerge il crescente appeal degli istituti tecnici e professionali, che raccolgono il 56,7% delle preferenze. Trend negativo – viceversa – per i licei, con lo scientifico che si assesta al 22% e il classico poco sotto il 10%. Proprio allo scientifico si registra il calo più sensibile, pari al meno 1% di iscritti rispetto a un anno fa.

2

....

Interessati 450.000 maturandi: opzioni anche su 3 corsi diversi

ROMA Nei prossimi giorni gli studenti interessati ad iscriversi all'università dovranno cominciare ad avere le idee più chiare sul tipo di corso da scegliere: attraverso un apposito decreto il ministro dell'Università e della Ricerca, Fabio Mussi, ha infatti dato il via alla prescrizione ufficiale all'anno accademico 2008/09 che potrà essere trasmessa tramite Internet fino al 28 aprile.

3

....

Al via il credito facile per giovani meritevoli. La maggior parte lo usa per pagarsi gli studi

MILANO Non servono busta paga o firma dei genitori. Per ottenere i nuovi prestiti per studenti universitari ci vuole una buona media dei voti e la determinazione a investire sul proprio futuro. Garante del prestito sarà il governo grazie al Fondo per il credito ai giovani istituito con l'ultima Finanziaria.

4

....

ROMA Dopo gli inviti ministeriali alla realizzazione di libri di testo digitali, al fine di superare i problemi di costi e peso, le case editrici cominciano a mandare segnali concreti in questa direzione: in vista del prossimo anno scolastico la Garamond, casa editrice di Roma, ha presentato il primo catalogo di libri di testo in formato elettronico scaricabile da Internet per la scuola secondaria superiore. Per il momento l'iniziativa è limitata a poche materie (italiano, latino e inglese per il biennio, più matematica e informatica per il triennio), ma considerati i vantaggi (e l'interesse già espresso da associazioni di consumatori e genitori) è probabile che entro breve si allargherà a tutte le discipline.

www.lastampa.it

Punteggio totale 4. Risultato personale:
...... /4

180

11 Espressione orale
Leggete il seguente dialogo e scegliete sempre l'espressione adatta.

- È *vero/giusto* che vivi all'estero?
- ○ Sì, *vivo/abitavo* a Parigi.
- E *che te ne pare/ti piace*?
- ○ Veramente *tantissimo/troppo*!
- È da molto che *ne/ci* abiti?
- ○ Beh, ormai sono *una ventina/vent'*anni!
- Ci sono stato alcune volte, per pochi giorni, ma è bellissima, ci *vivrei/vivessi* anch'io subito!
- ○ *Ti credo/Credici*!
- E *sei già impegnata/cosa fai* a Parigi?
- ○ *A proposito/Beh,* insegno italiano all'università, sono lettrice.
- *Che bello, interessante/D'accordo*!
- ○ Ma ho sentito che anche tu *però/veramente* hai vissuto un periodo all'estero.
- Sì, ormai sono già *qualche/diversi* anni ...
- ○ Dove?
- A Londra! Ho studiato, *ho fatto/facevo* un master, è stata un'esperienza importante.
- ○ *Immagino/Ma certo, figurati*! E quanto tempo *hai messo/ci sei rimasto*?
- *Dunque/Appunto,* due anni e mezzo, poi sono venuto via, però il mio ricordo di Londra è ancora molto vivo.
- ○ *In effetti/Immagino*! E ci torni ogni tanto?
- Sì, ho degli amici che ogni tanto vado a *visitare/trovare*, certo!
- ○ Le *esperienze/abitudini* all'estero sono molto belle.
- Davvero molto utili e da *ricordare/consigliare* a tutti!

Punteggio totale 21.
Risultato personale:

...... /21

12 Espressione scritta
Leggete le seguenti espressioni e indicate in quale tipo di testo le usereste.

1. È un da sacco di tempo che non mi faccio vivo ...
2. Se sei interessato, scrivici a ...
3. a + tardi
4. X Sandra
5. Spett.le Vinello
6. Ringraziando anticipatamente ...
7. Cerco appassionati di cinema ...
8. Vendesi trilocale in zona centrale ...
9. Cerco posto letto o camera ...
10. Un forte abbraccio

a un sms ....
b una e-mail o lettera privata ....
c un bigliettino ....
d un annuncio immobiliare ....
e un annuncio per trovare persone con gli stessi interessi ....
f una lettera formale ....

Punteggio totale 10.
Risultato personale:

...... /10

Punteggio totale 125.
Risultato personale:

...... /125

Soluzioni degli esercizi e del test B1

Esercizi 1

Fonologia.
1. . / !
2. !? / ?
3. . / ?
4. ? / .
5. ? / !
6. ? / !?
7. . / ?
8. . / !?

1
1. di
2. di
3. di
4. di
5. a
6. ad
7. -
8. -
9. a

2
1. appena/già/All'inizio/ adesso
2. da tempo
3. Dopo/poi
4. Per il momento/ poi in futuro
5. un anno fa/I primi tempi/ora

3
1. ho pensato di
2. Ho proprio bisogno di
3. Essere d'aiuto a
4. Eravamo proprio stufi di
5. mi sono rimessa a
6. cambiare aria
7. che te ne pare
8. mi metteva tristezza
9. staremo a vedere
10. in futuro si vedrà

4
1f – 2g – 3d – 4h – 5c – 6e – 7b – 8a

5
1. così
2. Visto che
3. perché
4. Siccome
5. perché
6. Poiché

6
1. ha
2. hanno
3. È
4. è
5. è
6. È
7. ha
8. è

7
1. non ... nessuno
2. non ... proprio
3. non ... niente
4. Non ... mai
5. non ... ancora
6. non ... nessuno
7. Non ... mica
8. non ... mai
9. non ... nemmeno
10. Non ... mica
11. non ... più

8
4b – 1e – 5d – 2a – 3c

9 a
Modulo per il cambio di indirizzo di studio

b
1. il sottoscritto/ la sottoscritta
2. residente a
3. modulo
4. iscritto
5. facoltà
6. anno accademico
7. suddetto
8. dichiara
9. regolarmente iscritto

10
1. Basta/aver bisogno di
2. basta
3. bisogna
4. basta/bisogna
5. Basta
6. bisogna
7. bisogna/Basta
8. Bisogna
9. basta/bisogna
10. bisogna

11
1. firma
2. socio
3. pastiglia
4. fiera
5. volontario
6. esperienza
7. riposo
8. impiegato

12
sposato – rapina – condotta – cooperativa – soci – esterne – fiera – stand – accoglie – produzione – società – piatti – lavora – richiesto – associazioni – mantenere – realtà – guadagnare – posto – pregiudizi – partecipazione – avvenire – reinserimento

13
1. a un'iniziativa
2. della collaborazione
3. una pena
4. vita ad una società
5. ad un reinserimento
6. alla cooperativa
7. di arrangiarsi
8. con la realtà
9. a guadagnare qualcosa
10. di mantenere il contatto

14
saranno messi – saranno pubblicati – Sono/Saranno ammessi – saranno invitati – è strutturato – saranno trasmesse – saranno pubblicati – saranno contattati – saranno inviate – sono invitati

15
1. È stata costruita una nuova strada.
2. Viene fatta una grande campagna pubblicitaria.
3. Non è stato ancora pagato il conto.
4. Sarà/Verrà assunto nuovo personale.
5. I clienti vengono informati sui nuovi prodotti.
6. Sarà/Verrà aperto un negozio di abbigliamento.
7. Il modulo è stato compilato.
8. Il lavoro viene finito entro domani.

16
1. Croce verde
2. Emergency
3. Legambiente

17
2. ci siamo lavati
3. vi siete riaddormentate
4. si è trasferito
5. mi sono fatto vivo
6. si è informata
7. vi siete integrati
8. si sono alzati
9. si è fatto la barba
10. ti sei preparato
11. si sono separati
12. ci siamo incontrate
13. ti sei messa in proprio
14. mi sono abituato

18
Lösungsvorschlag:
- Ciao, Cinzia! Come stai?
- No, mi sono trasferita a Belluno quattro mesi fa.
- No, sono venuta da sola con i ragazzi. Mio marito ci raggiunge/ viene il fine settimana.
- Sì. Insegno l'italiano in una scuola privata e ogni tanto faccio delle traduzioni.
- Si sono integrati bene. Soprattutto per mia figlia il cambiamento è stato molto positivo.
- D'accordo. Mi faccio viva per telefono.
- Ciao.

19
Lösungsvorschlag:
Federica e Paul si sono incontrati a Londra e si sono innamorati. Federica ha fatto le valigie e si è trasferita a casa di Paul con i suoi tre gatti. Ma a Londra non si

è ambientata e dopo qualche tempo si è stufata di vivere là, perché pioveva troppo e aveva nostalgia di casa. È ritornata a Roma con Paul e insieme hanno acquistato una casa vicino a Roma. Hanno aperto un negozio di prodotti biologici e si sono messi in proprio.

20
1. Siccome lavoro tantissimo tutta la settimana, la domenica mi piace dormire fino a tardi./ La domenica mi piace dormire fino a tardi perché lavoro tantissimo tutta la settimana.
2. Se prendi l'autostrada, da Milano arrivi a Como in poco più di mezz'ora.
3. Mentre tornavo dal lavoro ho incontrato una vecchia compagna di scuola.
4. Sono passata in libreria mentre andavo a fare la spesa, ma il libro non è ancora arrivato.
5. Se cerchi su Internet troverai sicuramente l'organizzazione di cui ti ho parlato.
6. Ho preferito tornare a casa in taxi perché ero molto stanco./Siccome ero molto stanco ho preferito tornare a casa in taxi.

Esercizi 2

1
fare quattro chiacchiere
comunicare per iscritto
dare un colpo di telefono
fare una dichiarazione d'amore
capirsi con uno sguardo
lasciare un messaggio
passare delle informazioni
parlare sottovoce
fare un gesto
inviare un'e-mail

mettere al corrente (di)
parlare a quattrocchi

2
1. facciamo quattro chiacchiere
2. do un colpo di telefono/ invio un'e-mail
3. capiamo con uno sguardo
4. metti al corrente
5. parlare a quattrocchi/ dare un colpo di telefono
6. comunicarle per iscritto
7. ho lasciato un messaggio
8. inviato un'e-mail

3
Spettabile Albergo Aurora, con la presente confermiamo la prenotazione di due camere singole e trattamento di pensione completa dal 20 al 23 maggio. Abbiamo provveduto ad effettuare il versamento dell'acconto di 300 € tramite vaglia postale sul Vs. c.c.
Cordiali saluti
Giulio e Alberto Bruni

4
lieta – invitare – Mostra – terrà – presso

5
discutiamo – di – ne discutiamo/discuto – è contento di – sa – di – ne parla – si interessa di – sente parlare di

6
1. a
2. a – di
3. di – di
4. di – a
5. a – di
6. a – di – a
7. a

7
1. Sei libera o hai da fare?
2. Hai voglia di venire?
3. Sei già occupata?
4. Non è assolutamente un problema.

5. Cerchiamo di tornare a casa piuttosto presto.

8
5 – 3 – 1 – 4 – 2

9
1. Proporrei/propongo di incontrarci prima del corso per prendere un caffè insieme.
2. Che ne dici di andare al cinema a vedere un film italiano?
3. Cerchiamo di restare in contatto quando ti sarai trasferito/a in Italia!
4. Direi di andare a mangiare una pizza dopo il corso.
5. Potremmo scambiarci tutti i numeri di telefono.

10
ci – ti – ne – ti – ci – ci – ci – ti – ti – mi – lo – gli – mi – gli – lo – le – la – le – le – ne

11
chi/che cosa?
2. il cd/il libro
4. le ragazze
7. i pantaloni
8. la signora
9. il cd
a chi?
3. ai ragazzi/alle ragazze
5. alla signora
Dove?
6. a Roma/in Sicilia
10. a Roma/in Sicilia

12
1c – 2i – 3g – 4f – 5a – 6d – 7b – 8l – 9h – 10e

13
1. di cui
2. in cui
3. per le quali
4. che
5. nelle quali
6. con il quale

14
1. Più del 90% degli italiani guarda regolarmente la tv.

2. In circa il 70% delle famiglie c'è più di un utilizzatore di cellulare.
3. Meno del 50% delle persone legge i settimanali.
4. La famiglia italiana spende in media quasi 1000 euro per servizi di telefonia.
5. Circa un decimo della popolazione va a concerti di musica classica.
6. Quasi un quinto va a concerti di altro genere.
7. Più della metà delle persone non legge libri.
8. Circa il 40% legge quotidiani.

15
1. i – il – le – x – x – la – la – x
2. La – il – x – la – il
3. La – il – x – i – x – l' – ll – la – x – le

16
può – sua – deve – gli – vi potete – sua – tornerà – potete – Aspetta

17 b
aveva – doveva – sua – gli ha offerto – ha incominciato – divertirsi – la divertiva – è diventato – sua – lavora – ha – usa – riuscirebbe – sua

18
Raffaele racconta che per **lui** vivere senza Internet e senza il cellulare è impensabile. **Dice** che la prima cosa che **fa** la mattina, quando **si alza**, prima di andare al liceo, è leggere i messaggi dei **suoi** amici. E poi con Internet **può** ascoltare tutta la musica che **vuole** e guardare i film. **Dice** che quando i **suoi** genitori avevano la **sua** età non c'era ancora il pc e non esisteva Internet. E nemmeno il cellulare! **Aggiunge** che quando loro volevano incontrare gli amici, dovevano met-

tersi d'accordo all'uscita di scuola, oppure dovevano telefonargli da casa. Non avevano la libertà che **ha lui**. Però è anche vero, che i **suoi** nonni non potevano rintracciarli dappertutto. **Continua che** per non essere disturbato **deve** spegnere il cellulare, ma poi **rischia** di non ricevere le chiamate dei **suoi** amici. Raffaele **conclude** che forse anche i **suoi** genitori, senza cellulare, avevano qualche vantaggio.

19
1. Quando
2. Se
3. quando
4. Se
5. quando
6. Se
7. Se
8. Se

20
facilitare la vita
fare tardi
essere in giro
rintracciare sul cellulare
abitare lontano
vivere bene
guardarsi in faccia
parlare apertamente
perdere tempo
lasciare in pace

21
1. tenendosi
2. concentrandoti
3. facendogli
4. parlandoci
5. regalandole
6. scrivendoci

22
Lösungsvorschlag:
● Sandro, io adesso vado. Ho (ancora) un appuntamento dal dentista.
○ Dal dentista? Non lo sapevo! Ma torni dopo?
● Non so se faccio in tempo.
○ Ha perché non me l'hai detto prima che dovevi andare via? Hai

dimenticato che alle tre c'è una riunione?
● Mi dispiace, me ne sono dimenticato. Mi puoi mettere al corrente tu di tutto domani?

23
sono potuta – sono dovuta – ho dovut**o** – sono volut**a** – sono dovuta – sono dovut**a** – sono dovut**a**

24
1. Glieli
2. ve le
3. me lo
4. gliel'
5. Te lo
6. Se ne
7. ce li
8. me ne

25
1. te lo
2. Glielo
3. glieli
4. gliene
5. ve le
6. te la
7. ce lo

Esercizi 3

Fonologia
1. a) il pesce
     (e non la pizza)
   b) Andiamo (allora andiamo, sì o no?)
   c) alla Piazzetta (e non al Peschereccio)

2. a) Stasera
     (e non domani)
   b) al cinema
     (e non a teatro)
   c) con Andrea
     (e non con Angelina)

3. a) la settimana corsa
     (e non solo ieri)
   b) un'e-mail
     (e non una lettera)
   c) a Laura
     (e non a Cinzia)

1
Lösungsvorschlag:
1. Hai/ha fatto un viaggio culturale o una vacanza rilassante?
2. Il tuo viaggio a Parigi era per affari?
3. Hai già partecipato allo scambio universitario?
4. Lei fa il/è un pendolare?
5. Dove sei stato in gita scolastica?

2
1. presentato
2. linee
3. arrivato
4. ritardo
5. mancava

3
tornare a casa – arriva da – nella carrozza – la stazione – gli orari – in arrivo – di ritardo – ritorno – viaggiatori – in partenza – binario – posto libero – del pendolare

4
1c – 2e – 3f – 4b – 5d – 6a

5
1. va difesa
2. vanno comunicati
3. andavano completati
4. vanno rispettati
5. vanno prenotati

6
l'anno scorso – tre mesi fa – il mese prima – il mese passato – due settimane fa – quattro giorni fa – l'altro ieri – ieri – oggi – adesso – domani – dopodomani – fra tre giorni – la settimana prossima – la settimana seguente – l'anno prossimo

1. ieri – il giorno prima
2. l'anno prima – l'anno scorso
3. Da tre mesi – i mesi prima – adesso
4. Due settimane fa – l'altro ieri

7
1. volevamo – era partita
2. sono riuscita – avevo dimenticato
3. è partita – si era ammalata – stava
4. ha preso – era rimasto
5. sono arrivati – avevano fatto
6. è andato via – era venuto

8
1. ce la fa
2. ce la faccio
3. ce la fate/ce la farete
4. ce la facciamo
5. ce la fai
6. ce la fanno

9
1. ci vuole
2. ci mette
3. ci vogliono
4. c'è voluta
5. ci ha messo
6. ci metti

10
1. È permesso?
2. Si accomodi.
3. Dica.
4. Tenga presente che ...
5. Forse è meglio non rischiare.
6. Sì, certo./Beh, sì.
7. Va benissimo.
8. Mi raccomando.
9. Come mai questa novità?
10. Non si preoccupi.

11
volevo – capisco – dispiace – ci mette – ci mette – Ha considerato – ci vogliono – ci mette – mi raccomando – tenga presente – si preoccupi

12
1. avrei comprato
2. saremmo venuti
3. avreste dovuto
4. si sarebbe trasferita
5. avresti fatto
6. avrebbe regalato
7. avrei visto

13
1. avrebbe fatto –
   un po' di frutta
2. avrebbe preso un caffè
3. avrebbero preferito –
   giocattoli
4. sarebbe passato –
   libreria
5. sarebbe andata –
   la sua amica

14
ce li hai – li ho – ce l'ho –
l'ho – L'hai – ce l'ho –
l'avevi– ce li avevo –
li hai – ce l'hai – ce l'ho

15
avrei desiderato – sarebbe
piaciuto – sarei andata –
mi sentirei – vorrei – sarebbe –
be – andrò – potrebbe –
saprà – deciderà – preferirei

16
1c – 2f – 3e – 4b – 5a –
6d – 7h – 8n – 9g – 10m –
11i – 12l

17
6 – 3 – 2 – 5 – 1 – 4

18
1. far
2. lascia
3. far
4. far
5. lascia
6. fatto

19
solo – immaturo – soli –
responsabili – matura –
sola – entusiasta – autonomi –
nomi – lontana – tante –
disposti – aperti – curiosi –
interessati – nuovo –
diverso

20
a sinistra: treno – coincidenza –
denza – partenza – carrozza –
za – stazione – binario –
pendolare – controllore
in mezzo: controllore di
volo – aeroporto – volo –
aereo – terminal – volare –
pilota
a destra: cofano – corsia –
targa – coda – patente –
volante – autostrada –
conducente

21
viaggio lampo – perdermi
il meglio – programmare
itinerari – troppo di fretta –
il meno possibile – spirito
d'adattamento – avere
pregiudizi – parlare la
lingua

22
4 Deve lavare i piatti … –
10 Capisce che
   viaggiare … –
7 Lui e il suo amico … –
1 I ragazzi vanno … –
6 Partono in autostop … –
9 Tutti i compagni … –
5 Passa alla pulizia … –
2 Fanno tutti i … –
3 Quando arrivano
   c'è … –
8 Tornano passando
   per …

23
scoprii – andammo –
lavorai – imparò – fui –
cercò – dicesti – saltarono –
ebbe – tornammo –
rimasero – scappaste –
credetti – partì – fece –
arrivasti – prese – invitarono

24
1. Firenze gli aveva fatto
   una grande impressione.
2. Ricordava i luoghi di
   quand'era bambino e
   non capiva il perché.
2. Chissà perché aveva
   negli occhi il paesaggio
   dell'infanzia.
3. Pedalando si guardava
   intorno e osservava con
   attenzione ogni cosa.
4. … che la padrona gli
   aveva imposto forzandolo affettuosamente.
5. Pietro e Claudia si limitavano a un saluto e
   qualche battuta.
6. … felice della piega
   che aveva preso quel
   viaggio.

25
1. freno – 2. fanalino –
3. ruote – 4. manubrio –
5. sedile – 6. pedali

Esercizi 4

1
sfogare – tagliare –
trasferire – distanza –
spostare – accesso –
rinunciare – percepire –
scelta – tendere –
transito – responsabilizzarsi –
bilizzarsi – impedire –
iniziare

2
1. da sempre – tagliato
   fuori – mi sono reso
   conto – in mezzo –
   avremmo impedito
2. di renderla mia – libera
   di fare – tendo a –
   mi sfogo – questione
   di comodo

3
una vita lunga, indipendente,
dente, unica, libera, sola,
pratica, tradizionale,
vuota, originale, precaria
un'idea indipendente,
unica, sola, pratica,
tradizionale, originale
un lavoro comodo,
indipendente, pratico,
provvisorio, tradizionale,
originale, precario
una persona indipendente,
dente, unica, libera, sola,
pratica, tradizionale,
vuota, originale
un appartamento comodo,
do, libero, pratico, tradizionale,
zionale, vuoto, originale
una scelta comoda,
indipendente, libera,
sola, pratica, provvisoria,
originale

4
Affittasi
tranquilla – condominiali
Vendesi
vicinanze – camere
Cercasi
villetta – cucina
affittasi – bagno

5
casa – monolocale –
camere – balcone –
quartiere – periferia –
centro – macchina –
mezzi pubblici – annunci –
Internet – amici – vie –
cartelli – stabili– agenzia
immobiliare – provvigione

6
4 – 11 – 10 – 12 – 3 – 5 –
6 – 7 – 1 – 2 – 8 – 9

7
2. peggiore
3. superiore
4. inferiore
5. maggiore
6. minore

8
1. migliore
2. più grande –
   meno caro
3. inferiore
4. buone – peggiori
5. migliore
6. più piccolo

9
1. migliore
2. più piccolo
3. migliore
4. più grande
5. peggiori
6. maggiore
7. più grande
8. minore
9. inferiore
10. superiore
11. più grande

10
12:    una dozzina
15:    una quindicina
30:    una trentina
60:    una sessantina
90:    una novantina
100:   un centinaio
1000: un migliaio

11
1d – 2a – 3c – 4f – 5b – 6e

12
1. avranno trovato –
   si sposeranno – sarà –
   ci trasferiremo – avremo
   finito – andrà – potremo

185

2. tornerò – sarò guarito –
Sarò – avrò firmato –
avrò cambiato – darò –
inviterò

13
1. Si sarà stufata della
nostra compagnia.
2. Sarà andata a trovare i
suoi genitori in Svizzera.
3. Avrà cambiato numero
del cellulare.
4. Sarà andata a vivere in
un'altra città.
5. Si sarà innamorata di
un ragazzo che non
conosciamo.
6. Si sarà messa finalmente
a preparare gli esami.
7. Avrà cominciato a lavorare e avrà poco tempo.
8. Le sarà passata la voglia
di andare in discoteca
ogni sera.

14
1c – 2g – 3b – 4h – 5e –
6a – 7f – 8d

15
si sente – vede – tempora-
nea – riempiva – sera –
locali – mondo –
cambiata – cominciato –
volontariato – immigrati –
contatti – svolgendo –
collabora – indagini –
intervistare – problemi –
inquinamento – esperien-
za – malgrado – modi –
riflettuto – diritti –
medica – differenziata

16
senta – abbia – incontriamo – vogliate – vadano –
diate – dica – vedano –
teniamo – piaccia – riflet-
tiate – sia – sappiano –
capisca – stia – facciate –
debba – apra – usciate –
possa

17
1. Pare che costruiscano
un nuovo centro
commerciale.
2. Sembra che non siano
mai sufficienti.

3. Penso che nel quartiere
manchino un cinema e
una biblioteca.
4. Credo che ci siano stati
dei progetti, ma non
abbiano ancora
realizzato niente.
5. Penso che questo sia
un errore.
6. Trovo che dovrebbero/
debbano pensare al
futuro di questo quar-
tiere.
7. Spero che rimanga un
luogo dove la gente
vive volentieri e bene.

18
si senta – si vedano –
sia – stia – si occupi –
dia – intervisti – siano –
abbiano – faccia

19
1. che sia/di guadagnare/
che – abbia
2. di smettere/che –
si laureino/che – sia
3. che – abbia/che –
faccia/di rispettare
4. di avere/che – faccia/
che – passi

20
ambiente – raccolta –
rinnovabili – energia –
imballaggi – sacchetti –
farmaci scaduti –
contenitori – plastica

21
1. che ha tradotto mia
sorella
2. che ha finanziato il
comune
3. che ha progettato
l'architetto Nanni
4. che hanno ristrutturato
5. che ha presentato
l'ingegner Belli
6. che ha allestito il
comune

22
industria: area ex industriale – acciaierie – rovine
industriali – cemento –
basso inquinamento
atmosferico

città: periferie – parco –
struttura urbana – residenziale – commerciale –
terziario direzionale –
università – strade –
tessuto urbano – reti di
trasporto – basso inquinamento atmosferico – zona

23
abbia deciso – abbiano –
sia stato approvato –
costruiscano – sia stata –
si diano

24
1b – 2e – 3a – 4c – 5d –
6c – 7c – 8e – 9f – 10g –
11b – 12a – 13g – 14e

25
1e – 2a – 3h – 4b – 5d –
6c – 7f

Esercizi S

1 a
sport: acquatici, arrampicata, squadra, palestra,
nuoto, pallavolo, immer-
sioni, sci.
musica: cantante, ritor-
nello, compositore, cuffie,
strofa, canzone, classica,
rock.
lettura: saggio, gialli,
fumetto, trama,
narrativa, racconto,
rivista, quotidiano.

1 b
palestra – arrampicata –
sci – acquatici – nuoto –
immersioni – squadra –
narrativa – gialli – rock –
cantante – canzone –
cuffie

2
le iscrizioni – la piscina –
bambini – corsi – adulti –
attività – nuoto – I partecipanti – istruttori –
informazioni

3
1. A proposito, oggi è
stata qui Gabriella.

2. Appunto, ci dovrebbe
andare ogni giorno.
3. Si potrebbe fare, no?
4. Va bene, mi hai
convinto.
5. Certo, perché no?
6. In effetti per noi
potrebbe essere una
soluzione.
7. Basta che tu la porti.

4
1. A proposito/Allora/se/
Anzi/Hai ragione
2. Che ne dici/credi/
perché no/Ah, è vero

5
di – dell' – al – di – di –
al – a – ad/per – da – a –
della – di – al – a – a –
a – di – per

6
ogni – tutte – diverse –
qualche – alcuni –
qualche – tutta – altro –
qualcosa

7
Lösungsvorschlag:
1. ... abbia suonato il
violino.
2. ... comprerà la moto.
3. ... studi/abbia studiato
matematica a Parigi.
4. ... faranno una
vacanza in Africa.
5. ... giochi a calcio tutte
le domeniche.
6. ... si laurei/laureerà
prima dell'autunno.
7. ... sia andata a sciare il
fine settimana passato.

8
Sprechblase oben links:
guardi – abbia bisogno –
pratichi – partecipi –
giochi
Sprechblase unten links:
si sia annoiata un po' –
si divertirà
Sprechblase unten rechts:
abbia accettato
Sprechblase oben rechts:
resti – venire

9
1b – 2d – 3a – 4f – 5c – 6e

10
1. lo – ci – ci – ne – gli – le – la – ci
2. ci – ne – ci – ti – ci – la – ci

11
yoga – scherma – tennis-tavolo – immersioni – equitazione – sci – judo – vela – canottaggio – beach volley – nuoto – pallacanestro – corsa – tennis – calcio

12
1c – 2e – 3b – 4a – 5f – 6d

13
1. di – che – di – che
2. che – di – dei – che

14
1. testa – 2. occhi – 3. naso – 4. collo – 5. spalle – 6. braccia – 7. mani – 8. gambe – 9. piedi

15
1. capelli
2. occhio
3. mano
4. gamba
5. piede
6. bocca

2 costare tantissimo
1 essere disperati
6 non ricevere niente
3 essere cordiali e semplici
4 fare o decidere qualcosa che va oltre le proprie possibilità
5 tenere aperte due possibilità

16
dipenda – fai una vita – muoverti di più – praticare qualche sport – abbia voglia – lo faccia – fare un po' di jogging – corra – ti sentirai meglio – cambi modo di vivere – vai in piscina – frequenti un corso

17
1. prati
2. avere sonno
3. rimpiangere
4. collina
5. matta
6. zoppa
7. sano
8. stupidaggine
9. trottare
10. incendio

18
1c – 2f – 3a – 4e – 5b – 6d

19
essere:
io **fossi**, noi **fossimo**, voi **foste**, loro **fossero**
fare:
tu **facessi**, lui/lei **facesse**, voi **faceste**, loro **facessero**
dire:
io **dicessi**, tu **dicessi**, lui/lei **dicesse**, noi **dicessimo**, loro **dicessero**

bere:
io **bevessi**, tu **bevessi**, lui/lei **bevesse**, voi **beveste**, loro **bevessero**
stare:
tu **stessi**, lui/lei **stesse**, noi **stessimo**, voi **steste**, loro **stessero**

20
invitassi – permettesse – leggessi – prestassi – portasse – venisse – dovessero – fossero – fosse – lasciassero

21
1d – 2b – 3f – 4c – 5a – 6e

22
Trama – Attori – Regia – Anno – Durata – Genere

23
1. conferenza
2. triste
3. usuraio
4. ufficio
5. ascoltare

24
1g – 2a – 3h – 4b – 5f – 6c – 7e – 8d

25
va – do – avessi – farei – potessi – verrei – sarebbe – dovesse – viene – faccio

26
le farmacie, le cuffie, le musiche, i turisti, i boschi, le mani, le ciliegie, i colleghi, le foto, gli sport, i dubbi, le abitudini, i cinema, gli zii, le ipotesi, le bici, le immersioni, le attività, i pub, gli autobus, gli sci

Esercizi 6

1
1. penna
2. fotografare
3. tesi

2
1c – 2h – 3b – 4g – 5d – 6f – 7a – 8e

3
fare – cerchi – chiediamo – ottiene – sia – presenti – è stata introdotta – è – dire – consegua – ha – riunisce

4
1. spillatrice – 2. scanner – 3. graffette – 4. matita – 5. stampante – 6. perfora-trice – 7. agenda – 8. colla – 9. penna – 10. raccoglitore – 11. forbici – 12. tastiera – 13. gomma

5
1. Lo sconto l'hai chiesto?
2. Ragazzi, le forbici le avete prese voi?
3. Luca, il computer l'hai spento?
4. La colla chi l'ha usata?
5. I miei occhiali chi li ha visti?
6. Anna, la mia agenda dove l'hai messa?
7. La carta della stampante chi l'ha finita?

6
una comunicazione – **un** file – **una** documenta-zione – **una** stampante – **un'**alimentazione – **un** esame – **un'**iscrizione – **una** produzione – **una** spillatrice – **un** mouse – **una** situazione – **un'**affer-mazione – **un** cellulare – **un'**abitudine – **una** per-foratrice – **un** attore – **un'**informazione – **un** settore – **una** calcolatrice – **un** motore – **una** dimen-sione – **un** raccoglitore – **una** fotocopiatrice – **un** istruttore – **una** relazione – **un** portatile – **uno** stage – **un** giornale – **una** frase – **un** mensile – **una** tele-visione – **un** settimanale

7
1. beamer
2. macchina fotografica digitale
3. cellulare

8
Lösungsvorschlag:
Giusi: Ciao Enzo!
Giusi: Tutto bene. Mi godo gli ultimi giorni al mare prima di comin-ciare lo stage. Te invece?
Giusi: E cosa fai lì?
Giusi: Sono contenta per te. Ma quanto ci stai ancora?
Giusi: E poi torni a Bologna?
Giusi: Beh, io per il mo-mento degli esami me ne frego. Se ne riparla fra tre mesi.

9
1. me la cavo
2. se la prende
3. ce ne siamo andati
4. me ne frego
5. ce l'ha fatta
6. me la sono cavata
7. se ne frega
8. se la sono presa

10
1 – 2 – 4 – 5 – 7 – 8

11

avessi saputo – avrei continuato – avessi saputo – avrei fatto – mi fossi laureato – avrei trovato – avessi cambiato – avrei perso – avrei concluso – avesse invitato – sarei andato – sarebbe voluta

12

1. mi fossi impegnato/-a – mi sarei laureato/-a
2. avessero insistito – mi sarei iscritto/-a
3. avessi saputo – avrei studiato
4. avessi potuto – mi sarei trasferito/-a
5. avessi scelto – avrei cominciato
6. avessi fatto – avrei conosciuto

13

probabile: 2
improbabile: 3 – 6 – 7
impossibile: 1 – 4 – 5 – 8

14

di – delle – della – da – con – da – Alla – di – per – per – da – in – in – ad – con – di – di – su – in – con – al – di – di – per – a – delle – a

15

Spett.le – Oggetto – Gentili – saremmo grati – catalogo – sconti – superiori – preghiamo – Restando in attesa – inviamo – Responsabile

16

1. spediste
2. fosse
3. potessimo
4. richiamasse
5. ripetesse
6. andassimo
7. faceste
8. mandaste

17

buongiorno – Mi passa – per cortesia – Attenda – Pronto – telefono – Dimmi tutto – Dunque –
attimo – Guarda – desolata – facciamo

18

1. avesse mandato
2. fossero stati – avremmo consegnati
3. fosse stato – avrebbe notato
4. avrei detto – mi fossi ricordata
5. avessi parlato – avrebbe disdetto
6. avessero disdetto – avremmo perso
7. avesse inviato – sarebbe pervenuto

19 a

1f – 2v – 3f – 4f – 5v – 6v – 7f – 8v

19 b

gruppo industriale, prodotti, imprenditoriale, azienda, presidente coordinatore, marca, direttore della comunicazione, direttore della logistica, direttore degli acquisti, direttore generale, produzione, marchio, fatturato complessivo, diritti sindacali

20

1. queste gocce oculari
2. un antidolorifico
3. un antistaminico
4. degli antidolorifici
5. una compressa
6. una pomata

21

dopo – prima che – Prima di – prima che – dopo – Prima che – dopo che

Esercizi 7

1

1. L'entrata dei partiti ecologisti nei governi dei paesi europei
2. La caduta del muro di Berlino
3. L'unione monetaria
4. Sbarco di immigranti extracomunitari in Italia

2

1. ~~con una rivoluzione~~ **con un referendum**
2. ~~dell'"autunno caldo"~~ **del boom economico**
3. ~~impiegati statali~~ **operai**
4. ~~eleggono nuovi leader~~ **scompaiono e ne nascono di nuovi.**

3

parlamento: partito, camera, senatore, deputato
legge: approvare, varare, ratificare, referendum
confine: emigrati, chiusura, apertura, immigrante
manifestazione: scendere in piazza, protestare, sciopero, pacifista

4

1. il cui
2. le cui
3. la cui
4. il cui
5. i cui
6. la cui
7. i cui

5

1e – 2g – 3b – 4f – 5a – 6c – 7d

6

aprire – **apertura**
cadere – **caduta**
eleggere – **elezione**
emigrare – **emigrato**
entrare – **entrata**
fondare – **fondatore**
manifestare – **manifestazione**
muovere – **movimento**
mutare – **mutamento**
nascere – **nascita**
scioperare – **sciopero**
unire – **unione**

7

Ho lasciato – è dispiaciuto – ho dovuto – ho avuto – sono bastati – ho trovato – è servito – è valsa – hanno raggiunto – ho iscritto – ha potuto – è piaciuta –
ha cominciato – sono riuscito – ha finito

8

1. che diavolo di roba – quella specie di – spiegati meglio
2. fuori dal mondo – lo so perfino
3. te ne rendi conto – dipende da – farci caso – a forza di

9

si – si – si – si/uno – si/uno – si – si/uno – si/uno

10

avessi dormito – sia andata – mi sia addormentata – di aver preso – ho mangiato – è rimasto – avessi fatto – abbia mangiato – stia – sia – mi sento – bastasse – c'è – durerà – va – di crollare/che crollerò – mi fermi – bisogna – conclude – voglia/vorrà – riesca

11

Antonio racconta che suo padre è partito dal Friuli per andare a lavorare in Belgio. Lui è nato là e non ha mai vissuto in Italia, però da bambino ci andava spesso in vacanza. Dopo la pensione i suoi genitori sono tornati a vivere in Italia.

Raffaele racconta che ha lasciato il suo paese nel 1963. Allora i treni erano carichi di emigranti. I primi anni in Francia erano stati difficili, gli unici contatti che aveva con i francesi erano sul lavoro. Poi ha conosciuto Martine e si sono sposati. Adesso è in pensione e potrebbe tornare al suo paese, ma là ha i suoi figli, i nipotini e dopo tutti quegli anni ormai si sente un po' francese anche lui.

Graziella racconta di essere andata a Brighton perché suo marito lavorava nella pizzeria di uno zio. Non voleva restarci, non capiva la lingua e non conosceva nessuno. Era terribile. Due anni dopo suo marito ha aperto una pizzeria sua e lei ha cominciato ad aiutarlo. Adesso vivono là da 27 anni ed hanno uno dei migliori ristoranti della città. Gli piace stare là, ma quando andranno in pensione torneranno a Torre del Greco dove hanno costruito una villetta.

12
1. La madre ha letto ai figli ...
2. La madre ha cominciato ad elencare ...
3. Elisa ha lanciato uno sguardo ....
4. La madre ha quasi cominciato ...
5. Elisa ha detto ...
6. La madre ha risposto ...

13
Disse:
1. che sarebbe tornato due giorni dopo.
2. di non partire a quell'ora./che non partissi a quell'ora.
3. che suo nonno era di origine albanese.
4. che aveva comprato il biglietto prima di partire.
5. che voleva che suo figlio facesse una vita migliore.

Chiese:
6. se eravamo stanche di vivere in quella città.
7. se ci sembrasse giusto quello che stavamo facendo./se ci sembrava giusto quello che stavamo facendo.
8. come mai Enrica volesse studiare all'estero.

14
avevi – ti dispiaceva

lasciarci – avevi cercato – avevi capito – qui – avresti trovato – dovevamo preoccuparci – te – ci avresti telefonato – ci avresti mandato – tuo – saresti tornato – avresti sposato – avresti trovato – volevi/ avresti voluto passare – tua – di averlo detto

15
era – aspettare – trovava – era/fosse – era – aveva – aveva vista – si chiamasse/ chiamava – tornava/ sarebbe tornata – sapeva – dipendeva – finiva/sarebbe finita – aspettare – avrebbe mangiato – ci voleva – dicevano/dicessero – se ne rendeva – era stato – usava – usava – esistevano – era – aveva sentito – aveva ricordava

16
sloveno – francoprovenzale – catalano – tedesco – greco – albanese – ladino – croato

17
Lösungsvorschlag:
● Buongiorno, Naiaga. Lei di dov'è?
● Lei ha vissuto i primi anni in una casa di campagna con cinque connazionali. Com'era la casa? Le piaceva vivere là?
● Avevate già un lavoro quando siete entrati in quella casa?
● Come mai siete andati ad abitare in un casolare in condizioni così cattive?
● Dove abitavate prima?
● E adesso dove abita?
● L'appartamento l'ha affittato?
● Lavora ancora nella stessa fabbrica di un tempo?

18
1. abbiamo venduto – fece
2. è tornata – emigrò

3. si trasferì – hanno potuto
4. emigrarono – hanno cominciato
5. furono – hanno acquistato

19
alcuni anni – **piccolo** appartamento – risposte **negative** – appartamento **adatto** – **ultimo** piano – case **popolari** – ricongiungimento **familiare** – **primi** tempi – scuola **elementare** – **altra** parte – **tanta** voglia – **pochi** contatti – attività **commerciale** – generi **alimentari** – clienti **italiani**

20
riferire cosa ha detto una persona: 1 – 3 – 5
spiegare o chiedere spiegazioni: 1 – 3 – 4 – 5
collocare un avvenimento storico e politico nel tempo: 1 – 2 – 4
raccontare la propria storia: 1 – 3 – 5

Esercizi 8

1
viaggio: rotta – svoltare – tragitto – destinazione – tirare dritto
teatro: ruolo – scena – travestirsi – personaggio – interpretare

2
assumere: un ruolo, un nomignolo, (del) personale, le caratteristiche
fare: le carte, confusione
giocare: a pallavolo, al lotto, a carte, al computer

3
ho *mai* fatto – ero – c'era – guardavo – era – piace-vano – preferiva – si travestiva – dovevamo – interpretava – odiava – ha *mai* capito – diceva –

ci rifugiavamo – leggeva – è *sempre* rimasta – ha lasciata – ha dato

4
gi**oco** – sc**uola** – navig**atore** – satel**litare** – indi**rizzo** – indic**azioni** – v**oce** – ord**ini** – trag**itto** – svol**tare** – dr**itto** – confo**ndeva** – trag**itto** – indic**azioni** – poss**ibile** – conf**usione** – paz**ienza** – salv**ezza**

5
1. impostare come destinazione – mi confondevo – indica il tragitto
2. disubbidisce sistematicamente – tono perentorio – contraddire – protestare – intransigente – discutere – si rompano
3. Continua – insiste – voce antipatica – ripete – replicavo – rispondi – si è rotto

6
dispiacere – disubbidire – disoccupato
indiretto – indipendente – informale
scomparire – sconosciuto
connazionale – concittadino
rileggere – rifare – riascoltare
impaziente – irreale

7
1B – 2C – 3D – 4A

8
sarebbe – lo sapessi – avesse – sarebbe – tenesse – fosse – chiedesse

9
f – b – c – a – d – e

10
1. a – b
2. a – c
3. b – c
4. a – c
5. a – b

6. a – c
7. b – c
8. a – b

11
c'era – sarebbero comincia-
te – avrebbero fatto –
c'erano stati – fosse –
si sarebbe dimenticato

12
1e – 2b – 3f – 4d – 5a – 6c

13
1. Mentre (Napoli)
2. Durante (Venezia)
3. durante (Ivrea)
4. mentre (Viareggio)
5. Durante (Milano)
6. Durante (Bari)
7. Durante (Roncitelli)

14
2 Durante il viaggio in
   macchina ...
3 Durante la sosta
   davanti alla stazione ...
4 ... durante lo scambio
   dei saluti e dei con-
   venevoli ...
5 Durante la cena ...
6 Durante il gioco della
   Tombola ...

15
1. lotto
2. superstizione
3. sagra
4. portafortuna

16
1☺ – 2☺ – 3☺ – 4☹ – 5☹ –
6☺ – 7☺ – 8☹

17
Lösungsvorschlag:
Babbo Natale è un uomo
vestito di rosso e con la
barba bianca che porta i
doni su una slitta. La notte
della vigilia di Natale
lascia i doni sotto l'albero.
La Befana è una vecchietta
con le toppe alla sottana.
La notte tra il 5 e il 6 gennaio vola di tetto in tetto
su una scopa e poi scende
dal camino. Lascia dei dolcetti in una calza e porta il
carbone ai bambini cattivi.

18
sia – esista – scende –
sono – fanno – mangiano –
arrivi – preparano –
vanno – trovi – arriva –
ci sia – va

19
è andati alla festa –
è guardata la sfilata –
sono comprati i regali –
è arrivati a casa –
è aspettato –
è venuti troppo tardi –
è usciti con gli amici
è avuto molto da fare
è scesi dalle macchine
sono viste le manifestazioni
è ascoltato il concerto
è stati al cinema

20
1f – 2e – 3h – 4a – 5b –
6d – 7c – 8g

21
1 Nicola –
2 Berta –
3 Nicola –
4 Nicola –
5 Berta –
6 Nicola –
7 Nicola

22
1 spettatore – 2 biglietto –
3 palco – 4 opera –
5 tragedia – 6 sipario –
7 commedia – 8 platea –
9 palcoscenico –
10 attore – 11 recitare

23
1 Cenerentola –
2 Biancaneve –
3 Cappuccetto rosso –
4 Il gatto con gli stivali –
5 Pinocchio –
6 La sirenetta

24
battuta – frase – paura –
memoria – panico –
l'angoscia – l'apertura –
spettatrice – autrice

25
1. spostano –
2. si nascondeva –
3. aprire –

4. ammobiliata –
5. l'abitudine –
6. si sente –
7. scopre

Test B1

1
1. La Liguria in passato
   ha avuto rapporti
   con gli arabi.
2. Il dialetto ligure
   contiene molte
   parole di origine
   straniera.

2
fa parte della – bellissima –
montagne – arco – scogli –
difficile – pulita – pesci –
regione – focaccia –
pesce fresco – pesto –
complicato – bacino –
influssi – parlare

3
1. La persona presta la
   sua voce all'audioguida
   di un museo.
2. La collezione descritta
   si trova in parte a
   Rovereto.
3. Si parla di una corrente
   artistica del ventesimo
   secolo.
4. Nei dipinti vengono
   raffigurati principal-
   mente le metropoli
   ed il progresso tecnico.

4
serie – tradizionale –
macchina – progresso –
metropoli – treni –
immagini – automobile –
capolavoro – conservata –
protagonisti – fase

5
il – indagine – rispetto –
dormendo – andranno –
oltre – quali – muovono –
familiari – dovesse –
rischia – affari – alloggio –
divertimento – verranno

6
volontaria – cui – si –
ufficio – Associazione –
secondo – disponibile –
più – corrente –
comunicazione –
bisogna – importante –
sarebbe – finisse –
modo – bisogno –
impegno – li – diversa –
sia

7
2. – 3. – 5.

8
1. – 3. – 5. – 6.

9
1. talvolta
2. semplici
3. importante
4. aree
5. consigli
6. riprendere
7. significa
8. iniziare
9. utilizzate
10. è sufficiente
11. restituisce
12. nonostante
13. causare
14. svolgerà

10
1C – 2B – 3D – 4A

11
È vero – vivo – ti piace –
tantissimo – ci – vent' –
vivrei – Ti credo – cosa
fai – Beh – Che bello,
interessante – però –
diversi – ho fatto –
Immagino – ci sei
rimasto – Dunque –
Immagino – trovare –
esperienze – consigliare

12
a 3 – b 1/10 – c 4 –
d 8/9 – e 2/7 – f 5/6

Vocabolario per lezioni

Hier finden Sie das gesamte Vokabular der Lektionen in der Reihenfolge des Vorkommens mit deutscher Übersetzung. Die Wörter des Lesetexts der Rubrik "Alla scoperta dell'Italia" stehen unter dem entsprechenden Text. Durch Fettdruck hervorgehobene Wörter stellen den Lernwortschatz dar. Punkte unter den Vokalen zeigen von der Regel abweichende Betonung an, sie sind nicht Bestandteil der Schreibweise. Verben auf -ire mit Stammerweiterung sind mit dem Zusatz (-isc) versehen. Die Formen der mit * gekennzeichneten unregelmäßigen Verben stehen auf S. 222–230.

Abkürzungen:

f	*femminile* – feminin	
inv	*invariabile* – unveränderlich	
jm	jemand	
jdm	jemandem	
jdn	jemanden	
m	*maschile* – maskulin	
pl	*plurale* – Plural	
qc	*qualcosa* – etwas	
qn	*qualcuno* – jemand	
G	*grammatica*	

Unità 1

la decisione	Entscheidung
la necessità	Notwendigkeit
secondo voi	eurer Meinung nach
ricominciare a	wieder anfangen zu
ẹssere* stufo/-a di	eine Sache leid sein
mẹttere* tristezza a qn	jdn traurig machen
Che te ne pare?	Wie findest du das?
parere*	scheinen, den Anschein haben
visto che	da, in Anbetracht dessen, dass
riuscire* (a)	etwas schaffen, gelingen
cambiare aria	woanders hingehen
per il momento	momentan, einstweilen
la guida turịstica *m/f*	Fremdenführer/in
il corso di formazione	Aus-, Weiterbildungskurs
fare* volontariato	ehrenamtlich tätig sein
il volontariato	Ehrenamt
la Croce Verde	*ital. Hilfsorganisation*
ẹssere* d'aiuto a qn	jdm helfen
crẹdere	glauben
rimẹttersi* a	(Tätigkeit) wieder aufnehmen
E **pensare** che ...	Wenn man bedenkt dass; wenn ich daran denke, dass
non ... più	nicht mehr
lo stịmolo	Antrieb, Ansporn
staremo a vedere	wir werden sehen

Era da tempo che volevo ...	es wurde Zeit, dass; ich wollte schon seit langem
strano/-a	seltsam
non ... nessuno	niemand
sopportare	ertragen
il parere	Meinung
spiegare	erklären
abbandonare	verlassen, aufgeben
cambiare città	in eine andere Stadt ziehen
l'ausiliare *m*	Hilfszeitwort
fare* attenzione	aufpassen, aufmerksam sein
il lavoretto	kleine Arbeit, Job
il comune	Gemeinde
il corso preparatorio	Vorbereitungskurs
l'incạrico	Auftrag
a tempo determinato	zeitlich befristet
siccome	da, weil, denn
occuparsi di	sich beschäftigen mit
non ... affatto	überhaupt nicht
ridipịngere*	neu streichen
il ballo	Tanz
realizzare	verwirklichen, realisieren
sconsigliare	abraten
la conversazione	Unterhaltung, Konversation
l'indirizzo di studi	Studiengang
gli Studi filosọfici	Philosophie (als Studiengang)
le Scienze della Comunicazione	Kommunikationswissenschaften
certificare	zertifizieren, bestätigen
il crẹdito (Università)	Leistungspunkt
il sistema universitario	Universitätssystem
il master *inv*	Master-Abschluss
il dottorato	Doktorat
la lạurea specialịstica	Master
la lạurea magistrale	Master (alter Abschluss)
pre-universitario/-a	voruniversitär
compilare	(Formular) ausfüllen
il documento	(Ausweis-)Dokument
il tema	Thema
l'educazione *f*	Erziehung
la tecnologịa	Technologie
la prịvacy *inv*	Privacy
i **diritti** delle minoranze	Minderheitenrechte
l'ecologịa	Ökologie
le chiạcchiere	Geschwätz
il premier	Premierminister
il partito	Partei
la coalizione	Koalition, Bündnis
l'opposizione *f*	Opposition
cambiare canale	Sender umschalten
la discriminazione	Diskriminierung, Benachteiligung
l'Ịnternet *f inv*	Internet
la Carta dei diritti	Rechtsordnung, Charta

13	l'associazione *f* di volontariato	Freiwilligenorganisation	
	inserirsi (-isc)	sich eingliedern, sich einfügen	
	l'associazione giovanile	Jugendverein	
	il centro sociale	Sozialzentrum	
	il no profit *inv*	Sektor, der keinen Profit macht	
14	Di che tipo di ...	Von welcher Art von ...	
	la cooperazione	Kooperation, Zusammenarbeit	
	il carcere	Gefängnis	
	il binomio	Doppelbegriff, Wortpaar	
	capace di	fähig zu	
	oltrepassare	überwinden, -steigen, -schreiten	
	la barriera	Barriere, Schranke, Gitter	
	l'impresa	Unternehmen	
	cooperativo/-a	kooperativ	
	avvalersi* di qc	sich einer Sache bedienen, von etwas Gebrauch machen	
	detenuto/-a	strafgefangen	
	avviare a	heranführen an	
	il reinserimento lavorativo	berufliche Wiedereingliederung	
	quanti	alle diejenigen	
	la pena	Strafe	
	scontare una pena	eine Strafe verbüßen	
	il caso	Fall	
	la sapienza	Geschicktheit, Fertigkeit	
	l'impresa sociale	privatwirtschaftliches Unternehmen im Sozialbereich	
	il catering *inv*	Catering	
	scorso/-a	vorige/r	
	la casa di reclusione	Strafanstalt	
	la cooperativa	Kooperative	
	il/la socio/-a	Gesellschafter/in, Mitglied	
	esterno/-a	extern, draußen, außerhalb	
	il compito	Aufgabe	
	mantenere*	beibehalten	
	provvedere* a	sorgen, Vorsorge treffen	
	la fornitura	Lieferung	
	la fiera	(Verkaufs-/Produkt-)Messe	
	lo stand *inv*	(Verkaufs-)Stand	
	accogliere*	begrüßen	
	il/la visitatore/-trice	Besucher/in	
	i modi gentili	höfliche Art	
	il modo	Art, Weise	
	il pasticcino	Feingebäck	
	dare* vita a	ins Leben rufen	
	la società cooperativa	Kooperative	
	aderire (-isc) a	angehören, beitreten	
	l'entusiasmo	Begeisterung, Enthusiasmus	
	l'aiuto cuoco	Küchenhilfe	
	all'occorrenza	bei Bedarf	
	arrangiarsi	zurechtkommen, durchkommen, sich arrangieren	
	disoccupato/-a	arbeitslos	

	arrestare	festnehmen
	la rapina	Raub(überfall)
	condannare	verurteilen
	grazie a	dank
	la buona condotta	gute Führung
	la sezione	Sektion, Abteilung, Teil
	essere* in grado di	in der Lage sein
	in occasione di	anlässlich
	il battesimo	Taufe
	la prima comunione	Erstkommunion
	il/la committente	Auftraggeber/in
	la pubblica amministrazione	öffentliche Verwaltung
	l'iniziativa	Initiative
	il mestiere	Beruf
	inoltre	außerdem, darüber hinaus
	la realtà esterna	Wirklichkeit außerhalb (des Gefängnisses)
	davvero	wirklich
	appena	sobald
	il campo della ristorazione	Gaststättensektor
	il pregiudizio	Vorurteil
	nei confronti di	gegen, gegenüber
	riconoscere	anerkennen
	la partecipazione	Teilnahme
	l'avvenire *m*	Zukunft
	la fiducia	Vertrauen
	il reinserimento	Wiedereingliederung
	il/la redattore/-ttrice	Redakteur/in
16	il termine	Wort, Ausdruck
	in comune	gemeinsam
17	al posto di	anstelle von
	colloquiale	umgangssprachlich
18	**il passivo**	Passiv
	terminare	beenden
	l'impiego	Anstellung
	rinnovare il contratto	den Vertrag verlängern
	ridurre*	reduzieren
	trovarsi bene	sich wohl fühlen
	informare	informieren
	la scadenza	Auslaufen (des Vertrags)
19	sentir parlare di	von etwas hören
	tutelare la **natura**	die Natur schützen
	ferito/-a	verletzt
	il pericolo	Gefahr
	familiare	Familien-
	difendere*	verteidigen, schützen
	Legambiente	*ital. Umweltorganisation*
	Emergency	*ital. Organisation zur Unterstützung von zivilen Kriegsopfern*
	la violenza	Gewalt
	il trasferimento	Versetzung, Umzug
20	**farsi* vivo/-a**	sich melden, von sich hören lassen
	ultimamente	in letzter Zeit
	rivoluzionare	revolutionieren, radikal verändern
	ebbene	nun gut
	la discussione	Diskussion

192

la cosa migliore	das Beste, die beste Möglichkeit	
l'ex-**collega** *m/f*	ehemalige/r Kollege/ Kollegin	
mẹttersi* in proprio	sich selbständig machen	
passare qc a qn	jdm etwas übergeben, (weiter)reichen	
insegnare	beibringen, lehren, unterrichten	
la scuola privata	Privatschule	
distante	entfernt	
traslocare	umziehen	
abituarsi a	sich gewöhnen an	
immediatamente	sofort	
la terza media	8. Klasse des ital. Schulsystems	
soprattutto	vor allem	
positivo/-a	positiv	
la difficoltà	Schwierigkeit	
era felice come una Pasqua	er/sie hat sich gefreut wie ein Schneekönig	
neanche	auch nicht, nicht einmal	
anzi	dennoch, im Gegenteil, sondern	
curioso/-a	neugierig	
impaziente	ungeduldig	
integrarsi	sich integrieren	
superare	(erfolgreich) bestehen, überwinden, -ragen, -treffen	
brillantemente	glänzend	
ẹssere* in giro	unterwegs sein	
comunque	wie auch (immer), irgendwie, jedenfalls, sowieso, immerhin	
fammi sapere	lass es mich wissen	
far* sapere*	Bescheid geben, benachrichtigen, informieren	
da queste parti	hier, in dieser Gegend	
forte	fest	
21 regolarmente	regelmäßig	
la particolarità	Besonderheit, Eigenheit	
il verbo riflessivo	reflexives Verb	
23 assụmere* un ruolo	eine Rolle annehmen, übernehmen	
sostituire (-isc)	ersetzen	
il gerundio	Gerundium, Verlaufsform	
24 rẹndere*	wiedergeben, darstellen, machen	
esplịcito/-a	ausdrücklich, explizit	
la valigia	Koffer	
26 l'Atlạntico	Atlantik	
collaborare	mit-, zusammenarbeiten	
la Comunità Europea	Europäische Gemeinschaft	
fluente	fließend	
irlandese	irisch, Ire, Irin	
estroverso/-a	extrovertiert	
generoso/-a	großzügig	
accogliente	gastfreundlich	
amichẹvole	freundlich	

iniziale	anfänglich, Anfangs-	
tradizionale	traditionell	
raro/-a	rar, selten	
27 la tromba	Trompete	
in cambio	anstelle, anstatt; *hier:* im Tausch	
il/la bassista	Bassist/in	
il basso elẹttrico	E-Bass	
glorioso/-a	glorreich	
il contrabbasso acụstico	Kontrabass	
il gẹnere (musicale)	*hier:* Musikrichtung, -stil	
il/la coetạneo/-a	Gleichaltrige/r	
il trio	Trio	
il quartetto	Quartett	
l'appassionato/-a	Liebhaber/in	
la culinaria	Kochkunst	
scambiare	austauschen, verwechseln	
per diletto	aus Liebhaberei	
il momento godereccio	Moment des Genießens	
condivịdere*	gemeinsam haben, teilen	
28 riportare	*hier:* wiedergeben, abdrucken	
servire	dienen, nützlich sein	
29 il timore	Sorge, Angst	
30 l'affinità	Ähnlichkeit	
31 in modo da	derart, dass; so, dass	
rịdere*	lachen	
divịdere* in classi	in Klassen unterteilen	
l'ạula	Klassenzimmer	
la panchina	(Park-)Bank	
l'alunno/-a	Schüler/in	
ritrovarsi	sich einfinden	
G1 poiché	da, weil, denn	
la giurisprudenza	Rechtswissenschaft, Jura	
ụtile	nützlich	
G3 **la frase negativa**	verneinter Satz	
non ... per niente	überhaupt nicht	
non ... mica	doch nicht	
non ... neanche/ nemmeno/neppure	nicht einmal	
non ... né ... né	weder ... noch	
il dubbio	Zweifel	
lo sbaglio	Fehler	
G4 il tirocinio	Praktikum	
G6 l'**uso** impersonale	unpersönlicher Gebrauch	
G7 **annoiarsi**	sich langweilen	
G8 la frase subordinata implịcita	impliziter Nebensatz	

Unità 2

dimmi un po'	sag' mal	
in **forma** scritta	schriftlich	
concordare	vereinbaren	
esporre*	dar-, ausstellen	
la lamentela	Klage, Beschwerde	
il fatto di attualità	aktuelles Geschehen	
1 adatto/-a	geeignet	

flirtare	flirten
parlare sottovoce	leise sprechen
fare* quattro chiacchiere	einen Schwatz halten
a quattrocchi	unter vier Augen
chattare	chatten
dare* un colpo di telefono	jdn (kurz) anrufen
passare informazioni	Informationen weiter-geben
fare* un **gesto**	gestikulieren, eine Geste machen
mettere* al corrente	auf dem Laufenden halten, über Neuig-keiten unterrichten
lo sguardo	Blick
per iscritto	schriftlich
lasciare un messaggio	eine Nachricht hinterlassen
farsi* capire	sich verständlich machen
2 di rado	selten
3 a voce	mündlich
la dichiarazione d'amore *m*	Liebeserklärung
il reclamo	Reklamation
l'avvertimento	Benachrichtigung, Hinweis
il/la vicino/-a (di casa)	(Wohnungs-)Nachbar
distratto/-a	zerstreut, abgelenkt
l'aumento di **stipendio**	Gehaltserhöhung
il capo	Chef
4 la **lettera** formale	formeller Brief
il post it *inv*	Klebezettel
il biglietto d'invito	Einladungskarte
Spett.le (spettabile)	Sehr geehrte (nur für eine Firma)
con la presente	mit dem vorliegenden (Brief)
(il trattamento di) **mezza pensione**	mit Halbpension
effettuare	vornehmen, ausführen
tramite	mittels
il vaglia postale	Postanweisung
vs. (vostro)	euer, Ihr
c.c. (conto corrente)	Girokonto
il versamento	Einzahlung
l'acconto	An-, Vorauszahlung
pari al 20%	entsprechend 20%
l'importo totale	Gesamtsumme
Che ne dite di ...	Was haltet ihr davon ...
la serata di saluto	*hier:* Wiedersehenstreffen, -abend
o meno	*hier:* oder nicht
se vi va	wenn Ihr Lust habt
andare* bene	passen, in Ordnung sein
sperare	hoffen
buona giornata!	einen schönen Tag!
il vernissage *inv*	Vernissage
la (mostra) personale	Einzelausstellung
il maestro	*hier:* Meister, Künstler
tenere*	abhalten, veranstalten
lo storico	Historiker
il critico d'**arte**	Kunstkritiker
la gipsoteca	Gipsfigurensammlung
aperto/-a al pubblico	geöffnet, öffentlich zugänglich
tutti i giorni	jeden Tag
T vng a prend + td.	Ich hol' dich später ab
T faccio 1 sql qnd arr	ich läute 1x an, wenn ich da bin
5 avvertire	benachrichtigen, hinweisen auf
artistico/-a	künstlerisch
7 da tempo	seit langem
inaspettatamente	unerwarteterweise
sollecitare	anmahnen, hervorrufen
versare	*hier:* einzahlen
le nozze *pl*	Hochzeit
8 la mail	E-Mail
il locale	Lokal
9 Tu come sei messo/-a?	Wie sieht's bei dir aus?/ Hast du Zeit?
Ti va di venire?	Hast du Lust zu kommen?
impegnato/-a	beschäftigt, verabredet
far* piacere	gefallen, recht sein, sich freuen
prendere* un appuntamento	sich verabreden
promettere*	versprechen
Beh, ma ...	Na dann ...
incontrarsi	sich treffen
Facciamo alle otto?	Sagen wir um acht?
d'accordo	einverstanden
Ah, senti ...	Ach, übrigens ...
Figurati!	Klar! Kein Problem!
niente in contrario	nichts dagegen
10 trascrivere*	abschreiben
segnalare interesse	Interesse signalisieren
fare* un'altra **proposta**	einen Gegenvorschlag machen
11 **dopodomani**	übermorgen
12 il pronome	Objektpronomen
indiretto/-a	indirekt
riscrivere*	noch einmal schreiben
rispetto a	bezüglich
13 la lacuna	Lücke
prestare	(ver-)leihen
un mese fa	vor einem Monat
il ritorno	Rückkehr
trovare qn	*hier:* jdn antreffen, erreichen
spegnere*	ausschalten
essere* fuori	*hier:* fort, außer Haus sein
per favore	bitte
14 fare* per qc	gefallen, passen
il disco	Schallplatte, Scheibe
l'album *m inv*	Album
la libreria	Buchhandlung
il sorriso	Lächeln
la Gioconda	Mona Lisa
il ciclo di incontri	Vortragsreihe
il genio di Leonardo	Leonardos Genialität
al di là di	über ... hinaus
il mistero	Geheimnis
a cura di	*hier:* geleitet von

l'iscrizione f	Anmeldung	
uno su due	einer von zweien	
la biglietteria	(Theater-) Kasse	
15 **al giorno**	pro Tag	
il biglietto	Grußkarte	
fare* gli auguri	(be)glückwünschen	
il Natale	Weihnachten	
il telefono fisso	Festnetztelefon	
la videochiamata	Videotelefonat	
anziché	statt (zu), anstelle von	
16 hi-tech	technologisch, hi-tech	
il Pc inv	PC	
l'analfabetismo	Analphabetismus	
spaccare	zerteilen	
il paese	Land	
a metà	in zwei Hälften	
invisibile	unsichtbar	
tecnologico/-a	technologisch	
da una parte	einerseits, auf der einen Seite	
padroneggiare	beherrschen	
la banda larga	Breitband(-technologie)	
il/la pensionato/-a	Rentner/in	
la casalinga	Hausfrau	
escluso/-a	ausgeschlossen	
l'universo	Universum, Welt	
l'utilizzo	Gebrauch	
registrare	registrieren	
a suo modo	auf seine Art	
l'utilizzatore/-trice	Nutzer/in	
la soglia	Schwelle	
abitualmente	regelmäßig, gewohnheitsmäßig	
il web inv	Web	
la quota	Quote	
il milione	Million	
la posta elettronica	E-Mail	
il download inv	Download	
il video inv	Video	
la rete	Netz	
farsi* largo	sich verbreiten, ausbreiten	
la tendenza	Tendenz	
recente	neu, letzt, jüngst	
l'auto-produzione f	selbständiges Erschaffen	
l'utente m/f	Nutzer/in	
il regno	(König-)Reich	
la telefonia mobile	Mobiltelefonie	
finora	bisher	
per intero	vollständig, ganz	
il fenomeno	Phänomen	
porre*	setzen, stellen, legen	
il vertice	Spitze	
la graduatoria	Rangfolge	
la spesa	Ausgaben	
annuale	jährlich	
il servizio di telefonia	Dienst des Mobilnetz-betreibers	
in media	durchschnittlich	
il (telefono) mobile	Mobiltelefon	
a fronte di	in Anbetracht von	

il reddito medio	Durchschnittsgehalt	
tendere* a	neigen zu	
il rapporto	Bericht, Beziehung, Verhältnis	
razionalizzare	verringern, rationalisieren	
le telecomunicazioni	Telekommunikation	
la strada maestra	Königsweg	
la linea fissa	hier: Festnetz(anschluss)	
tenere*	behalten, haben	
il nucleo familiare	Familie, Haushalt	
18 **sviluppare**	entwickeln	
riscontrare	feststellen, vergleichen, prüfen	
il comportamento	Benehmen, Verhalten	
19 il grafico	Graphik	
il quotidiano	Tageszeitung	
il settimanale	Wochenzeitschrift, -zeitung	
il mensile	Monatszeitschrift	
i due terzi	zwei Drittel	
la metà	Hälfte	
la popolazione	Bevölkerung	
il quinto	Fünftel, Fünfter	
21 la percentuale	Prozentsatz	
navigare su Internet	im Internet surfen	
22 **l'opinione** f	Meinung	
facilitare	erleichtern	
fare* tardi	bis spät ausgehen, spät heimkommen	
rintracciare	jdn erreichen	
a volte	manchmal	
24 inserire (-isc)	einfügen, eingeben, einlegen	
il progresso	Fortschritt	
la cassetta postale	Postfach	
la spazzatura	Müll	
cestinare	wegwerfen, löschen	
in pace	in Ruhe	
25 il resoconto	Bericht	
ai suoi tempi	zu seinen/ihren Zeiten, damals	
risolvere* (un problema)	(Problem) lösen	
lo stesso	trotzdem	
l'amicizia	Freundschaft	
sincero/-a	ehrlich	
guardandosi in faccia	hier: von Angesicht zu Angesicht	
apertamente	offen	
concludere*	abschließen, beenden, folgern	
26 la testimonianza	(Zeugen-)Aussage	
27 lo svantaggio	Nachteil	
scusarsi	sich entschuldigen	
28 il notaio	Notar	
farcela*	etwas schaffen	
domattina	morgen früh	
seguire	(ver)folgen	
presente	anwesend	
il momento	Moment	

Non è questo il modo di fare!	Das ist nicht die korrekte Vorgehensweise!
29 la bega	Unannehmlichkeit, Scherrerei
correre* via	(schnell) weggehen, aufbrechen
succedere*	geschehen
farsi* **perdonare**	sich entschuldigen; ermöglichen, dass jm verzeiht
il file *inv*	File
consegnare	abgeben, aushändigen
32 installare	installieren
funzionare	funktionieren
il mouse *inv*	Computermaus
l'home banking *m*	Internetbanking
scaricare	downloaden
salvare un file	Datei abspeichern
il verbo modale	Modalverb
34 l'ideatore/-trice	Schöpfer/in, Erfinder/in
il corso di comunicazione	Kommunikationskurs
prendere* appunti	Notizen machen
35 il workshop *inv*	Workshop
in genere	im Allgemeinen
il/la commerciante	Händler/in
la timidezza	Schüchternheit
comunicare entusiasmo	Begeisterung vermitteln
la voce	Stimme
la comunicazione verbale	sprachliche Kommunikation
36 l'articolo di fondo	Leitartikel
la pagina sportiva	Sportseite
il canale	*hier:* Fernsehsender
il sottotitolo	Untertitel
il telegiornale	Fernsehnachrichten
la trasmissione	Sendung
la rivista	Zeitschrift
37 il commento	Kommentar
il tema del giorno	Tagesthema
la partita di calcio	Fußballspiel
39 caratterizzare	charakterisieren
G1 la particella	Partikel
il verbale	Protokoll
attuale	aktuell, gegenwärtig
G4 l'intervistato/-a	Befragte/r, Interviewte/r
G5 la frazione	Bruchzahl
G6 il discorso (indiretto)	(indirekte) Rede
G7 parlare a voce	direkt mit jdm sprechen
G10 i pronomi combinati	kombinierte Pronomen

Ripasso 1

l'inventore/-trice	Erfinder/in
la casella	Kästchen, Spielfeld
a piacere	nach Belieben
oralmente	mündlich
esauriente	erschöpfend, ausreichend
occupare	besetzen
dopo di che	wonach, hierauf, danach

la linea verticale	vertikale Linie
orizzontale	horizontal
dare* **notizia** di	Neuigkeit mitteilen
l'apparecchio a pila	Batterie betriebenes Gerät
inventare	erfinden
il predecessore	Vorgänger
la batteria elettrica	Elektrobatterie
l'invenzione *f*	Erfindung
l'astrofisico/-a	Astrophysiker/in
l'Osservatorio Astronomico	Astronomisches Observatorium
il/la capufficio	Vorgesetzte/r
la relazione	Bericht, Referat
alternativo/-a	alternativ, andere/r
brevettare	patentieren, patent- rechtlich schützen
il prototipo	Prototyp
infermo/-a	krank, leidend
il/la fisico/-a	Physiker/in
il/la **premio** Nobel	Nobelpreis(-träger/in)
la fisica	Physik
dopodiché	darauf, danach
dirigere*	leiten
il Centro Europeo per la Ricerca Nucleare	*CERN (Europäische Organisation für Kernforschung)*
Ginevra	Genf
il reattore	Reaktor
la reazione nucleare	Atomreaktion
la catena controllata	*hier:* kontrollierte Kettenreaktion
la luna	Mond
il personaggio storico	historische Persönlichkeit
la maturità classica	humanistisches Abitur
in seguito a	infolge, auf Grund
le leggi razziali	Rassengesetze
mettere* su	gründen, errichten
il laboratorio	Labor
la vocazione	Berufung
puro/-a	rein
la scuola dell'obbligo	Pflichtschuljahre
trasmettere*	*hier:* senden
il segnale radio	Radiosignal
senza fili	kabellos
oltre oceano	transatlantisch, jenseits des Atlantik
il libro illustrato	Bildband, illustriertes Buch
pregare	bitten, beten
trattare con cura	sorgfältig behandeln
macchiare	beflecken, verschmutzen
rimediare	abhelfen, wiedergut- machen
il capolavoro	Meisterwerk
L'Ultima Cena	Das Abendmahl
processare	anklagen, verklagen, prozessieren
l'Inquisizione *f*	Inquisition
seguire	(Theorie) vertreten
la teoria copernicana	Kopernikanische Theorie
gli arresti domiciliari	Hausarrest

a vita	lebenslänglich	il post *inv*	Post (Beitrag in einem Internet-Forum)
l'osservazione *f* astronọmica	astronomische Beobachtung	la puntualità	Pünktlichkeit
specịfico/-a	spezifisch, arteigen	buio/-a	dunkel
individuare	ermitteln, herausfinden	l'anạlisi *f* bilancio	Untersuchungsergebnis
interpretare	interpretieren	anzitutto	zunächst, erst einmal
la statịstica	Statistik	considerare	bedenken, in Betracht ziehen
telemạtico/-a	telematisch		
uso e costume	Sitte, Brauch, Gewohnheit	di rilievo ambientale	von Bedeutung für die Umwelt
l'usanza	Sitte, Brauch		
Paese che vai Usanza che trovi	andere Länder, andere Sitten	dunque	also
di sẹguito	im Folgenden, hinter-einander, ohne Unter-brechung	piuttosto che	eher als, anstatt
		il/la portavoce	Wortführer/in, Sprecher/in
suscitare	hervorrufen	4 assomigliare	sich ähneln
lo stupore	Erstaunen	5 contenere*	beinhalten
la perplessità	Ratlosigkeit, Bestürzung	il bene	Wohlergehen
la consumazione	Konsumieren von Speisen und Getränken, konsumier-te Speisen und Getränke	la risorsa naturale	natürliche Resource
		la precisione	Genauigkeit
		orario/-a	zeitlich
		meritare	wert sein, verdienen
in silenzio	wortlos, still	guadagnarsi	sich etwas verdienen
di buon **gusto**	*hier:* mit großem Appetit	punire (-isc)	bestrafen, benachteiligen
andạr* via	weggehen	6 il participio	Partizip
la **fame** da lupi	Bärenhunger	il trapassato prọssimo	Plusquamperfekt
specificare	genau angeben, spezifizieren	7 regolare	regelmäßig, regulär
		8 lo specchietto	*hier:* Kästchen
tọgliere*	*hier:* ausziehen	puntualmente	pünktlich
sporcare	verschmutzen	in meno di	in weniger als
il pavimento	(Fuß-)Boden	9 la dottoressa	Frau Dr.
la spaghettata	Spaghettiessen	10 È permesso?	Darf ich eintreten?
le stoviglie *pl*	Geschirr	Mi dica.	*in etwa:* Bitte schön, was gibt's
risciacquare	aus-, ab-, nachspülen		
l'acqua corrente	fließendes Wasser	Come mai?	Weshalb? Warum in aller Welt?
		la novità	Neuigkeit
		tra l'altro	außerdem, unter anderem

Unità 3

		lo sciọpero	Streik
valutare	(be)werten	il controllore di volo	Fluglotse
fornire (-isc)	versorgen, ausstatten	rischiare	riskieren
l'incidente *m*	Unfall	in effetti	in der Tat
1 il viaggio di affari	Geschäftsreise	mẹtterci*	(Zeit) brauchen
la gita scolạstica	Schulausflug	il consiglio di ammini-strazione	Verwaltungsrat
lo scambio universitario	Universitätsaustausch		
la gita turịstica	touristischer Ausflug	il TrenOk	*Name eines Zuges*
lo spostamento	Fahrt	volerci*	(Zeit/Dinge) brauchen
quotidiano/-a	täglich	cancellare	stornieren
2 premiare	auszeichnen	Se ne ọccupi sụbito, mi raccomando!	Erledigen Sie das bitte schön umgehend!
Sos	SOS		
il tẹrminal *inv*	Terminal	tenere* presente	sich vor Augen halten
il Malpensa Exprẹss	*Shuttle-Zug vom Malpensa-Flughafen nach Mailand*	11 pernottare	übernachten
		13 andare* a prẹndere	abholen
penalizzare	bestrafen, benachteiligen	14 il foglietto	Zettel
il/la pendolare	(Berufs-)Pendler/in	ridistribuire (-isc)	wieder ver-, aufteilen
salvare l'ambiente	die Umwelt retten	ad alta voce	mit lauter Stimme
l'ambiente *m*	Umwelt	indovinare	(er-)raten
sulla Brescia-Milano	auf der Strecke Brescia-Mailand	costrịngere*	zwingen
		rinunciare a	verzichten auf
		la multa salata	gesalzener Strafzettel
		festeggiare	feiern
		la Puglia	Apulien

197

15 la batteria	Batterie	
il motore	Motor	
il finestrino	Autofenster, kleines Fenster	
il portabagagli	Kofferraum	
la portiera	Autotür	
il volante	Steuer	
il sedile	Autositz	
il cruscotto	Armaturenbrett	
il tergicristallo	Scheibenwischer	
il cofano	Motorhaube	
la ruota	Rad	
la freccia	Blinker, Pfeil	
il faro	Scheinwerfer	
la targa	Nummernschild, -tafel	
il paraurti	Stoßstange	
16 ricaricare	wieder aufladen	
cambiare le gomme	Reifen wechseln	
aggiustare	reparieren	
17 porca miseria!	*in etwa: Mist!*	
la precedenza	Vorfahrt	
stare* attento	aufmerksam sein, aufpassen	
vabbé va	*in etwa: o.k., lassen wir's gut sein*	
peggio	schlimmer, schlechter	
il danno	Schaden	
appena	erst vor kurzem	
la pazienza	Geduld	
il modulo per la constatazione amichevole	*Versicherungsformular zur gütlichen Einigung/Haftungsanerkenntnis bei einem Verkehrsunfall*	
assicurare	versichern	
il cedolino dell'assicurazione	Versicherungsformular	
la polizza	Police	
la patente	Führerschein	
patentato/-a	mit Führerschein versehen	
da poco	seit kurzem	
il numero della targa	Autokennzeichen	
mettersi* in contatto	Kontakt aufnehmen, herstellen	
pensare a qc	sich kümmern um	
18 il disegno	Zeichnung	
illustrare	illustrieren, bebildern, erläutern, erklären	
la dinamica dell'incidente	Unfallhergang	
19 fare* retromarcia	rückwärts fahren	
frenare	bremsen	
mettere* la freccia	blinken	
bloccare	blockieren, (ver-)sperren	
rispettare	befolgen, achten, respektieren	
il limite di velocità	Geschwindigkeitsbegrenzung	
dare* la precedenza	die Vorfahrt gewähren	
guidare	steuern, fahren	
contromano	gegen die Fahrtrichtung	
20 il/la testimone	Zeuge/Zeugin	

21 il suggerimento	Anregung, Rat
osservare	folgen, beachten
quello che capita	was sich bietet
documentarsi	sich informieren, mit Informationsmaterial ausstatten
perdersi* il meglio	das Beste verpassen
dietro l'angolo	*hier:* ganz in der Nähe
provare	empfinden
la curiosità	Neugier
il rispetto	Respekt
il/la turista	Tourist/in
lo spirito d'adattamento	Anpassungswille
la cordialità	Herzlichkeit
evitare	vermeiden
il viaggio lampo	Kurztrip
la capitale	Hauptstadt
22 nelle vicinanze	in der näheren Umgebung
prestare attenzione	Aufmerksamkeit widmen
il bisogno	Bedürfnis
giudicare	beurteilen
24 la meta	Ziel
desiderato/-a	ersehnt
convenire*	vorteilhaft sein
odiare	hassen, verabscheuen
25 la carriera scolastica	Schullaufbahn
il soggiorno	Aufenthalt
26 gli studi universitari	Hochschulstudium
27 spingere*	*hier:* dazu bringen
28 suggerire (-isc)	anregen, wachrufen
29 lasciare la scuola	von der Schule abgehen
mettersi* a	anfangen, beginnen zu
disposto/-a a	bereit zu
pagarsi	sich etwas bezahlen
entusiasta *inv* di	begeistert von
la prima liceo	1. Klasse des it. Gymnasiums ~ 9. Schuljahr
sognare	träumen
fingere di*	vortäuschen
il pianto	Weinen
saltare le vacanze	Ferien(pläne) streichen
il libretto di lavoro	Arbeitsbuch
gestire (-isc)	leiten
sistemarsi	unterkommen, eine Unterkunft finden
il fighetto	toller Typ
battere a macchina	mit der Maschine schreiben
rigovernare	abwaschen
per cui	deshalb
ritrovarsi	geraten, sich wiederfinden
il puzzo	Gestank
la rigovernatura	Abwasch
mi giravano i coglioni	*in etwa:* es ging mir auf den Geist, es nervte mich an
farsi* amico	Freundschaft schließen
promuovere*	befördern
le pulizie	Reinigungsarbeiten
dare* la cera	bohnern
in mezzo a	inmitten

198

	fare* l'autostop	trampen
	attraverso	durch
	l'**Europa**	Europa
	Parigi	Paris
	la visione	Anblick
	andare* in giro	umherlaufen
	l'**albergo della gioventù**	Jugendherberge
	Quella fu la mia prima uscita nel mondo.	Das war das erste Mal, dass ich in die Welt hinausging.
	passare la frontiera	die Grenze überqueren
	l'aspirazione f	Streben
	la scusa	Ausrede
	la diversità	Verschiedenheit
	l'**odore** m	Geruch
	invidiare	beneiden
	la sorta	Sorte, Art
	l'eroe/eroina	Held/in
	il/la lavoratore/-trice stagionale	Saisonarbeiter/in
	creativo/-a	kreativ
30	il passato remoto	historisches Perfekt
31	derivare	(ab)stammen
	coniugare	konjugieren
32	in contrapposizione	im Gegensatz
33	il malinteso	Missverständnis
	la lingua straniera	Fremdsprache
	straniero/-a	ausländisch, fremd
	sfogliare	durchblättern
	la collezione	Sammlung
	il Gotha	in etwa: das Beste
	l'orologeria	Uhrmacherhandwerk
	nell'ambito di	im Bereich, innerhalb
	l'antiquariato	Antiquitätenhandel
	in anticipo	im Voraus
	lo scenario	Szenerie
	il sistema	System
	il massimo	der Größte, Bedeutendste
	il settore turistico	Tourismussektor
	il salone nautico	Schifffahrtsmesse
	nautico/-a	See-, Schifffahrts-
	la stazione marittima	Hafengebäude
	l'arsenale m	Schiffswerft
	il Festival del Mare	Festival des Meeres
	l'**esposizione** f	Ausstellung
	splendido/-a	prachtvoll, prächtig
	l'imbarcazione f a vela	Segelschiff, Segeltörn
	subacqueo/-a	Unterwasser-
	il **servizio** broker	Broker-Dienstleistung
	il charter	Charter
34	la Borsa Internazionale del Turismo	Internationale Tourismusbörse
35	il paragrafo	Paragraph, Absatz
36	pedalare	in die Pedale treten
	procedere	vorankommen, -gehen, fortfahren
G1	**rifare***	wieder machen, neu machen
G4	**la chiave**	Schlüssel
G7	l'**aggettivo**	Adjektiv

Unità 4

	il progetto urbanistico	städtebauliches Projekt
	la convinzione	Überzeugung
1	i miei **(genitori)**	meine Eltern
	l'**uccello**	Vogel
	tagliare fuori da	abschneiden von
	la vita sociale	Sozialleben
	sfogarsi	sich abreagieren, Dampf ablassen
	prendere* la patente	den Führerschein machen
	tendere* a	neigen zu
	più ... possibile	so viel ... wie möglich
	spoglio/-a	nackt, leer, schmucklos
	rendere* suo	hier: nach seinem Stil einrichten, sich zu eigen machen
	di transito	hier: momentan, vorübergehend
	la cameretta	Kinderzimmer
	rendersi* conto di qc	einer Sache bewusst werden/sein
	il requisito	Erfordernis, Voraussetzung, Fähigkeit
	la distanza	Entfernung
	finché non	(solange) bis
	a quel punto	in der Lage/Situation
	spostare	verstellen, verschieben
	la specie di	Art von
	il magazzino	Lager
	responsabilizzarsi	Verantwortung übernehmen, verantwortungsvoll werden
	lo spazio	Platz, (freier) Raum
	ricavare	herausholen, gewinnen, nutzen
	la zona notte	Nachtbereich
	lo studio	Arbeitszimmer
	in più	außerdem, darüber hinaus
	di **là**	dort (hinten/drüben)
	tirare su	(auf)bauen, hochziehen
	impedire (-isc)	verbieten, versperren
	a malincuore	schweren Herzens
	il padrone del campo	Herr der Lage
	percepire (-isc)	wahrnehmen
	questione di comodo	eine Frage der Bequemlichkeit
	la generazione	Generation
2	**escludere***	ausschließen
	costruire (-isc)	bauen, konstruieren
3	definire (-isc)	definieren, festlegen
	pratico/-a	praktisch
	provvisorio/-a	provisorisch
	originale	ursprünglich, echt, originell
	precario/-a	unsicher, prekär, befristet
7	la maniera	Art, Weise
	differente	verschieden, unterschiedlich

199

il cod. (cọdice)	Code-Nummer
8 **prẹndere* in affitto**	(an)mieten
mẹttere* un **annuncio**	eine Anzeige aufgeben
incaricare	beauftragen
l'agenzịa immobiliare	Immobilienagentur
futuro/-a	zukünftig
recarsi	sich begeben
affịggere*	(Plakat) anschlagen
il portone	(Eingangs-)Tür, Tor
lo stạbile	Gebäude
riempire* di	*hier:* übersäen mit, überall verteilen
la priorità	Priorität, Wichtigkeit, Dringlichkeit
l'ọbbligo	Zwang, Pflicht
la cauzione	Kaution
la provvigione	Provision
il condominio	Mehrfamilienhaus (m. Eigentumswohnungen)
la zona ben servita	gut versorgte Zone
il **mezzo pụbblico**	öffentliches Verkehrsmittel
la villetta a schiera	Reihenhaus
la zona periferica	Vorstadtgegend
10 **il divano** letto	Bettsofa
il fornello	Kochplatte
11 in **persona**	(höchst)persönlich
il mobiletto	Kommode, Schränkchen
la cucina a gas	Gasherd
la luce	Licht
fulminarsi	durchbrennen
la lampadina	Glühbirne
la finestra	Fenster
l'aspiratore *m*	Belüftung
in parte	zum Teil
ammobiliato/-a	möbliert
l'armadio a muro	Einbauschrank
il cassetto	Schublade
il riscaldamento autọnomo	unabhängige Heizung
il riscaldamento centralizzato	Zentralheizung
Mah, veramente ...	Nun, ehrlich gesagt ...
aspettarsi qc	sich etwas erwarten
a malapena	mit Mühe und Not
il metro quadro/quadrato	Quadratmeter
una ventina	ca. 20
migliore	beste/r, besser
far* parte di	zu etwas gehören, an etwas beteiligt sein
la superfịcie abitạbile	Wohnfläche
l'affitto	Miete
comprẹndere*	beinhalten
le spese condominiali	Wohnnebenkosten
inferiore	geringer, niedriger
cattivo/-a	schlecht, böse, schlimm
la metratura	Ausmaß, Größe
decisamente	unzweifelhaft, entschlossen
peggiore	schlimmer, schlechter
su due **piedi**	auf der Stelle, aus dem Stand
12 l'agente immobiliare *m/f*	Immobilienmakler/-in
13 **il collegamento**	Verbindung, (Verkehrs-)Anbindung
l'immọbile *m*	Immobilie
ulteriore	weitere/r, zusätzliche/r
14 **il futuro** anteriore	Futur II
15 **meravigliarsi**	sich wundern
il monolocale	Einzimmerappartement
la riduzione	Reduzierung
17 viziato/-a	verwöhnt
il membro	Mitglied
18 **vari/varie**	mehrere
immigrato/-a	eingewandert
il/la bolognese	Bologneser/in
a tutti gli effetti	auf ganzer Linie, vollwertig
20 sinceramente	ehrlich
temporạneo/-a	zeitlich begrenzt
a parte	abgetrennt, abgesondert
il doposcuola	Tagesstätte, Hort
la scuola superiore	weiterführende Schule
buffo/-a	lustig
nonostante	obwohl, trotz
originario/-a di	stammend aus
la realizzazione	Verwirklichung, Realisierung
la viabilità	Verkehrslage, Straßennetz
l'inquinamento	Verschmutzung
l'immigrazione *f*	Einwanderung
malgrado	trotz (allem), obwohl
tuttavịa	trotzdem, dennoch
il diritto	Recht
l'assistenza mẹdica	medizinische Versorgung
il dovere	Pflicht
venire* in mente	in den Sinn kommen, einfallen
la raccolta differenziata (dei rifiuti)	Mülltrennung
differenziato/-a	unter-, verschieden
la raccolta	Sammlung
il congiuntivo	Konjunktiv
la frase principale	Hauptsatz
precẹdere	voranstellen, vorangehen, vorausgehen, -fahren
21 mancante	fehlend
22 **la frase** secondaria	Nebensatz
23 **il trasporto pụbblico**	öffentlicher Transport, Verkehr
efficiente	effizient, wirksam
la pista ciclạbile	Fahrradweg
accessịbile	*hier:* bezahlbar
il cọdice stradale	Straßenverkehrsordnung
la tassa	Steuer
24 **la vita pụbblica**	öffentliches Leben
votare	wählen, abstimmen
la polịtica comunale	Kommunalpolitik
il cịrcolo	Club, Zirkel
la manifestazione	Demonstration
i rifiuti *pl*	Müll, Abfall
l'alluminio	Aluminium

	la plastica	Plastik
	la raccolta indifferenziata	Restmüll(-sammlung)
	RSU (rifiuti solidi urbani)	Sperrmüll
	i rifiuti organici umidi	Biomüll
	il contenitore	Behälter
	i fondi di caffè *pl*	Kaffeesatz
	la bustina di tè	Teebeutel
	l'infuso	(Kräuter)Tee
	l'osso *pl* le ossa	Knochen
	la lisca	Fischgräte
	la foglia	Blatt (einer Pflanze)
	l'avanzo	Rest
25	gettare	(weg)werfen
	la porcellana	Porzellan
	rompere*	(zer)brechen
	avanzare	übrigbleiben
	l'imballo	Verpackung
	il polistirolo	Styropor
26	l'edificio	Gebäude
	servizi e strutture	(öffentliche) Einrichtungen und Infrastruktur
	l'area ex **industriale**	ehemaliges Industrieareal
	la periferia	Peripherie, Vortstadt, Vorort(e)
	nobile	edel
	esistere*	existieren, bestehen
	l'uomo deciso	entschlossener Mann
	pronunciare	aussprechen, äußern
	l'architetto	Architekt
	in merito a	bezüglich
	riguardante	betreffend, hinsichtlich
	suddetto/-a	oben genannt
	sorgere*	sich erheben, entspringen, emporragen, entstehen
	l'acciaieria	Stahlwerk
	di **oltre**	von mehr als
	estendersi*	sich ausbreiten, erstrecken
	la rovina industriale	Industrieruine
	la struttura	Struktur
	urbano/-a	Stadt-
	l'asse *m*	Achse
	prevalentemente	überwiegend
	residenziale	Wohn-
	la funzione pubblica di eccellenza	*hier:* hochqualitative Dienstleistungseinrichtung
	il terziario direzionale	Dienstleistungs-verwaltungsbereich
	il filare verde	Baumreihe
	sostenibile	tragbar, nachhaltig, vertretbar
	penetrare	durchdringen, eindringen
	il tessuto **urbano**	Stadtstruktur
	oltre a ciò	darüber hinaus, außerdem
	la rete di trasporto	Verkehrsnetz
	concepire (-isc)	konzipieren
	il mezzo (pubblico) ad idrogeno	Verkehrsmittel mit Wasserstoffantrieb
	basso/-a	niedrig
	l'inquinamento atmosferico	Luftverschmutzung

	negare	verneinen, leugnen
	valorizzare	hervorheben, aufwerten, zur Geltung kommen lassen
27	il complesso industriale	Industriekomplex
	l'acciaio	Stahl
	l'area abbandonata	verlassenes, aufgegebenes Areal
	la ricostruzione	Wiederaufbau
	la fabbrica	Fabrik
	l'albero	Baum
28	il materiale	Material
	il participio passato	Partizip Perfekt
	il participio presente	Partizip Präsens
	la frase implicita	impliziter Satz
29	favorevole	befürwortend, günstig
30	temere	fürchten
	errato/-a	fehlerhaft, unrichtig, falsch
	abbiente	wohlhabend
	essere* dell'avviso	der Ansicht sein
	sciogliere* ogni riserva	jeden Widerstand überwinden
	la riserva	Vorbehalt
31	il centro raccolta profughi	Flüchtlingsauffanglager
	il centro di chirurgia estetica	schönheitschirurgisches Zentrum
	soddisfare*	zufrieden stellen, befriedigen
	essere* dell'opinione	der Meinung sein
33	il/la coniuge	Ehegatte/in
	innamorato/-a	verliebt
	innamorati l'uno dell'altro	ineinander verliebt
	improvvisamente	unversehens, überraschend, plötzlich
34	il sinonimo	Synonym
	l'esagerazione *f*	Übertreibung
	l'unione *f*	Verbindung, Union
	la bottega	Werkstatt, Geschäft
	il chiosco	Bude
	dare* inizio	den Anfang machen
G1	irregolare	unregelmäßig, irregulär
	il comparativo	1. Steigerungsstufe, Komparativ
	il superlativo relativo	2. Steigerungsstufe
	il superlativo assoluto	absoluter Superlativ
	il migliore	der Beste
	pessimo/-a	schlimmste/r, schlechteste/r
	maggiore	größere/r, bedeutendere/r
	minore	kleinere/r, geringere/r
	il minore	der Kleinste
	minimo/-a	kleinste/r, geringste/r
	infimo/-a	geringste/r, niedrigste/r, unterste/r
	supremo/-a	oberste/r, höchste/r, vortreffliche/r
	sommo/-a	höchster
	il Trecento	14. Jahrhundert
G2	dare* una mano	helfen, zur Hand gehen
	perdere* il treno	den Zug verpassen

201

l'impressione *f* — Eindruck
sebbene — obwohl, trotz
nutriente — nahrhaft

Ripasso 2

la cittadina — Städtchen
la frazione (di un paese) — Gemeinde
a stella — sternförmig
la punta — Spitze
concentrico — konzentrisch
a raggio — strahlenförmig
l'esagono — Sechseck
la città fortezza — Festungsstadt
preciso/-a — genau, präzis
causare — verursachen, hervorrufen
leggero/-a — leicht
fornire (-isc) — anbieten
edificare — erbauen
il Papa — Papst
Pio II — Pius II
la corte — Hof(staat)
il duomo — Dom
il priore — Prior, Vorsteher
rinascimentale — Renaissance-
il gioiello — Schmuckstück
il popolo — Volk
il colonnato — Säulengang
il potere — Macht
politico/-a — politisch
il capitano del **popolo** — Stadtherr (Mittelalter)
la loggia — Loggia, Loge
il/la mercante — Händler/in
fortificare — befestigen
cinquecentesco/-a — aus dem 16. Jahrhundert
il centro storico — Altstadt
suggestivo/-a — eindrucksvoll, bezaubernd
il vicolo — Gasse
genovese — genuesisch; Genuese/erin
conquistare — erobern
il/la catalano/-a — Katalane/in, katalanisch
l'aragonese *m/f* — Aragonier/in *(Spanier/in aus Aragon)*, aragonisch

accontentare — zufriedenstellen
fondare — gründen
gli Etruschi — Etrusker
arroccato/-a — auf Felsen gelegen
la cima — Gipfel
la roccia — Fels
il colle — Hügel
il tufo — Tuffstein
l'argilla — Lehm
assottigliarsi — schmal werden
l'erosione *f* — Erosion
raggiungibile — erreichbar
il borgo — Ortschaft, Dorf
lanciare — werfen
a scelta — zur freien Auswahl

sta al compagno — es ist Sache des Partners
il nucleo abitato — Siedlung
l'ufficio informazioni — Informationsbüro
i Sassi — *Name für Stadtviertel von Matera*
scavare — graben
il presepe — Weihnachtskrippe
non a caso — nicht zufällig
detto/-a — genannt
Betlemme — Bethlehem
il set *inv* **naturale** — natürlicher Schauplatz
ambientare — *hier:* spielen
l'antichità — Altertum
il trullo — traditionelles apulisches Haus
la pietra — Stein
riconoscibile — wiedererkennbar
il cilindro — Zylinder
sormontare — überragen
il cono — Kegel
il migliaio — Tausend
il Patrimonio **Mondiale** — Weltkulturerbe
il nominativo — Name (bürokrat.), Namens-, namentlich, Nominativ

la delusione — Enttäuschung
il disappunto — Enttäuschung, Ärger, Missstimmung

Sbagliando s'impara — Aus Fehlern lernt man
l'errore *m* — Fehler
alzare — hochheben
l'apprendimento — (Er-)Lernen
inevitabile — unvermeidlich, unumgänglich
l'atteggiamento — Verhaltensweise, Haltung
rispecchiare — wiederspiegeln
limitare — begrenzen, einengen
non importa — es ist nicht wichtig
avere* in mente — im Sinn, Gedächtnis haben
interrompere* — unterbrechen
liberamente — frei, ungehindert
la spontaneità — Spontaneität
insicuro/-a — unsicher
la classifica — Rangfolge
grave — schwerwiegend
la pronuncia — Aussprache
l'ortografia — Rechtschreibung
la sintassi *inv* — Satzbau
ostacolare — behindern
ritenere* — halten (für), ansehen
opportuno/-a — angebracht, angemessen, günstig

Unità 5

1 **il genere**	Art
la lettura	Lektüre
la pallavolo	Volleyball
la pallacanestro	Basketball
acquatico/-a	Wasser-
il nuoto	Schwimmsport, Schwimmen
l'immersione f	Tauchen
la vela	Segel, Segelsport
il canottaggio	Kanusport
montano/-a	Berg-
l'arrampicata	Klettern
il trekking inv	Trekking
il body building inv	Bodybuilding
preferibilmente	vorzugsweise, wenn möglich
le cuffie pl	Kopfhörer
dal vivo	live
il videoclip inv	Videoclip
il fumetto	Comic
il libro di narrativa	erzählerisches Werk
la poesia	Dichtung
l'autobiografia	Autobiographie
il romanzo storico	geschichtlicher Roman
il pub inv	Pub, Bar
2 il Campus Estivo	Sommercamp
aprire* le iscrizioni	Einschreibungen eröffnen
nei pressi di	in der Nähe von
il Centro Sportivo	Sportzentrum
partire	hier: beginnen, losgehen
terminare	hier: enden
il/la partecipante	Teilnehmer/in
seguire	hier: betreuen
l'istruttore/-trice	(Sport-)Lehrer/in
l'animatore/-trice	Animateur/in
qualificato/-a	qualifiziert
il volley inv	Volleyball
la scherma	Fechten
il tennistavolo	Tischtennis
ludico/-a	spielerisch
la disciplina sportiva	sportliche Disziplin
3 **smettere***	aufhören
appunto	eben
avere* ragione	Recht haben
andare* a riprendere*	abholen
portare	hinbringen
4 l'amichetta	kleine Freundin
7 **essere* dispiaciuto/-a di**	etwas bedauern
arrabbiarsi	sich ärgern, ärgerlich werden
8 il violino	Geige
tra di loro	untereinander
10 lo/la sportivo/-a	Sportler, sportlicher Mensch
gli sport ciclistici	Radsportarten
11 l'Istat	Ital. Statistikinstitut
il fitness inv	Fitness

battere	schlagen, besiegen
indossare	(Kleidung) tragen, anhaben
la pantofola	Pantoffel
il pigiama	Schlafanzug
i pantaloncini	kurze Hose, hier: Turnhose
a dismisura	übermäßig
il campione	Stichprobe, Muster
l'attività fisica	körperliche Aktivität
se pur	auch wenn, selbst wenn
di misura	knapp, in Maßen
l'aerobica	Aerobic
la cultura fisica	Bodybuilding
collocarsi	sich einordnen, sich aufstellen
a distanza	hier: weit abgeschlagen, hinter sich lassend
il ghiaccio	Eis
lo sport inv di montagna	Bergsport
non fa proprio per voi	das ist nichts für euch
lo yoga inv	Yoga
l'equitazione f	Reiten, Reitsport
lo judo inv	Judo
il beach volley	Beachvolleyball
il paragone	Vergleich
12 lo sport estremo	Extremsportart
pericoloso/-a	gefährlich
eccitante	erregend, aufregend
13 l'argomento	Argument
stare* seduto/-a	sitzen (bleiben)
aumentare di peso	(Gewicht) zunehmen
stare* in piedi	stehen
stressato/-a	gestresst
il mal di schiena	Rückenschmerzen
il dolore	Schmerz
provare	versuchen
è sufficiente	es ist ausreichend, es reicht
ingrassare	dick werden, zunehmen
14 **traversare**	überqueren, durchqueren
matto/-a	verrückt
stanco/-a morto/-a	todmüde
scoppiare (un incendio)	(Feuer) ausbrechen
il prato	Wiese
dietro	hinter
15 zoppo/-a	lahm
trottare	traben
piangere*	weinen
la stupidaggine	Dummheit
rubare	stehlen
l'allegria	Fröhlichkeit
se le crisi la prendevano	wenn sie ihre Krisen bekam
la crisi inv	Krise
non farsi accorgere*	sich nichts anmerken lassen
lasciarsi	sich trennen
da un pezzo	seit einer Weile
rimpiangere*	nachweinen, -trauern
certi/-e	manche
suonarle a qc	jdn verhauen

16	il paesaggio	Landschaft	
	lo stato d'animo	Gemütszustand	
	l'emozione *f*	Emotion	
17	chiarire (-isc)	klären	
	il vocabolario	Wörterbuch, Vokabular	
18	l'adolescente *m/f*	Jugendliche/r, jugendlich	
19	comparire*	auftreten, in Erscheinung treten, hervortreten	
	saperne* di più	mehr davon wissen, verstehen	
	stupido/-a	dumm	
	storto/-a	schief	
	dubitare	zweifeln	
	il ritratto	Portrait, Bildnis	
20	il ragazzo	(fester) Freund	
	l'amica del cuore	Busenfreundin	
	tingersi* i capelli	sich die Haare färben	
	il motorino	Motorroller	
21	il proverbio	Sprichwort	
	il detto	Spruch	
	il motto	Motto	
	l'episodio	Episode	
	in proposito	zum Vorhergesagten	
	patti chiari	klare Absprachen	
	il tesoro	Schatz	
23	la locandina	Filmplakat, kleines Plakat	
	drammatico/-a	dramatisch	
	la commedia	Komödie	
	il film *inv* d'azione	Actionfilm	
24	i primi	*hier:* zu Beginn	
	l'esistenza	Existenz	
	il paese d'origine	Ursprungsland	
	possedere*	besitzen	
	il Nuovo Mondo	Neue Welt (= USA)	
	l'Oceano	Ozean	
	la speranza	Hoffnung	
	dignitoso/-a	würdig	
	la terra promessa	gelobtes Land	
	confrontarsi (con)	sich auseinandersetzen (mit)	
25	il deserto	Wüste	
26	il sunto	Zusammenfassung	
	la sartoria	Schneiderei	
	l'usuraio	Wucherer	
	farsi* prestare	sich etwas ausleihen	
	gli interessi	Zinsen	
	aver* fretta	in Eile sein, es eilig haben	
	malato/-a	krank	
	la fascia	(Ver-)Band	
	la fronte	Stirn	
	lussuoso/-a	luxuriös	
	il titolo nobiliare	Adelstitel	
	l'affare *m*	Geschäft	
	amaro/-a	bitter, *hier:* traurig	
	comico/-a	lustig, komisch	
27	la regia	Regie	
	avvincente	fesselnd, spannend	
	la colonna sonora	Filmmusik	
28	il fumetto	Sprechblase	
	essere* al verde	pleite sein	

	il balletto	Ballett	
29	la frase ipotetica della realtà	realer Bedingungssatz	
	la frase ipotetica della possibilità	möglicher Bedingungssatz	
30	il cinema all'aperto	Freiluftkino	
	sbrigarsi	sich beeilen	
32	intitolare	betiteln	
	cantare	singen	
	teso/-a	angespannt, nervös	
	intelligente	intelligent	
	affascinante	faszinierend	
	alla moda	modern	
	il/la re *inv*/regina	König/Königin	
	l'addominale *m*	Bauchmuskelübung	
	muscoloso/-a	muskulös	
	ben fatto	gut gebaut, gut gemacht	
	il personaggio di rispetto	Respektsperson	
33	il parrucchino	Toupet	
	senza niente indosso	*hier:* unbekleidet	
	surreale	surreal	
	la jeep *inv*	Jeep	
34	l'acrobata *m/f*	Akrobat/in	
	il circo	Zirkus	
	il cubo	Kubus, Würfel; *hier:* Plattform	
35	la didascalia	Untertitel, Legende, Bildunterschrift	
	l'ingegneria	Ingenieurswesen	
	l'elettronica	Elektronik, Elektro-	
	diplomato/-a	diplomiert	
	il conservatorio	Konservatorium	
	il flauto traverso	Querflöte	
	la band *inv*	Band	
	da allora	seitdem, seit damals	
	il disco d'oro	Goldene Schallplatte	
36	l'articolo-testimonianza	*in etwa:* Erfahrungsbericht	
38	lo sportivo professionista	Profisportler	
	far* **divertire**	unterhalten, vergnügen	
	il rappresentante del governo	Regierungsvertreter	
	il governo	Regierung	
	delegare	delegieren	
	la collettività	Gemeinschaft	
39	il calciatore	Fußballspieler	
	mascherare	maskieren, verbergen	
	la beneficenza	Wohltätigkeit	
	vincolare	binden, einengen, verpflichten, festlegen	
	scontrarsi	zusammenstoßen, aneinander geraten	
	la distinzione	Unterscheidung	
	demotivato/-a	demotiviert	
	colpevole	schuldig	
40	farsi* un'idea	sich eine Meinung bilden	
G1	impersonale	unpersönlich	
	(È un) peccato	(Es ist) schade	
	mettersi* d'accordo	sich mit jdm einigen	
	la vergogna	Schande, Scham	
G2	pronominale	Pronomen-, pronominal	
G3	l'indefinito	Indefinitpronomen	

	diversi/-e	mehrere
	fare* la propria parte	den eigenen Part übernehmen
G5	la concordanza dei tempi	Zeitenfolge
G7	l'indicativo	Indikativ
	il condizionale	Konditional
	salta il concerto	das Konzert fällt aus
G8	il braccio *pl* le braccia	Arm

Unità 6

	cavarsela	sich durchschlagen, zurechtkommen, davonkommen
	l'abilità	Fähigkeit, Geschick
	la lettera commerciale	Geschäftsbrief
	il disturbo fisico	körperliche Beschwerden
1	il centro vendita	Verkaufszentrum
	fai da te	*in etwa:* selbstgemacht, handgemacht
	la conchiglia	Muschel
	online	online
2	salvare (un documento)	(ein Dokument) abspeichern
	copiare	kopieren
	aprire* un documento	ein Dokument öffnen
	stampare	drucken
	la cartella	(Computer-)Ordner
3	l'Internet Point *inv*	Internet Café
	ovunque	wo auch immer
	la materia scolastica	Schulfach
	adoperare	benutzen
	la webcam *inv*	Webcam
	l'incombenza	Aufgabe, Auftrag
	tenere* la contabilità	Buchhaltung erledigen
	fare* ricerche	forschen, untersuchen
	la tesi	Examens-, Diplomarbeit
	sistemare	ordnen, aufräumen
	intendersi* di qc	etwas von einer Sache verstehen
	il numero verde	*gebührenfreie Telefonnummer*
	l'assistenza tecnica	technische Wartung, Betreuung
4	fare* a meno di qc/qn	ohne etwas/jdn auskommen
	grato/-a	dankbar
	chiunque	wer auch immer; jeder, der
5	le conoscenze informatiche	Computerkenntnisse
7	lo schermo	Bildschirm
	l'agenda	Terminkalender
	la matita	Bleistift
	la spillatrice	Heftgerät
	la gomma	Gummi, Radiergummi
	la perforatrice	Locher
	lo scotch *inv*	Tesafilm

	la colla	Kleber
	il raccoglitore	Ordner
	la graffetta	Heft-, Büroklammer
8	il metallo	Metall
	la carta	Papier
	rotondo/-a	rund
	rettangolare	rechteckig
	piatto/-a	platt, dünn
	ovale	oval
	cancellare	ausradieren
9	le indicazioni per l'uso	Gebrauchsanweisung
	la fotocopiatrice	Fotokopierer
	la cartuccia per stampante	Druckerpatrone
	la calcolatrice tascabile	Taschenrechner
	lo scanner *inv*	Scanner
	il laser *inv*	Laser
	la copia	Kopie
	l'originale *m*	Original
	il foglio	Blatt
	il bypass *inv*	Bypass, Universalzufuhr
	lo zoom *inv*	Zoom
	la cifra	Ziffer
	il rivestimento superiore	Überzug
	metallizzato/-a	metallisiert
	il tasto	Taste
	la radice quadrata	Quadratwurzel
	la cancellazione	Tilgung, Stornierung, Löschung
	l'alimentazione *f*	(Strom)Versorgung
	da tavolo	Tisch-
	rigido/-a	steif, fest
	il cloro	Chlor
	rilegato/-a a punto refe	fadengeheftet
	a righe	liniert
	la rubrica	(Telefon-)Verzeichnis, Rubrik
	estraibile	ausziehbar
	la tasca a soffietto	Falttasche
	dotare di	ausstatten, versehen mit
	la chiusura a elastico	Gummibandverschluss
10	la chat *inv*	Chat
	il servizio civile	Zivildienst
	Complimenti!	Gratulation!
	il termine	Ende
	il corso intensivo	Intensivkurs
	andarsene*	weggehen
	fregarsene	auf etwas pfeifen
	riparlare di qc	von etwas wieder sprechen
11	simulare	nachspielen, nachahmen, vortäuschen
	il nomignolo	Spitzname, Beiname
14	a turno	abwechselnd
	essere* negato/-a	unbegabt sein
	la bici *inv*	Fahrrad
	la riparazione	Reparatur
	cucire	nähen
15	disabile	behindert
	la terza elementare	*dritte Klasse der it. Grundschule*

	il caschetto	Helm
	l'asta	Stab, Stange
	tuttora	immer noch
	l'integrazione f	Integration
	raggiụngere*	erzielen
	il diploma di maturità	Abiturzeugnis
	la maturità di Perito Informạtico	Abitur am informatiktechnischen Gymnasium
	l'Ingegnerịa Informạtica	Informatik
	il mạssimo dei voti	Bestnote
	la forza di volontà	Willenskraft, -stärke
	la serie pl le serie	Reihe, Serie
	la circostanza	Umstand
	incastrarsi	sich ineinander fügen
	assieme	zusammen
	al pari	ebenbürtig, gleichrangig
	mẹttere* in risalto	etwas herausstellen, zur Entfaltung bringen
	rendere* in grado di	befähigen, in die Lage versetzen
	acquisire (-isc)	annehmen, erwerben, erreichen
	relazionarsi	(mit anderen) in Beziehung treten, Beziehung aufbauen
	l'ente m	Verein
	affrontare	bewältigen, meistern, sich stellen
	ạbile	geschickt, fähig
16	i rapporti sociali	soziale Beziehungen
	mẹttere* in evidenza	hervorheben
17	l'inserimento	Eingliederung
18	**il/la professore/-essa**	Lehrer/in, Professor/in
	le lẹttere	hier: Literatur- und Geschichtsunterricht
	comprensivo/-a	verständnisvoll
19	finalizzare	ausrichten, bezwecken
	la comunità	Gemeinschaft
	il passaggio	Übergang
	il lavoro socialmente ụtile	sozial sinnvolle Arbeit
	lo spịrito di solidarietà	Gemeinschaftsgeist
	la retribuzione	Entlohnung, Vergütung, Gehalt
	riconọscere*	(wieder)erkennen, hier: anerkennen
	prevedere*	vorsehen
	articolarsi	sich gliedern
	la protezione civile	Zivilschutz
	ammẹttere* a	zulassen zu etwas
	previo/-a	vorhergehend
	la selezione	Auswahl
	fare* richiesta di	Antrag stellen auf
	compreso/-a	inklusiv
	approvare	billigen, genehmigen, zustimmen
	UNSC (Ufficio nazionale per il Servizio Civile)	nationale Zivildienstbehörde
20	l'anno sabbạtico	Sabbatical
	incerto/-a	unsicher
	licenziare	entlassen

22	il/la ricercatore/-trice	Forscher/in
	la mentalità	Mentalität
	considerarsi	sich halten für, sich einschätzen als
	il cervello in fuga	*Begriff für hochqualifizierten Akademiker, der ins Ausland abwandert*
	il cervello	Gehirn
	in fuga	auf der Flucht
23	**la merce**	Ware
	s.r.l. (società a responsabilità limitata)	GmbH
	c.a. (alla cortese attenzione)	zur freundlichen Kenntnisnahme
	Sig.ra (signora)	Frau
	l'oggetto	Betreff
	la plafoniera	Deckenleuchte
	il Mod. (modello)	Modell
	il Rif. (riferimento)	bezugnehmend
	Vs. (vostra)	Ihre
	Gent.mo/-a (gentilịssimo/-a)	sehr geehrte/r
	l'invịo	Versand
	il catạlogo pl catạloghi	Katalog
	prẹndere* in visione	ansehen, Einsicht nehmen
	constatare	feststellen
	il piacere	Freude
	inalterato/-a	unverändert
	pertanto	deshalb, daher
	siamo lieti	wir freuen uns
	rimẹttere* un ọrdine	einen Auftrag anvertrauen
	cad. (caduno/-a)	pro Stück
	alle seguenti condizioni	zu folgenden Konditionen
	lo sconto pattuito	vereinbarter Preisnachlass
	il pz. (pezzo)	Stück
	la consegna	Auslieferung
	a ricevimento fattura	bei Erhalt der Rechnung
	il ricevimento	Empfang
	la fattura	Rechnung
	il bonịfico bancario	Bankgutschrift
	la conferma	Bestätigung
	spedire (-isc)	schicken
	lo spedizioniere	Spediteur
	appoggiarsi	sich stützen auf, wenden an
	l'evasione f dell'ọrdine	Auftragserledigung
	anticipatamente	im Voraus
	il/la responsạbile	Verantwortliche/r
	l'ufficio acquisti	Einkaufsabteilung
24	la fọrmula introduttiva	Eingangsformel
	il corpo della lẹttera	Hauptteil des Briefs
	la fọrmula di chiusura	Schlussformel
	la fọrmula di ringraziamento	Dankesformel
	egregio	sehr geehrter
	gradire (-isc)	mögen, wünschen
	distinti saluti	hochachtungsvoll
	cordialmente	herzlich
	in riferimento a	bezugnehmend auf
	ẹssere* spiacenti di	etwas bedauern

	il riscontro	Antwort(schreiben)
	cordiale	herzlich
	gentile	sehr geehrte/r
25	non appena possibile	so bald wie möglich
	a partire da	ab, von ... beginnend
26	trasmettere* un ordine	einen Auftrag übermitteln
	in seguito alla nostra telefonata	nach unserem Telefonat
27	giustificare	rechtfertigen
	l'accaduto	Vorfall
	l'ufficio vendite	Verkaufsabteilung
	per cortesia	bitte
	attenda in linea	bleiben Sie am Apparat
	l'altro ieri	vorgestern
	urgente	dringend, dringlich
	essere* desolato/-a	bedauern
	l'articolo	Warenartikel
	le ferie	Ferien
	aggiornare	aktualisieren, auf dem Laufenden halten
	Però, insomma ...	Ja, aber ...
	l'interruttore *m*	Schalter
	Cosa c'entra?	Was hat das damit zu tun?
	quello che pare a voi	das, was euch passt
28	**reagire** (-isc)	reagieren
29	la lampada da tavolo	Tischleuchte
	esaurito/-a	ausverkauft, vergriffen
	il/la fornitore/-trice	Zulieferer
	il disguido	Fehlleitung, Versehen, Missverständnis
30	l'oculista	Augenarzt
	il dermatologo	Hautarzt
	l'ortopedico	Orthopäde
	il medico omeopata	Homöopath
	il medico curante	behandelnder Arzt
	le gocce oculari	Augentropfen
	l'antistaminico	Antihistaminikum
	l'antidolorifico	Schmerzmittel
	l'ecografia	Ultraschalluntersuchung
	la radiografia	Röntgenaufnahme
	il check up *inv*	Check-up
31	la nuotata	Schwimmen
	il medicinale	Arzneimittel
	la sindrome RSI	RSI-Syndrom
	il peggioramento	Verschlechterung
	cronico/-a	chronisch
32	**accusare un disturbo**	(gesundheitliche) Beschwerden beklagen
	dovuto/-a a	bedingt durch
	lo stress *inv*	Stress
	il mal di stomaco	Magenweh
	l'irritazione *f*	Irritation, Erregung, Reizung
	la pelle	Haut
	il raffreddore	Erkältung
	l'insonnia	Schlaflosigkeit
33	trarre* da	ziehen aus
	il forum *inv* Internet	Internetforum
35	**convincersi***	sich überzeugen
	l'uno/-a con l'altro/-a	gegenseitig

37	infastidire (-isc)	belästigen, stören
	maggiormente	am stärksten, meisten
	il neopapà	*Mann, der kürzlich Vater geworden ist*
G2	il complemento diretto	direktes Objekt, Ergänzung
G3	la desinenza	Endung
G5	il verbo pronominale	Pronominalverb
	prendersela*	beleidigt sein
G9	fare* quattro passi	spazieren gehen

Ripasso 3

D.O.C. (di origine controllata)	*kontrollierte Herkunftsbezeichnung*
tirare il dado	würfeln
svolgere*	erledigen
quest'ultimo	letzterer
da sé	selbst, von sich aus
il difetto	Fehler
proteggere*	schützen
la minaccia	Drohung
l'aggressione *f*	Aggression
il fuorilegge *inv*	Gesetzloser, Krimineller
il fumetto western	Westerncomic
diffondere*	verbreiten
indeciso/-a	unentschlossen
lo scultore	Bildhauer
l'esponente *m/f*	Exponent/in, Vertreter/in
il barocco	Barock
romano/-a	römisch
apprezzare	wertschätzen
la fama **mondiale**	Weltruf
la sfera	Kugel, Sphäre
il piazzale	Platz, Vorplatz
le Nazioni Unite	Vereinte Nationen
l'arte figurativa	darstellende Kunst
la macchina per il caffè	Espressomaschine, Kaffeemaschine
il cinquantennio	50-Jahresfeier, -tag
lo spettacolo teatrale	Theatervorführung, Schauspiel
teatrale	Theater-
la musica leggera	Unterhaltungsmusik
l'urbanista *m/f*	Städteplaner/-in
il designer *inv*	Designer
l'arredamento	Mobiliar, Einrichtung
mettere* in rilievo	hervorheben
mantenersi* in forma	fit, in Form bleiben
l'eleganza	Eleganz
la carrozzeria	Karosserie
il giudizio	Urteil
manifestare	zeigen
la barzelletta	Witz
valutare	einschätzen
realizzabile	realisierbar
la strategia del discorso	Gesprächsstrategie

2	il disturbo	Störung

Si figuri!	Nichts zu danken!
	Gern geschehen!
Certo, si immagini!	Sicher, keine Ursache!
Mi faccia la cortesia di ...	Tun Sie mir den Gefallen ...
La sai l'ultima?	Weißt du das neueste?
Ma dai!	Ach was!
giurare	schwören
agitarsi	sich beunruhigen

Unità 7

la varietà	Verschiedenartigkeit
1 studentesco/-a	studentisch
l'emigrato	Emigrant
settentrionale	Nord-, nördlich
la nascita	Gründung, Entstehung
la repubblica	Republik
lo sbarco	Landung, Ausschiffung
l'immigrante m/f	Einwanderer/-in
extracomunitario/-a	von außerhalb der EU stammend
la bandiera	Fahne
2 il momento storico	historischer Augenblick, Zeitpunkt
la caduta	Fall
Berlino	Berlin
l'unione monetaria	Währungsunion
l'entrata	Eintritt, Einzug
l'Unione Europea	Europäische Union
ecologista	Umweltschutz-
3 il secondo dopoguerra	Zeit nach dem 2. Weltkrieg
il riscontro	Vergleich, Gegenüberstellung, Kontrolle
la guerra	Krieg
il referendum inv	Referendum
passare da ... a	von ... zu übergehen
la monarchia	Monarchie
uscire*	hier: auf den Markt kommen
motorizzare	motorisieren
la Vespa	Vespa, Motorroller
l'operaio/-a	Arbeiter/in
insoddisfacente	unbefriedigend
scendere* in piazza	in etwa: auf die Straße gehen, demonstrieren
numeroso/-a	zahlreich
il referendum **popolare**	Volksentscheid
la legge	Gesetz
il divorzio	Scheidung
il parlamento	Parlament
approvare (una legge)	(ein Gesetz) annehmen, verabschieden
il mutamento	Veränderung
l'Europa orientale	Osteuropa
lo scandalo	Skandal
l'uomo politico	Politiker
il panorama **politico**	politische Landschaft
scomparire*	verschwinden

varare una legge	Gesetz verabschieden
la legge elettorale	Wahlgesetz
da questo momento in poi	von diesem Moment an, von da ab
marciare	marschieren
pacificamente	friedlich, auf friedliche Art
protestare	protestieren
5 **manifestare**	demonstrieren
ratificare	ratifizieren
6 il concetto	Konzept
8 riprendere*	aufnehmen
l'arcobaleno	Regenbogen
il movimento pacifista	Friedensbewegung
il/la fondatore/-trice	Gründer/in
il Movimento Nonviolento	gewaltlose Bewegung
la marcia per la **pace**	Friedensmarsch
l'edizione f	Ausgabe, Auflage
aver* luogo	stattfinden
ispirare	inspirieren, anregen
la popolarità	Popularität
imminente	bevorstehend, drohend
9 cronologico/-a	chronologisch
dialettale	Dialekt-, mundartlich
11 romanesco/-a	römisch
lo pseudonimo	Pseudonym
il XX (ventesimo) secolo	20. Jahrhundert
la composizione	Komposition, Zusammenstellung
il dialetto	Dialekt
borghese	(gut)bürgerlich
il divario	Kluft
il democratico cristiano	Christdemokrat
recitare il (er) rosario	Rosenkranz beten
il socialista rivoluzionario	die Revolution anstrebender Sozialist
monarchico	Monarchie befürwortend, monarchisch
repubblicano	Republik befürwortend, republikanisch
i principi benedetti	hier: verflixte Prinzipien
benedire*	weihen, preisen, segnen
il congresso	hier: politische Versammlung
l'ira	Zorn
fare* l'ira di Dio	in etwa: einen gewaltigen Aufruhr veranstalten
12 **l'avvenimento**	Ereignis
essere* in corso	in Gang sein
13 il litigio	Streit, Wortgefecht
14 **a causa di**	wegen, aufgrund
il rumore	Lärm
trasformarsi	sich verwandeln, sich verändern
16 **continuamente**	andauernd, fortwährend
il fattore	Faktor
17 **il termine straniero**	Fremdwort
la rivolta	Revolte
la Chinatown inv	Viertel, das hauptsächlich chinesische Geschäfte und Restaurants hat

208

milanese	mailändisch, Mailänder/in
lo zapping *inv*	Zappen
il (movimento) no-global *inv*	Antiglobalisierung (-sbewegung)
il brunch *inv*	Brunch
lo spuntino	Imbiss
ẹtnico/-a	ethnisch, exotisch
andare* **di moda**	in Mode sein
il kebab *inv*	Kebab
clamoroso/-a	aufsehenerregend, eklatant, laut
il crash *inv*	Crash
la borsa	Börse
20 la bandana	(Piraten-)Tuch
E che diạvolo di roba è?	Und was zum Teufel ist das?
il fazzoletto	Kopftuch, Taschentuch
il meeting *inv*	Treffen, Meeting
cosa vuol dire*	was heißt das, was soll das heißen
ẹssere* fuori dal mondo	weltfremd sein
perfino	sogar, selbst
chissà	wer weiß
fare* caso a qc	etwas bemerken
il blackout *inv*	Blackout
totale	total
la password *inv*	Passwort
a forza di discụtere	*hier:* wenn ihr noch lange diskutiert ...
21 il chiarimento	Klärung
contraddire*	widersprechen
24 arricchire (-isc)	bereichern
impoverire (-isc)	ärmer machen, verarmen
pro o contro	pro oder kontra
25 la comunità Arbëresh	Gemeinschaft der albanischen Italiener
albanese	albanisch, Albaner/in
il diverbio	Streit, Wortgefecht
la lạcrima	Träne
fermo/-a	stehen geblieben, stehend
l'ạngolo dell'occhio	Augenwinkel
striminzito/-a	knapp, mickrig, kümmerlich
non vedere* l'ora	es kaum erwarten können
la lontananza	Entferntsein, Entfernung
riabbracciare	wieder umarmen
pure	auch (wenn), selbst, nur
snocciolare	haarklein erzählen
il sacrificio	Opfer
fulminare con uno sguardo	scharf ansehen
la commiserazione	Bedauern, Bemitleiden
il disprezzo	Verachtung
ammazzare di legnate	*in etwa:* verprügeln, totprügeln
ammazzare	umbringen, töten
stordito/-a	verwirrt, verblüfft
spezzato/-a	brüchig
il rimorso	Gewissensbisse, Reue
il rischio	Risiko
estrạneo/-a	fremd, Fremde/r

26 la tenerezza	Zärtlichkeit, Zartheit
27 **la rinuncia**	Verzicht
guardare male qn	sich jdm gegenüber feindselig zeigen
ammazzare	umbringen, töten
il senso di colpa	Schuldgefühl
confuso/-a	konfus, verwirrt
28 la riflessione	Überlegung
la contemporaneità	Gleichzeitigkeit
30 vọlgere*	wenden, umwandeln
duro/-a	schwer
il denaro	Geld
in fondo	im Grunde
31 **la minoranza**	Minderheit
il catalano	Katalanisch
il croato	Kroatisch
francọfono/-a	französischsprachig
il franco-provenzale	Franko-Provenzalisch
il friulano	Friaulisch
il greco	Griechisch
il ladino	Ladinisch
l'occitano	Okzitanisch
lo sloveno	Slowenisch
il sardo	Sardisch
32 la copertina interna	Einbandinnenseite, innerer Buchdeckel
annotare	notieren, vermerken
la geografịa	Geographie
34 **dentro**	innen, drinnen
il casolare	(abgelegenes) Landhaus
immẹrgere*	eintauchen
il pioppo	Pappel
circondare	umgeben
scọrgere*	erblicken, erkennen
coprire*	bedecken
il vigneto	Weinberg
la sạgoma	Silhouette, Profil
intravedere*	erahnen, undeutlich erkennen, ausmachen
detto così	*hier:* so beschrieben
da cartolina	idyllisch
esclusivo/-a	exklusiv, ausschließlich
disabitato/-a	unbewohnt
il/la connazionale	Landsmann/männin
il/la senegalese	Senegalese/in, senegalesisch
l'elettricità	Elektrizität
giụngere*	erreichen, (an)kommen
l'Ạfrica	Afrika
il/la proprietario/-a	Besitzer
il tetto	Dach
la casa popolare	Sozialwohnung, Wohnhaus mit Sozialwohnungen
il mutuo	Darlehen, Kredit
ventennale	*hier:* 20 Jahre gültig
andare* incontro	entgegengehen
farsi* una vita	eine Existenz aufbauen
produttivo/-a	produktiv
il Nord-Est *m*	Nordosten

paventarsi	*hier:* eintreten, sich ergeben	la trasformazione	Verwandlung, Umwandlung, Veränderung
la tasca	(Hosen-)Tasche	43 paragonare	vergleichen
la ricerca	Suche	44 **l'infanzia**	Kindheit
il padrone	Herr, Hausherr	il mito	Mythos
la pedana	Stellage	raggruppare	in Gruppen einteilen
fuori legge	illegal	G1 la melodia	Melodie
il parroco	Gemeindepfarrer	ignoto/-a	unbekannt
l'emigrante	Auswanderer	**straordinario/-a**	außerordentlich
il tratto (di cammino)	Strecke	G2 **valer* la pena**	sich lohnen
divaricarsi	*hier:* eine andere Richtung einschlagen	**sopravvivere***	überleben
		G4 comportarsi	sich benehmen, sich verhalten
il primato	Vorrang, Rekord	G6 l'estetista *m/f*	Kosmetiker/in
tenere* a qc	auf etwas Wert legen	G7 **povero/-a**	mittellos, arm, bemitleidenswert
segnalare	auf etwas aufmerksam machen		

Unità 8

africano/-a	afrikanisch	reale	wirklich
guidare	führen	irreale	irreal
in società con	zusammen mit	insolito/-a	ungewöhnlich
il/la friulano/-a	Friauler/in, friaulisch	la credenza	(Volks-)Glaube
il/la dipendente	Angestellte/r	la scena teatrale	Theaterszene
seguire le fasi inziali	*hier:* die Produkte im ersten Schritt (der Produktionskette) herstellen und bearbeiten	2 virtuale	virtuell
		la carta	(Spiel-)Karte
		l'oroscopo	Horoskop
		travestirsi	sich verkleiden
la filiera produttiva	Produktionskette	4 **vincere* la noia**	Langeweile überwinden
il triangolo	Dreieck	5 **distrarsi***	sich zerstreuen,
la determinazione	Bestimmtheit, Entschlossenheit		sich ablenken lassen
perseguire	verfolgen	il navigatore satellitare	Navigationsgerät
l'obiettivo	Ziel	impostare	*hier:* eingeben
35 la proprietà	Besitz	**la destinazione**	Ziel
il prete	Pfarrer, Priester	sistematicamente	systematisch
il titolare	Inhaber	disubbidire (-isc)	nicht gehorchen, nicht folgen
38 extraeuropeo/-a	außereuropäisch	perentorio/-a	entschieden, deutlich, endgültig
39 il/la cantautore/-trice	Liedermacher/in		
40 l'individuo	Individuum	**parecchio**	ziemlich, viel
isolarsi	sich isolieren	il tragitto	Fahrt, Strecke, Weg
la felicità	Glück, Glückseligkeit	svoltare	abbiegen
il degrado	Verfall	tirare dritto	geradeaus fahren
l'età *inv*	Zeitalter	confondersi*	durcheinanderkommen
lecito/-a	erlaubt, berechtigt, zulässig	ricalcolare	wieder berechnen
supplicare	anflehen, beschwören	reimpostare	wieder eingeben
la pietà	Mitleid, Erbarmen, Mitgefühl	riattaccare	*hier:* wieder beginnen
		replicare	einwenden, entgegnen
gelido/-a	eisig	**insistere***	bestehen auf
trasparente	durchsichtig	andare* in confusione	irre werden
il viso	Gesicht	**daccapo**	von vorn, von Neuem
se devo dirla tutta ...	wenn ich die ganze Wahrheit sagen soll ...	la rotta	Route
		il contrasto	Kontrast
il paradiso	Paradies	la perentorietà	Endschiedenheit, Endgültigkeit
l'inferno	Hölle		
la verità	Wahrheit	la remissività	Nachgiebigkeit
mentire	lügen	ovino/-a	Schaf-
impazzire (-isc)	verrückt werden	trasgredire (-isc)	übertreten
spericolato/-a	draufgängerisch, waghalsig	ottuso/-a	stumpf, dumpf, taub
maleducato/-a	ungezogen		
il sacco	Sack		

ridicolo/-a	lächerlich
intransigente	unnachgiebig
sparare	schießen, abfeuern
disperato/-a	verzweifelt
la comicità	Komik
il cieco ripetere	sinnloses Wiederholen
cieco/-a	blind
la salvezza	Rettung
rompersi*	kaputt gehen
il caos inv	Chaos
7 il tono	Ton, Laut
il comando	Kommando, Befehl
aggressivo/-a	aggressiv
il guasto	Schaden, Defekt
8 il senso	Sinn
il procedimento	Vorgehen(sweise), Verfahren
9 servirsi di	sich bedienen
agevole	leicht, mühelos, bequem
10 saltare	springen, überspringen
teorico/-a	theoretisch
la macchina del tempo	Zeitmaschine
vagliare	testen, prüfen
il satellite	Satellit, Satelliten-
lo spazio	Weltall
il pacchetto	Paket
la visita guidata	Führung
la stazione spaziale	Raumstation
rivivere*	wieder erleben, wieder durchleben
3D (tridimensionale)	dreidimensional
l'atmosfera	Atmosphäre
l'imperatore/-trice	Kaiser/in
la preistoria	Vorgeschichte
il tuffo	Eintauchen, Sprung ins Wasser
il dinosauro	Dinosaurier
l'antenato	Vorfahr
la Via Francigena	Frankenweg
sulle orme	auf den Spuren
il/la pellegrino/-a	Pilger/in
Losanna	Lausanne
affidarsi a	sich jdm/etw anvertrauen
la regata	Regatta
il pullman inv G.T. (gran turismo)	Reisebus
il vaporetto	Linienboot in Venedig, Dampfboot
il passaggio	Fahrt, Überfahrt
l'accompagnatore/-trice	(Reise-)Begleiter/in
11 lo stuzzichino	Häppchen
12 il corteo	Umzug
medievale	mittelalterlich
il fascino	hier: Zauber, Stimmung
la rievocazione (storica)	historisches Fest
il vescovo	Bischof
animarsi	sich beleben
l'artigiano/-a	(Kunst-)Handwerker/in
il trampoliere	Stelzenläufer
popolare	bevölkern, beleben
la suggestione	Zauber
la taverna	Kellerlokal
vero/-a e proprio/-a	regelrecht
la cantina	Keller
il burattino	Handpuppe, Marionette
la sfilata	Parade, Umzug
il teatro itinerante	Tourneetheater
il/la mangiafuoco inv	Feuerschlucker/in
l'arciere m	Bogenschütze
il tamburino	Trommler
il menestrello	Hofsänger
la premiazione	Preisverleihung
la danza	Tanz
13 la bancarella	Marktstand
la giostra	Karussel, Fahrgeschäft
il gioco a premi	Gewinnspiel
il costume d'epoca	historisches Kostüm
la gara	Wettkampf
i fuochi d'artificio	Feuerwerk
la sagra	(Kirchweih-)Fest
15 San Gennaro	heiliger Januarius
il/la napoletano/-a	Neapolitaner/in, neapolitanisch
16 stavolta	diesmal
la processione	Prozession
da buon napoletano	als guter Neapolitaner
consistere* in	bestehen in
il sangue	Blut
sciogliersi*	sich auflösen, sich verflüssigen
Diocleziano	Diokletian
decapitare	enthaupten
la decapitazione	Enthauptung
l'ampolla	Fläschchen, Ampulle
la statua	Statue
E cioè?	Und das heißt? Und zwar?
l'argento	Silber
decorato/-a	geschmückt, dekoriert
l'augurio	hier: Vorzeichen
il colpo di cannone	Kanonenschlag
il guaio	Pech, Ärger, Unglück
sfavorevole	ungünstig, unvorteilhaft
essere* devoto/-a a	glauben an
fammi la grazia!	erweise mir die Gnade!
prendere* in giro	sich lustig machen, auf den Arm nehmen
la fede religiosa	religiöser Glaube
fare* effetto	wirken, Eindruck machen
perché mit Konjunktiv	damit
Eh, immagino!	Das glaube ich! Das kann ich mir vorstellen!
superstizioso/-a	abergläubisch
17 mitico/-a	mythisch
19 il patrono	Patron
ignorare	nicht wissen, in Unkenntnis sein
la sfortuna	Unglück
la certezza	Gewissheit
affermare	behaupten, geltend machen, bejahen

	Italian	German
20	Sant'Ambrogio	Heiliger Ambrosius
	Treviri	Trier
	inaugurare	einweihen
	altrettanto	ebenso(viel), gleichfalls
	le spoglie	Überreste
	il dono	Geschenk, Gabe
	l'Ottocento	19. Jahrhundert
	la battaglia	Schlacht
	la guardia	Wache, Wächter
	il tiranno	Tyrann
	popolano/-a	Volks-
	il/la ribelle	Rebell/in
	il/la tiratore/-trice	Schütze
	il carro allegorico	Maskenwagen
	la caricatura	Karikatur, Spottbild
23	Né di venere né di marte …	Weder am Freitag noch am Dienstag …
	Venere	Venus
	Marte	Mars
	il lotto	Lotto
	la tavola imbandita	gedeckter Tisch
	sulla base di	auf der Grundlage von
	la corrispondenza	Entsprechung, Übereinstimmung
	tentare	versuchen
	la giocata	Spieleinsatz, Tipp
	il portafortuna *inv*	Glücksbringer
24	bussare	klopfen
	il balocco	Spielzeug, Tand
	il torrone	Nougat
	il cioccolatino	Praline, Schokodragée
	il panettone	*ital. Weihnachtskuchen*
	l'assortimento	Sortiment, Auswahl
26	**assistere* a**	beiwohnen, teilnehmen an
	la rappresentazione teatrale	Theateraufführung
	il dramma	Drama, Schauspiel
	il musical *inv*	Musical
28	gradevole	angenehm
	assurdo/-a	absurd
	serio/-a	ernsthaft
	tragicomico/-a	tragikomisch
	incomprensibile	unverständlich
	astruso/-a	abstrus
	il ciambellone	Kranzkuchen
	il fidanzamento	Verlobung
	ad un certo punto	plötzlich
	suonare	klingeln
	il campanello	(Tür-)Klingel
	inatteso/-a	unerwartet
	festoso/-a	feierlich
	alla campagnola	auf bäuerliche Art
	fatto in casa	hausgemacht
	esaminare	untersuchen, überprüfen
	l'occhialino	Lorgnon
	stabilirsi (-isc)	sich niederlassen
	francamente	offen gesagt
	è una gran cosa	ist eine großartige Sache
	il/la figliolo/-a	Sohn/Tochter, Junge/Mädchen

	Italian	German
	È un **piacere**.	Es ist eine Freude.
	ruzzare	herumtollen
	rincorrersi*	einander hinterherlaufen
	non è un gran che	es ist nichts Besonderes
29	**il teatro** dell'assurdo	absurdes Theater
	letto in chiave comica	*hier:* als komisches Stück interpretiert
	recitare	schauspielern, vortragen
	la battuta	Satz, (geistreiche) Bemerkung, (witzige, schlagfertige) Antwort
30	il sipario	Bühnenvorhang
	il palco	Loge
	la platea	Parkett (i. Theater)
	lo/la spettatore/-trice	Zuschauer/in
31	non mi viene	ich komme nicht drauf
	avere* sulla punta della lingua	auf der Zunge liegen
	sfuggire	entgehen, entkommen
	rilanciare	*hier:* entgegnen
	venire* preso/-a dalla **paura**	von Angst übermannt werden
	freneticamente	*hier:* wie verrückt
	la memoria	Gedächtnis, Erinnerung
	in preda al panico	von Panik erfasst
	la gola	Kehle, Hals
	l'angoscia	Angst, Furcht
	l'atto rituale	ritueller Akt
	profondo/-a	tief
	ridare*	wiedergeben
	il silenzio	Stille
	primordiale	uranfänglich
	minacciare	bedrohen
	infantile	infantil, kindlich
32	amatoriale	Amateur-
33	la perla	Perle
	il/la principe/principessa	Prinz/Prinzessin
	la crociera	Kreuzfahrt
	la solitudine	Einsamkeit
	il mago	Zauberer, Magier
	la gelosia	Eifersucht
34	il toner *inv*	Toner
	inavvertitamente	versehentlich
	la carta da parati	Tapete
35	la serratura	Schloss, Verschluss
	ritirarsi	sich zurückziehen
G2	il prefisso	Vorsilbe, Präfix
	imbevibile	nicht trinkbar, ungenießbar
G4	convinto/-a	überzeugt
G6	affinché	damit
G7	la maschera	Maske
G8	la banda	Musikkapelle
	la delizia	Köstlichkeit

Glossario alfabetico

Hier finden Sie die im Buch vorkommenden Wörter in alphabetischer Reihenfolge. Die fett gedruckte Zahl verweist auf die Lektion, die dünn gedruckte auf den Abschnitt innerhalb der Lektion. Ist nur eine fett gedruckte Zahl vorhanden, kommt das Wort ganz am Anfang der Lektion vor, R steht für *Ripasso*, G für *Grammatica*.

abbandonare	1 4; 4 27	agente	4 12	animo	5 16
abbiente	4 30	agevole	8 9	annoiarsi	1 G7
abile	6 15	aggettivo	3 G7	annotare	7 32
abilità	6	aggiornare	6 27	annuale	2 16
abitabile	4 11	aggiustare	3 16	antenato	8 10
abitato	R 2	aggressione	R3	anteriore	4 14
abitualmente	2 16	aggressivo	8 7	antichità	R2
abituarsi	1 20	agitarsi	R3 2	anticipatamente	6 23
accaduto	6 27	albanese	7 25	anticipo	3 33
accessibile	4 23	albero	4 27	antidolorifico	6 30
acciaieria	4 26	alimentazione	6 9	antiquariato	3 33
acciaio	4 27	allegorico	8 20	antistaminico	6 30
accogliente	1 26	allegria	5 15	anzi	1 20
accogliere*	1 14	alluminio	4 24	anziché	2 15
accompagna-tore/-trice	8 10	alternativo	R1	anzitutto	3 2
accontenare	R2	alto	3 14	apertamente	2 25
acconto	2 4	altrettanto	8 20	apparecchio	R1
accordo	5 G1	altro ieri	6 27	appassionato	1 27
accorgere*	5 15	altro	3 10; 6 27	appena	1 14
accusare	6 32	alunno/-a	1 31	appoggiarsi	6 23
acquatico	5 1	alzare	R2 1	apprendimento	R2 1
acquisire	6 15	amaro	5 26	apprezzare	R3
acquisto	6 23	amatoriale	8 32	approvare	6 19; 7 3
acrobata	5 34	ambientale	3 2	appunto	2 34; 5 3
acustico	1 27	ambientare	R2	aragonese	R2
adattamento	3 21	ambiente	3 2	architetto	4 26
adatto	2 1	ambito	3 33	arciere	8 12
addominale	5 32	amichetta	5 4	arcobaleno	7 8
aderire	1 14	amichevole	1 26; 3 17	argento	8 16
adolescente	5 18	amicizia	2 25	argilla	R2
adoperare	6 3	ammazzare	7 25	argomento	5 13
aerobica	5 11	ammettere*	6 19	aria	1 3
affare	3 1; 5 26	amministrazione	1 14; 3 10	arrabbiarsi	5 7
affascinante	5 32	ammobiliato	4 11	arrampicata	5 1
affatto	1 8	amore	2 3	arrangiarsi	1 14
affermare	8 19	ampolla	8 16	arredamento	R3
affidarsi	8 10	analfabetismo	2 16	arrestare	1 14
affiggere*	4 8	analisi	3 2	arresto	R1
affinché	8 G5	andarsene*	6 10	arricchire	7 24
affinità	1 30	angolo	3 21; 7 25	arroccato	R1
affitto	4 8/11	angoscia	8 31	arsenale	3 33
affrontare	6 15	animarsi	8 12	articolarsi	6 19
Africa	7 34	animatore/-trice	5 2	artificio	8 13
africano	7 34			artigiano/-a	8 12
agenda	6 7			artistico	2 5

assistere*	8 26				
associazione	1 13				
assoluto	4 G1				
assomigliare	3 4				
assortimento	8 24				
assottigliarsi	R2				
assurdo	8 29				
asta	6 15				
astrofisico	R2				
astronomico	R1				
astruso	8 28				
Atlantico	1 26				
atletica	5 10				
atmosfera	8 10				
atmosferico	4 26				
atteggiamento	R2 1				
attento	3 17				
atto	8 31				
attraverso	3 29				
attuale	2 G1				
attualità	2				
augurio	8 16				
aula	1 31				
aumentare	5 13				
aumento	2 3				
ausiliare	1 4				
autobiografia	5 1				
auto-produzione	2 16				
avanzare	4 25				
avanzo	4 24				
avvalersi*	1 14				
avvenire	1 14				
avvertimento	2 3				
avvertire	2 5				
avviare	1 14				
avvincente	5 27				
avviso	4 30				
azione	5 23				
balletto	5 28				
ballo	1 8				
balocco	8 24				
bancarella	8 13				
bancario	6 23				
band	5 35				
banda	2 16; 8 G8				
bandana	7 20				
bandiera	7 1				
barocco	R3				
barriera	1 14				
barzelletta	R3				
base	8 23				
bassista	1 27				
basso	1 27; 4 26				
battaglia	8 20				

arseanale 3 33
aspettarsi 4 11
aspiratore 4 11
aspirazione 3 29
asse 4 26
assicurare 3 17
assicurazione 3 17
assieme 6 15
assistenza 4 20; 6 3

battere	3 29; 5 11	capace	1 14	ciclistico	5 10	comunale	4 24
batteria	3 15	capelli	5 20	ciclo	2 14	comune	1 5/16
battesimo	1 14	capitale	3 21	cieco	8 5/31	comunicare	2 35
battuta	8 29	capitano	R2	cifra	6 9	comunicazione	1 11
bega	2 29	capitare	3 21	cilindro	R2	comunione	1 14
ben(e)	3 5; 5 32	capo	2 3	cima	R2	comunità	6 19
benedetto	7 11	capolavoro	R1	cinquantennio	R3	comunque	1 20
benedire*	7 11	capufficio	R1	cinquecentesco	R2	concentrico	R2
beneficenza	5 39	caratterizzare	2 39	cioccolatino	8 24	concepire	4 26
Betlemme	R2	carcere	1 14	circo	5 34	concetto	7 6
bici	6 14	caricatura	8 20	circolo	4 24	conchiglia	6 1
biglietteria	2 14	carro	8 20	circondare	7 34	concludere*	2 25
bilancio	3	carrozzeria	R3	circostanza	6 15	concordanza	5 G5
binomio	1 14	carta	1 12; 6 8; 8 2	cittadina	R2	concordare	2 25
bisogno	3 22			civile	6 10	condannare	1 14
bloccare	3 19	cartella	6 2	clamoroso	7 17	condividere*	1 27
bolognese	4 18	cartuccia	6 9	classe	1 31	condizionale	5 G7
bonifico	6 23	casa	1 14; 8 28	classico	R1	condizione	6 23
borghese	7 11			classifica	R2 2	condominiale	4 11
borgo	R2	casalinga	2 16	cloro	6 9	condominio	4 8
borsa	3 34; 7 17	caschetto	6 15	coalizione	1 12	condotta	1 14
		casella	R1	cod./codice	4 7/23	confondersi*	8 5
bottega	4 34	caso	R2; 7 20	coetaneo	1 27	confrontarsi	5 24
braccio	5 G8	casolare	7 34	cofano	3 15	confronti	1 14
brevettare	R1	cassetta	2 24	colla	6 7	confusione	8 5
brillantemente	1 20	cassetto	4 11	collaborare	1 26	confuso	7 27
buffo	4 20	catalano	R2; 7 31	colle	R2	congiuntivo	4 20
buio	3 2	catalogo	6 23	collegamento	4 13	congresso	7 11
buono	R1	catena	R1	collettività	5 38	coniugare	3 31
burattino	8 12	cattivo	4 11	collezione	3 33	coniuge	4 33
bussare	8 24	causa	7 14	collocarsi	5 11	connazionale	7 34
bustina	4 24	causare	R2	colloquiale	1 17	cono	R2
c.a.	6 23	cauzione	4 8	colonna	5 27	conquistare	R2
c.c.	2 4	cavarsela	6	colonnato	R2	consegna	6 23
c'entra	6 27	cedolino	3 17	colpa	7 27	consegnare	2 29
cad./caduna	6 23	centralizzato	4 11	colpevole	5 39	conservatorio	5 35
caduta	7 2	centro	4 31; 5 2; R2	colpo	2 1; 8 16	considerare	3 2
calciatore	5 39	cera	3 29			considerarsi	6 22
calcolatrice	6 9	certezza	8 19	comando	8 7	consiglio	3 10
cambiare	1 3	certificare	1 11	combinato	2 G10	consistere*	8 16
cambio	1 27	certo	8 28	comicità	8 5	constatare	6 23
cameretta	4 1	cervello	6 22	comico	5 26	constatazione	3 17
campagnola	8 28	cestinare	2 24	commedia	5 23	consumazione	R1
campanello	8 28	chattare	2 1	commento	2 37	contabilità	6 3
campione	5 11	chiacchiera	1 12; 2 1	commerciante	2 35	contatto	3 17
campo	1 14; 4 1			commiserazione	7 25	contemporaneità	7 28
campus	5 2	chiarimento	7 21	committente	1 14	contenere*	3 5
canale	1 12	chiarire	5 17	comodo	4 1	contenitore	4 24
cancellare	3 10; 6 8	chiaro	5 21	comparativo	4 G1	continuamente	7 16
		chiave	3 G4; 8 29	comparire*	5 19	conto	2 4; 4 1
cancellazione	6 9	chiosco	4 34	compilare	1 11	contrabbasso	1 27
cannone	8 16	chirurgia	4 31	compito	1 14	contraddire*	7 21
canottaggio	5 1	chissà	7 20	complemento	6 10/G2	contrapposizione	3 32
cantare	5 32	chiunque	6 4	complesso	4 27	
cantautore/-trice	7 39	chiusura	6 9/24	comportamento	2 18	contrario	2 9
cantina	8 12	ciambellone	8 28	comportarsi	7 G4	contrasto	8 5
caos	8 5	ciclabile	4 23	composizione	7 11	controllore	3 10
				comprendere*	4 11	contromano	3 19
				comprensivo	6 18	convenire*	3 24
				compreso	6 19		

217

220

Coniugazione dei verbi regolari

1ª coniugazione: verbi in -*are*

Infinito	Participio passato	Gerundio
girare	girato	girando

Indicativo

Presente	Passato Prossimo	Imperfetto	Trapassato prossimo	Passato remoto	Futuro semplice	Futuro anteriore
giro	ho girato	giravo	avevo girato	girai	girerò	avrò girato
giri	hai	giravi	avevi	girasti	girerai	avrai
gira	ha	girava	aveva	girò	girerà	avrà
giriamo	abbiamo	giravamo	avevamo	girammo	gireremo	avremo
girate	avete	giravate	avevate	giraste	girerete	avrete
girano	hanno	giravano	avevano	girarono	gireranno	avranno

Congiuntivo				Condizionale		Imperativo
Presente	Passato	Imperfetto	Trapassato	Presente	Passato	
giri	abbia girato	girassi	avessi girato	girerei	avrei girato	gira
giri	abbia	girassi	avessi	gireresti	avresti	giri
giri	abbia	girasse	avesse	girerebbe	avrebbe	girate
giriamo	abbiamo	girassimo	avessimo	gireremmo	avremmo	
giriate	abbiate	giraste	aveste	girereste	avreste	
girino	abbiano	girassero	avessero	girerebbero	avrebbero	

2ª coniugazione: verbi in -*ere*

Infinito	Participio passato	Gerundio
vendere	venduto	vendendo

Indicativo

Presente	Passato Prossimo	Imperfetto	Trapassato prossimo	Passato remoto	Futuro semplice	Futuro anteriore
vendo	ho venduto	vendevo	avevo venduto	vendei/	venderò	avrò venduto
vendi	hai	vendevi	avevi	vendetti	venderai	avrai
vende	ha	vendeva	aveva	vendesti	venderà	avrà
vendiamo	abbiamo	vendevamo	avevamo	vendé/	venderemo	avremo
vendete	avete	vendevate	avevate	vendette	venderete	avrete
vendono	hanno	vendevano	avevano	vendemmo	venderanno	avranno
				vendeste		
				venderono/		
				vendettero		

Congiuntivo				Condizionale		Imperativo
Presente	Passato	Imperfetto	Trapassato	Presente	Passato	
venda	abbia venduto	vendessi	avessi venduto	venderei	avrei venduto	vendi
venda	abbia	vendessi	avessi	venderesti	avresti	venda
venda	abbia	vendesse	avesse	venderebbe	avrebbe	vendete
vendiamo	abbiamo	vendessimo	avessimo	venderemmo	avremmo	
vendiate	abbiate	vendeste	aveste	vendereste	avreste	
vendano	abbiano	vendessero	avessero	venderebbero	avrebbero	

3ª coniugazione: verbi in -*ire*

Infinito	Participio passato	Gerundio
sentire	sentito	sentendo

Indicativo

Presente	Passato Prossimo	Imperfetto	Trapassato prossimo	Passato remoto	Futuro semplice	Futuro anteriore
sento	ho sentito	sentivo	avevo sentito	sentii	sentirò	avrò sentito
senti	hai	sentivi	avevi	sentisti	sentirai	avrai
sente	ha	sentiva	aveva	sentì	sentirà	avrà
sentiamo	abbiamo	sentivamo	avevamo	sentimmo	sentiremo	avremo
sentite	avete	sentivate	avevate	sentiste	sentirete	avrete
sentono	hanno	sentivano	avevano	sentirono	sentiranno	avranno

Congiuntivo / Condizionale / Imperativo

Presente	Passato	Imperfetto	Trapassato	Presente	Passato	Imperativo
senta	abbia sentito	sentissi	avessi sentito	sentirei	avrei sentito	senti
senta	abbia	sentissi	avessi	sentiresti	avresti	senta
senta	abbia	sentisse	avesse	sentirebbe	avrebbe	sentite
sentiamo	abbiamo	sentissimo	avessimo	sentiremmo	avremmo	
sentiate	abbiate	sentiste	aveste	sentireste	avreste	
sentano	abbiano	sentissero	avessero	sentirebbero	avrebbero	

Infinito	Participio passato	Gerundio
finire	finito	finendo

Indicativo

Presente	Passato Prossimo	Imperfetto	Trapassato prossimo	Passato remoto	Futuro semplice	Futuro anteriore
finisco	ho finito	finivo	avevo finito	finii	finirò	avrò finito
finisci	hai	finivi	avevi	finisti	finirai	avrai
finisce	ha	finiva	aveva	finì	finirà	avrà
finiamo	abbiamo	finivamo	avevamo	finimmo	finiremo	avremo
finite	avete	finivate	avevate	finiste	finirete	avrete
finiscono	hanno	finivano	avevano	finirono	finiranno	avranno

Congiuntivo / Condizionale / Imperativo

Presente	Passato	Imperfetto	Trapassato	Presente	Passato	Imperativo
finisca	abbia finito	finissi	avessi finito	finirei	avrei finito	finisci
finisca	abbia	finissi	avessi	finiresti	avresti	finisca
finisca	abbia	finisse	avesse	finirebbe	avrebbe	finite
finiamo	abbiamo	finissimo	avessimo	finiremmo	avremmo	
finiate	abbiate	finiste	aveste	finireste	avreste	
finiscano	abbiano	finissero	avessero	finirebbero	avrebbero	

Lista dei verbi irregolari

Nella seguente lista sono elencati i verbi irregolari di Azzurro e Azzurro Più. Sono presenti solo le forme che rispetto a quelle regolari manifestano delle particolarità.

I casi in cui del passato remoto sono indicate solo la 1ª e la 2ª persona singolare seguono la seguente regola:

– dalla 1ª persona singolare si deducono la 3ª persona singolare e plurale

– la 2ª persona singolare, la 1ª e la 2ª persona plurale hanno la stessa radice dell'infinito.

Il condizionale si fa dedurre sempre dal futuro semplice: andrò ➤ andrei, avrò ➤ avrei, ecc.

Le forme regolari del congiuntivo imperfetto si deducono dall'indicativo imperfetto: bevevo ➤ bevessi

Infinito	Presente indicativo	Passato remoto	Futuro semplice	Congiuntivo presente	Imperativo	Gerundio	Participio
accogliere *ebenso:* *raccogliere* *scegliere* *sciogliere* *togliere*	accolgo accogli accoglie accogliamo accogliete accolgono	accolsi accogliesti		accolga	accogli accolga accogliete		accolto
andare *ebenso:* *andarsene*	vado vai va andiamo andate vanno		andrò	vada	va'/vai vada andate vattene se ne vada andatevene		
avere	ho hai ha abbiamo avete hanno	ebbi avesti	avrò	abbia	abbi abbia abbiate		
bere	bevo bevi beve beviamo bevete bevono	bevvi bevesti	berrò			bevendo	bevuto
cadere *ebenso:* *accadere*		caddi cadesti	cadrò				
comparire *ebenso:* *scomparire*	compaio compari compare compa-riamo comparite compaiono	comparvi comparisti		compaia			comparso
compiere	compio compi compie compiamo compite compiono	compii compisti compì compimmo compiste compirono	compirò				

Infinito	Presente indicativo	Passato remoto	Futuro semplice	Congiuntivo presente	Imperativo	Gerundio	Participio
dare *ebenso:* *ridare*	do dai dà diamo date danno	detti/diedi desti dette/diede demmo deste dęttero/ diędero		dia *imperfetto:* dessi	dai/da' dia date		
dire *ebenso:* *benedire* *contraddire*	dico dici dice diciamo dite dįcono	dissi dicesti			di' dica dite	dicendo	detto
dovere	devo devi deve dobbiamo dovete dęvono		dovrò	debba	---		
ęssere	sono sei è siamo siete sono	fui fosti fu fummo foste fųrono	sarò	sia *imperfetto:* fossi	sii sia siate		stato
fare *ebenso:* *fạrcela* *rifare*	faccio fai fa facciamo fate fanno	feci facesti	farò	faccia	fai/fa' faccia fate	facendo	fatto
parere *(soprattutto* *3° persona)*	pare	parve	parrà	paia	----		parso
piacere *ebenso:* *dispiacere*	piaccio piaci piace piacciamo piacete piạcciono	piacqui piacesti		piaccia	piaci piaccia piacete		
piọvere *(solo 3ª* *persona)*	piove piọvono	piovve piọvvero		piova			
porre *ebenso:* *disporre* *esporre* *proporre* *(ri)comporre*	pongo poni pone poniamo ponete pọngono	posi ponesti	porrò	ponga	poni ponga ponete	ponendo	posto

Infinito	Presente indicativo	Passato remoto	Futuro semplice	Congiuntivo presente	Imperativo	Gerundio	Participio
possedere *ebenso:* *seder(si)*	possiedo/ posseggo possiedi possiede possediamo possedete possiędono/ posseggono		poss(i)e- derò	possieda/ possegga			
potere	posso puoi può possiamo potete possono		potrò	possa	---		
ridurre	riduco riduci riduce riduciamo riducete riducono	ridussi riducesti	ridurrò	riduca	riduci riduca riducete	riducendo	ridotto
riempire	riempio riempi riempie riempiamo riempite riempiono					riem- piendo	
rimanere	rimango rimani rimane rimaniamo rimanete rimangono	rimasi rimanesti	rimarrò	rimanga	rimani rimanga rimanete		rimasto
sapere	so sai sa sappiamo sapete sanno	seppi sapesti	saprò	sappia	sappi sappia sappiate		
scegliere *ebenso:* *sciogliere* *togliere*	scelgo scegli sceglie scegliamo scegliete scelgono	scelsi scegliesti		scelga	scegli scelga scegliete		scelto
soddisfare	soddisfo soddisfi soddisfa soddisfiamo soddisfate soddisfano/ soddis- fanno	soddisfeci soddis- facesti	soddisferò	soddisfi		soddi- sfacendo	soddisfatto

Infinito	Presente indicativo	Passato remoto	Futuro semplice	Congiuntivo presente	Imperativo	Gerundio	Participio
spẹgnere	spengo spegni spegne spegniamo spegnete spẹngono	spensi spegnesti		spenga	spegni spenga spegnete		spento
stare	sto stai sta stiamo state stanno	stetti stesti stette stemmo steste stẹttero		stia *imperfetto:* stessi	sta' stia state		
succẹdere		successi succedesti					successo/ succeduto
tenere *ebenso:* contenere mantenere ottenere ritenere sostenere	tengo tieni tiene teniamo tenete tẹngono	tenni tenesti	terrò	tenga	tieni tenga tenete		tenuto
trarre *ebenso:* distrarre	traggo trai trae traiamo traete trạggono	trassi traesti	trarrò	tragga	trai tragga traete	traendo	tratto
uscire *ebenso:* riuscire	esco esci esce usciamo uscite escono			esca	esci esca uscite		
valere	valgo vali vale valiamo valete vạlgono	valsi valesti	varrò	valga	vali valga valete		valso
vedere *ebenso:* intravedere prevedere provvedere rivedere		vidi vedesti	vedrò				visto
venire *ebenso:* avvenire convenire provenire	vengo vieni viene veniamo venite vẹngono	venni venisti	verrò	venga	vieni venga venite		venuto

Infinito	Presente indicativo	Passato remoto	Futuro semplice	Congiuntivo presente	Imperativo	Gerundio	Participio
vivere *ebenso:* sopravvivere		vissi vivesti	vivrò				vissuto
volere *ebenso:* volerci	voglio vuoi vuole vogliamo volete vogliono	volli volesti	vorrò	voglia	---		

Verbi con passato remoto e participio passato irregolari

Infinito	Passato remoto	Participio passato	Infinito	Passato remoto	Participio passato
affiggere	affissi affiggesti	affisso	**concludere** *ebenso:* deludere escludere includere	conclusi concludesti	concluse
aprire *ebenso:* scoprire		aperto	**confondere**	confusi confondesti	confuso
assumere	assunsi assumesti	assunto	**conoscere** *ebenso:* riconoscere	conobbi conoscesti	
attendere *ebenso:* accendere difendere intendere estendere scendere tendere	attesi attendesti	atteso	**consistere** *ebenso:* assistere esistere insistere		consistito
avvolgere *ebenso:* coinvolgere rivolgere svolgere volgere	avvolsi avvolgesti	avvolto	**correre** *ebenso:* occorrere percorrere rincorrere scorrere soccorrere trascorrere	corsi corresti	corso
chiedere *ebenso:* richiedere	chiesi chiedesti	chiesto	**costringere**	costrinsi costringesti	costretto
chiudere *ebenso:* richiudere rinchiudere	chiusi chiudesti	chiuso	**crescere**	crebbi crescesti	
			cuocere	cossi cocesti	cotto

228

Infinito	Passato remoto	Participio passato	Infinito	Passato remoto	Participio passato
diffondere	diffusi diffondesti	diffuso	**muovere**	mossi movesti	mosso
dipingere *ebenso:* *piangere* *rimpiangere* *ridipingere* *spingere* *tingere*	dipinsi dipingesti	dipinto	**nascere**	nacqui nascesti	nato
			perdere	persi perdesti	perso
dirigere	diressi dirigesti	diretto	**prendere** *ebenso:* *comprendere* *dipendere* *prendersela* *rendere* *riprendere* *spendere*	presi prendesti	preso
discutere	discussi discutesti	discusso			
distinguere	distinsi distinguesti	distinto			
dividere *ebenso:* *condividere* *decidere* *ridere* *uccidere*	divisi dividesti	diviso	**proteggere**	protessi proteggesti	protetto
			risolvere	risolsi risolvesti	risolto
esprimere	espressi esprimesti	espresso	**rispondere** *ebenso:* *corrispondere*	risposi rispondesti	risposto
fingere	finsi fingesti	finto	**rompere** *ebenso:* *interrompere*	ruppi rompesti	rotto
giungere *ebenso:* *aggiungere* *raggiungere*	giunsi giungesti	giunto	**scorgere** *ebenso:* *accorgersi* *sorgere*	scorsi scorgesti	scorto
immergere *ebenso:* *cospargere* *ergersi*	immersi immergesti	immerso	**scrivere** *ebenso:* *descrivere* *iscrivere* *riscrivere* *trascrivere*	scrissi scrivesti	scritto
leggere *ebenso:* *rileggere* *correggere*	lessi leggesti	letto	**vincere** *ebenso:* *convincere*	vinsi vincesti	vinto
mettere *ebenso:* *ammettere* *metterci* *permettere* *promettere* *rimettere* *smettere* *trasmettere*	misi mettesti	messo			

Fonti testi e foto (Bild- und Quellennachweis)

Copertina: Shutterstock (Martin Garnhem), New York, NY; shutterstock (Clara Natoli), New York, NY; Vanessa Mastrini, Pontremoli; pag. 8.1: iStockphoto (Ellis), Calgary, Alberta; 8.2: iStockphoto (Korenbaum), Calgary, Alberta; 8.3: iStockphoto (anouchka), Calgary, Alberta; 8.4: iStockphoto (Gagne), Calgary, Alberta; 8.5: Klett-Archiv (Nicola Mastrini), Stoccarda; pag. 10: Bilderberg (Modrak), Amburgo; pag. 11: schema del sistema universitario: per gentile concessione del Politecnico di Torino; pag. 12: testo da: Redattore sociale di Gabriele Arlati, Bollate, Milano; pag. 13: www.legambiente.com; Croce Verde Viadana; Emergency; Amnesty International; WWF; 13.1: iStockphoto (Gagne), Calgary, Alberta; 13.2-6: Klett-Archiv, Stoccarda; pag. 14: Klett-Archiv (Schmid), Stoccarda; pag. 17: testo da: Paola Mastrocola; Una barca nel bosco, Ugo Guanda Editore; pag. 20.1,2: Klett-Archiv, Stoccarda; 20.3: Corbis (King), Düsseldorf; 20.4,5: Linda Toffolo, Ratisbona; 20.6: Klett-Archiv (Francesca Maier), Stoccarda; pag. 21: Vernissage di Pietro Mancuso da „Art for Service", Roberto Bianco; pag. 22: La Galleria Meravigli, Milano; pag. 23: rubrica Giorno e Notte da: La Repubblica; pag. 24: articolo da: www.repubblica.it; 24 (Foto): Linda Toffolo, Ratisbona; pag. 25: grafico sui mezzi di comunicazione: Giancarlo Viraghi; pag. 26: iStockphoto (Benavidez), Calgary, Alberta; pag. 27: iStockphoto (Mitic), Calgary, Alberta; pag. 28: Klett-Archiv, Stoccarda; pag. 29 brano da: Lontano da casa di Maria Rosa Cutrufelli, RAI ERI 1997; pag. 32.1: Liceo Terenzio Mamiani, Roma; 32.2: Eugenio Melotti, Trieste; 32.3,4: Archivio Storico della Città di Torino, Torino; 32.5: Museo Leonardiano di Vinci, Città di Vinci – Firenze; 32.6: ullstein bild, Berlino; pag. 34: testo di Laura Guardini da: Il Corriere della Sera, 26 gennaio 2006; pag. 34.1: Riccardo Siano, Napoli; 34.2: MEV, Augusta; 34.3: Alamy Images RM (Robert Fried), Abingdon, Oxon; pag. 36: Hoffmann, Ulrich, Sankt Augustin; pag. 39 testo da: www.viaggiareliberi.it; 39 (Foto): iStockphoto (Horrocks), Calgary, Alberta; pag. 40.1: iStockphoto (Pflügl), Calgary, Alberta; 40.2: shutterstock (Malina), New York, NY; 40.3: Casa Editrice Longanesi, Milano; pag. 41: brano da: La fine è il nuovo inizio di Tiziano Terzani, Longanesi 2006; pag. 42.1: Fondazione per il Libro, la Musica e la Cultura, Torino; 42.2: Blu Nautilus S.r.l.; 42.3: www.festivaldelmare.it; 42.4: www.bit.expocts.it; pag. 43: brano da: Stranieri di Sandra Petrignani in: I racconti delle fate sapienti di Francesca Pansa, Frassinelli, 2005; pag. 46: 3 brani da: Fuori tutti. Una generazione in camera sua, Einaudi tascabili, 1996; pag. 47.1: Klett-Archiv (Francesca Maier), Stoccarda; 47.2: Klett-Archiv (Chiara Catamanti), Stoccarda; 47.3: Federica Bettati, Viadana; 47.4: Klett Archiv (Vanessa Mastrini), Stoccarda; 47.5: Klett Archiv (Nicola Mastrini), Stoccarda; pag. 50.1: iStockphoto (Gagne), Calgary, Alberta; 50.2: iStockphoto (Griffin), Calgary, Alberta; pag. 51: testo adattato da www. professionecittadino.it; 51 (Foto): Roberto Casti, Bologna; pag. 52.1: iStockphoto (Viisimaa), Calgary, Alberta; 52.2: iStockphoto (Murko), Calgary, Alberta; 52.3: iStockphoto (texasmary), Calgary, Alberta; 52.4: iStockphoto (Bissacco), Calgary, Alberta; 52.5: iStockphoto (Gjerpen), Calgary, Alberta; 52.6: iStockphoto (Sigler), Calgary, Alberta; pag. 53: testo da: www.buonenotizie.it; (Foto): www.archiportale.com (Michel Denancé); pag. 54.1: iStockphoto (Gordon), Calgary, Alberta; 54.2: Klett-Archiv (Francesca Maier), Stoccarda; 54.3: iStockphoto (Stratesigns, Inc.), Calgary, Alberta; pag. 55: brano da: La famiglia Starnazza di Pino Rovereto, Bompiani; pag. 58.1: Internet/Screenshot (www.trepalle.it); 58.2: Ufficio I.A.T. (www.palmanova.it), Palmanova (UD); 58.3: Il Gruppo Fotografico Pientino, Pienza (SI); 58.4: Orazio Cristalli, Catania; 58.5: iStockphoto (mchen007), Calgary, Alberta; 58.6: R. Paddeu, Alghero; 58.7: Giovanni Scorsino, Bagnoregio; 58.8: Agenzia Viaggi Lionetti (Antonio Foschino – Sassiweb.it), Matera; pag. 61: www.polisportivasantarosa.it; (Foto): iStockphoto (Rob Friedman), Calgary, Alberta; pag. 62: iStockphoto, Calgary, Alberta; pag. 63: articolo adattato da: www.rainews24.rai.it; (Foto): iStockphoto (zmajdoo), Calgary, Alberta; pag. 64: brano da: La bella estate di Cesare Pavese, Einaudi, 1949; Renate Merklinghaus, Vaterstetten; pag. 66.1: 01 Distribution; 66.2: Luna Rossa Cinematografica, Roma; 66.3: Internet/Screenshot (Medusa Home Entertainment); 66.4: 01 Distribution; 67.1: Linda Toffolo, Ratisbona; 67.2: La Biennale di Venezia; 67.3: Internet/Screenshot (Tina Serenato, Taormina); 67.4: laif (Guido Harari/Contrasto), Colonia; 67.5: Edizioni e Archivio Storico Rossini Opera Festival, Pesaro; pag. 68: Cinetext (Omega), Francoforte; (Foto): Linda Toffolo, Ratisbona; pag. 69: articolo da: Ho fatto un sogno: Com'era bella la tv censurata di Elio, La Repubblica delle Donne, 23/12/2006; pag. 74: Klett-Archiv (Francesca Maier), Stoccarda; pagg. 76,77: A.I.D.A. Simone Soria, Modena;

pag. 77: testo da: www.venetosociale.it/serviziocivile; logo servizio civile: USCN; 80: iStockphoto (gregepperson), Calgary, Alberta; pag. 81: brano da: Nessuno lo saprà. Viaggio a piedi dall'Argentario al Conero di Enrico Brizzi, Edizioni Mondatori, 2005; pag. 84.1: Ilaria De Maria, Piacenza; 84.2: Arnaldo Pomodoro Studio (Steve Williams), Milano; 84.3: Elisabetta Frizzelli, Viadana; 84.4: Linda Toffolo, Ratisbona; 84.5: Radio cubo, Bologna; 84.6: Maserati S.p.A., Modena; pag. 86.2: iStockphoto (malibuss), Calgary, Alberta; 86.3: www.repubblica.it; 86.4: Agenzia Fotogramma, Milano; 86.5: Agenzia Fotogramma (Archivio DeBellis), Milano; pag. 88: poesia da: Tutte le poesie di Trilussa, Arnoldo Mondadori Editore S.p.A., Milano; (Foto): Klett-Archiv (Francesca Maier), Stoccarda; pag. 90: Elisabetta Frizzelli, Viadana; pag. 91: testo da: La festa del ritorno di Carmine Abate, Mondatori 2004; pag. 93: testo da: La mia casa è dove sono felice di Max Mauro, Kappa Vu, Udine 2005; pag. 95: brano da: Italiani si diventa di Beppe Severgnini, RCS Libri SpA, Milano 1998; pag. 98.1: Teatralia, Stoccarda; 98.2: La Repubblica; 98.3: www.euromayday.org; 98.4: Picture-Alliance (DB Linden Labs), Francoforte; 98.5: Centro documentazione Video Vigili, Pistoia; pag. 99: testo da: Caos calmo di Sandro Veronesi, RCS Libri S.p.A., Bompiani; pag. 101.1: Vivere Senigallia, Senigallia; 101.2: Ufficio Turistico di Borgo Val di Taro; pag. 102: Comune Napoli, Napoli; pag. 103: Fondazione Carnevale di Viareggio; pag. 104.1: Portanapoli (Francesca Buommino), Erbach; 104.2: iStockphoto (zaricm), Calgary, Alberta; 104.3: Klett-Archiv (Francesca Maier), Stoccarda; pag. 105: brano da: Il Ciambellone in L'inventore del cavallo e altre quindici commedie di Achille Campanile, Rizzoli 2002; pag. 105 (Foto): Frank Kimmerle, Kornwestheim; pag. 106: brano da: Fare teatro di Dacia Maraini, RCS Libri S.p.A., Milano; pag. 107: testo da: Tale e quale di Luciano de Crescenzo, Mondatori 2001; pag. 115.1: www.unifig.it; 115.2: http://old.unifg.it; pag. 117: testo adattato da: www3.unicatt.it; pag. 121.1: Museo Castello di Corigliano Calabro (Giorgio Tricarico), Corigliano Calabro; 121.2: Robustelli Roberta, Francoforte; pag. 129: Linda Toffolo, Ratisbona; pag. 130: http://orario.trenitalia.com; pag. 136: Fotolia LLC (Andres Rodriguez), New York; pag. 137: Fotolia LLC (Alex Brosa), New York; pag. 142: http://it.answers.yahoo.com; pag. 144: testo adattato da: www.mgmsport.it; (Foto): Avenue Images GmbH (Image Source/RF), Amburgo; pag. 146: Valentina Ferullo-Wachter, Stoccarda; pag. 150.2: testo adattato da: http://it.movies.yahoo.com; pag. 152.3: testo adattato da: www.prometheo.it; pag. 154: testi adattati da: www.cpbiasca.ti.ch; www.afdigitale.it; www.tecnovideoblog.it; pag. 156: Lucia Pecchini, Stoccarda; pag. 157 (testo e foto): Fondazione Aquilone Onlus, Milano; pag. 158: testo adattato da: www.ticinowelcome.ch; pag. 162: Fotosearch RF (PhotoDisc), Waukesha, WI; pag. 163.1: Fotolia LLC (MAXFX), New York; 163.2: Valentina Ferullo-Wachter, Stoccarda; 163.3: Fotolia LLC (Steve Cukrov), New York; pag. 169: shutterstock (Elena Elisseeva), New York, NY; pag. 170: testi da: www.corriere.it; www.parcodellapreistoria.it; www.piemonte-emozioni.it; www.06blog.it; pag. 172: testo da: www.comune.ragusa.it; pag. 175: iStockphoto (Roberto A Sanchez), Calgary, Alberta; pag. 177.1: articolo adattato da: www.lastampa.it; 177.2: testo da: www.sositalia.it; pag. 178: articolo da: www.corriere.it; pag. 179: testo da: www.repubblica.it/salute; pag. 180: testi da: www.lastampa.it.

AUDIO-CD

Aufnahmeleitung: Ernst Klett Sprachen GmbH, Stuttgart, Giovanna Mungai-Maier
Sprecher: M. Teresa Arbia, Matteo Conti, Enzo Coppola, Alina Convertino, Francesca Frizzelli, Cesare Ghilardelli, Mario Masini, Vanessa Mastrini, Donato Miroballi, Marco Montemarano, Giovanna Mungai-Maier, Elisabetta Nöldeke, Valentina Nucera, Chiara Russo, Linda Toffolo
Lieder: "Fossi figo", Cicciput, Elio e le Storie Tese und CM Costa ℗ + © 2003 Aspirine Hukapan BMG
"Ragazzo fortunato", Lorenzo 1992, Jovanotti ℗ 1992 RTI Music SRL – Cologno Monzese
Tontechnik, Schnitt und Mischung: Tonstudio Bauer GmbH, Ludwigsburg
Presswerk: OMD International AG, Diessenhofen, Schweiz
© und ℗ Ernst Klett Sprachen GmbH, Stuttgart, 2008.
Alle Rechte vorbehalten